IP 기반 오디오 신호 전송 기술

Steve Church & Skip Pizzi 저

이승원 역

JINSAEM 진샘미디어

f

Audio Over IP

Building Pro AoIP Systems with Livewire

Steve Church
Skip Pizzi

Authorized translation from English language edition published by CRC Press, a member of Taylor & Francis Group LLC.

The Korean edition was published by arrangement with CRC press, a member of Taylor & Francis Group LLC. through Agency-one, Seoul.

PREFACE

네트워크(Network) 기술발전은 사물들이 IP(Internet Protocol)를 통하여 진화 하려는데 영향을 주고 있다. IP가 현대 데이터 네트워킹의 언어인 점을 감안하면 IP를 통해 디지털(Digital) 미디어(Media)를 구현하고 있다는 것은 분명한 사실이다.

앞으로 음향기기는 아날로그(Analog) 또는 IP를 사용하지 않는 디지털 기기보다 IP 기반에서 동작하는 음향 기기가 다양한 음향 환경 변화에 적응하며 진화해 갈 수 있는 성장 동력이 될 것이다.

IP는 연결성, 민첩성, 비용 효율성을 중시하는 음향산업에도 변화를 주도하고 있다. 특히, 산업용 음향 장비의 신호 전송 역시 오디오 케이블(Audio cable)에서 랜(LAN) 케이블로 바뀌고 있다. 일반적으로 음향시스템 구성은 서로 다른 기능을 하는 다수의 장치가 오디오 케이블을 통하여 음향신호를 송수신한다. 오디오 케이블은 원거리 전송에 따른 선로 손실과 음질 저하를 유발할 수 있고, 각 장비의 설치 위치가 다른 경우 접지 전위차로 인한 노이즈 발생을 유도할 수 있다. 또한, 오디오 케이블을 사용하기 위해서는 복잡한 포설(케이블을 땅속이나 관로 또는 해저 등에 시설하는 것)작업과 연결(포설된 케이블을 장비에 연결하는 것) 작업에 필요한 경제적 손실(케이블자재비, 인건비)이 발생한다.

오디오 케이블의 문제점은 최근 네트워크 기반 음향 신호 전송 기술의 등장으로 해결되었으며, 음향시스템 구성에 많은 변화를 주고 있다. 무대부터 방송실까지 다수의 오디오 케이블을 이용한 음향신호 전송은 랜 케이블 하나로 전송할 수 있게 되어 산업용 음향시장에서 호평을 받고 있다.

이 책은 IP기반 오디오 전송 기술(Audio over Internet Protocol, 이하 AoIP)을 통해서 AoIP 기술이 오디오 제작 및 방송 스튜디오 기술 등에 어떻게 적용되고, 앞으로의 발전 가능성에 대하여 언급한다. 그리고 AoIP 시스템이 산업 현장에 적용하여 사용되는 것을 확인 할 수 있으며, 기존 오디오 인프라에 비해 보다 확실한 장점이 있음을 확인할 수 있다. 또한, Livewire 기술을 통한 PC, VoIP, PBX, IP 코덱 및 인터넷과 인터페이스하는 방법을 비롯하여, AoIP 시스템을 설계, 구성, 유지하는 방법에 대한 다양한 기술들을 기술하고 있다.

이승원

CONTENTS

CONTENTS

CONTENTS

CONTENTS

CONTENTS

CONTENTS

CONTENTS

CHAPTER

01

Introduction to AoIP

IP is like Pac-Man. Eventually, it will eat everything in its way.

– Hossein Eslambolchi, President, AT&T Labs

Rock and roll is the hamburger that ate the world.

–Peter York[1]

AoIP eats old-school studio audio technologies for lunch.

–Steve and Skip

일반적으로 IP라고하는 인터넷 프로토콜은 인터넷의 핵심이다. IP는 기업 네트워크 및 SOHO(Small Office/Home Office) 네트워크에 사용되는 근거리 통신망 (LAN)과 같이 인터넷 및 사설 확장 인터넷을 통해 전송되는 모든 종류의 데이터에 사용되는 일반적인 형식이다. 전송용 이더넷(케이블 또는 무선)과 함께, 하드웨어 및 소프트웨어 전체 데이터 네트워킹 인프라(하드웨어와 소프트웨어)에 대해 규칙이 정해져 있는데, 이 인프라는 경쟁사의 집단에서 탈피하여 지난 25년에 걸쳐 광범위하게 채택되었다. IP는 현재 오디오 스튜디오 설계 분야에서 혁명을 주도하고 있다. 이는 방송 시설 전체에 걸쳐 신호가 분산 및 관리되는 방식에 대한 근본적인 다시 생각하기를 촉진합니다. 대부분의 오디오 시설은 이미 디지털로 변환되었기 때문에, IP로의 전환과 같은 진행 과정의 다음 단계를 살펴보는 것이 타당하다. IP가 현대 데이터 네트워킹의 언어인 점을 감안하면 전문 디지털 오디오 배포와 같은 전문 응용프로그램에 상당한 규모의 경제를 제공할 수 있다. 이것은 범용 데스크탑 컴퓨터를 전문 오디오 콘텐츠의 생성과 저장을 위해 능률적이고 비용 효율이 높은 플랫폼으로 만든 동일한 프로세스를 활용한다. AoIP(Audio-over IP) 분배는 단순히 이러한 사고와 기술을 확장한 것이며, 생산 또는 방송 시설을 통과할 때 오디오 스튜디오에서 여러 개의 오디오 신호를 관리하기 위해 전통적으로 사용하던 (비교적 비싼)믹서(Mixer), 라우터(Router) 및 스위처(Switcher)를 대체한다. IP는 또한 PC가 녹음 및 편집하는 것처럼 무어의 법칙(Moore's Law 마이크로 칩의 밀도가 2년 마다 용량이 두배로 늘어남)같은 완전하고 지속적인 힘을 오디오 분배에 적용할 수 있도록 한다. 뉴 잉글랜드의 디지털 싱클러비어(Synclavier 오케스트라의 음을 전부 내는 62건반의 신디사이저)를 기억하는가? 1980년대에 인기 있었던 이 오디오 녹음기/편집기/신디사이저는 부유한 사용자들이 50만 달러 이상의 비용을 지불한 인상적인 기계였다.오늘날, 400달러짜리 PC는 10대들에게 훨씬 더 많은 오디오 제작 능력을 제공한다. 그러나 비용 효율성 이외에도 AoIP는 다음과 같은 다른 중요한 편익을 제공한다.

- 확장성(즉, 성장 및 기타 구성 변경을 쉽게 수용할 수 있는 기능.)
- 편의성(즉, 쉽고 빠른 설치.)
- VoIP(Voice over IP) 전화 시스템, IP 코덱 및 PC 기반 응용 프로그램과 긴밀한 통합.
- 관련 텍스트 및 시각적 콘텐츠와 같은 기타 서비스의 원활한 통합.
- "미래 보장"(즉, 향후 시설 요구 사항에 대한 시나리오에 잘 부합할 가능성이 높음.)

이러한 모든 요소를 함께 결합하면 새로운 시설 설계나 기존 스튜디오 업그레이드를 위한 옵션을 고려할 때, 무시하기 어려운 가치 제안을 만들 수 있다. IP 기반 기술을 사용하는 스튜디오 오디오 시스템은 이제 오디오 생산자와 방송사가 자신있게 전환을 할 수 있도록 충분히 성장했고, 상당한 비용 절감과 동시에 향후 요구 사항을 수용할 수 있도록 자리잡았다.

1.1 | TWO TO TANGO(두 손뼉이 마주쳐야 소리가 난다)

방송 오디오 스튜디오는 통신 업계와 오랫동안 유구한 관계를 맺고 있다. 최초의 오디오 시설과 표준 관행은 20세기 초 벨 시스템과 웨스턴 전기 엔지니어가 개발하였고, 그 이후로 방송 오디오 시스템과 통신 업계는 서로 멀리 떨어진 적이 없었다. 특히, 방송 오디오는 많은 방송 콘텐츠가 통신 제공 경로를 통해, 스튜디오에서 제공되거나 출품되기 때문에 통신 환경에 밀접하게 연결되어 있다. 방송장비 설계자들도 통신/데이터콤(Datacom) 기술에 대규모 연구개발(R&D) 투자를 (계속)활용하고 있다. AT & T의 U-Verse 서비스는 유익하다. 모두 IP 기반인 TV, 음성, 인터넷을 묶어 제공하는 소비자 통신 상품이다.한편, 현재 AT&T의 중앙 사무기기 사업을 소유하고 있는 Alcatel/Luent는웹사이트에는 회선 교환 제품이 없는 대신, IP 기반 중앙 사무국 솔루션에 초점을 맞춘다. AT&T는 물론, 1970년대부터 전화에 동력을 공급해 온 회로교환 패러다임을 발명한 회사였으며, 전통적인 방송 라우팅 장비에 영감을 주었다. U-Verse는 "인터넷이 아닌 IP" 응용프로그램의 예이다.

TV와 음성 서비스는 IP를 사용할 필요는 없지만, AT&T는 아마도 대용량 하드웨어를 활용하여 비용을 절약하고 미래에 어떤 일이 있어도 적응할 수 있는 IP의 모든 기능을 통하여, 최대의 유연성을 가지기 위해 공동 기반 구조에 모든 서비스를 통합하기로 결정했다.
차세대 스튜디오 오디오 기술이 통신 기술에 의해 열린 길을 다시 한번 따라가야 한다는 것은 놀라운 일이 아니다. 또한 AoIP는 "인터넷이 아닌 IP"로, 대용량 표준 하드웨어를 활용하고 미래를 보장할 수 있는 유연성을 제공한다.

1.2 | AoIP를 위한 논쟁

무엇이 IP를 그렇게 매력적으로 만드는가? 이것은 그냥 프로토콜이지 않은가? 맞다. 그러나 데이터 네트워킹 맥락의 프로토콜은 사용자에게 엄청난 가치를 제공할 수 있다. 기술 수준에서는 데이터가 패킷으로 조립되는 방법, 수신 확인 통신 방법 등 단순한 일련의 규칙일 뿐이다. 그러나 사용자는 모든 적합한 장비가 상호 운용이 가능하다는 것을 의미한다. 그리고 IP 프로토콜은 일반성과 확장성을 염두에 두고 설계되었기 때문에, 설계자들은 새로운 응용프로그램을 만들 수 있다. IP는 원래 이메일과 파일 전송을 위해 개발되었지만, 인터넷의 속도가 증가함에 따라, 미디어 전송에도 사용되어 왔으며 현재는 스트리밍 미디어로 잘 알려져 있다. 이러한 발전은 근본적으로 사람들이 인터넷을 사용하는 방식을 근본적으로 변화시켰으며, 미디어 산업의 변화에 대처하고 창출하는 새로운 기회를 활용하기 위해 노력하면서 미디어 산업의 모든 측면에 상당한 영향을 미쳤다. 인터넷 발명가들은 IP를 설계할 때 스트리밍에 대해 생각하지 않았겠지만, 그들은 핵심을 개방하고 계층을 유지하는 것이 미래의 창의적인 사람이 꿈꾸는 다양한 응용프로그램의 문을 열 수 있을 것이라고 생각했다. 이것이 우리를 AoIP에 이끄는 것이다. 그들이 관련되어 있는 동안, AoIP는 미디어를 스트리밍하지 않는다. 스트리밍은 YouTube 및 Pandora와 같은 공용 인터넷 응용 프로그램을 예시로 들 수 있다. 이런 서비스에 의한 전달 보장은 없으며, 딜레이는 수십 초까지 이어질 수 있다. 반면에, AoIP는 제어가 가능한 로컬 네트워크 기반구조에서만 독점적으로 운영되도록 설계되었다. 경우에 따라, 그냥 이더넷 스위치일 뿐이다.
다른 시스템에서는 이는 여러 IP 라우터 및/또는 이더넷 스위치로 구성된 정교한 시스템이다. 모든 경우에, AoIP 시스템은 전문 응용프로그램에 적합한 오디오 스트림을 안정적이고 지연이 낮은 상태로 제공하도록 설계되었다.

1.2.1 확장성

어쩌면 아날로그 또는 디지털과는 다른 오디오 기술인, AoIP 시스템의 가장 근본적인 장점이 기본 IP 및 이더넷 구조가 변화와 성장에 적응할 수 있는 능력 일 것이다. 예를 들어, 전통적인 오디오 환경은 필요한 동시 오디오 채널 수(예: 1개, 2개 또는 그 이상)와 함께 공간 또는 이미징 형식(예: 모노, 스테레오 또는 서라운드)이 미리 정해져 있어야 한다.AoIP 환경은 이러한 요구사항이 없으며, 모든 오디오 채널화 형식에 쉽게 적응할 수 있다.이는 제어 데이터 채널과 같은 시스템의 다른 "계층"의 시설에도 적용된다. 기존 아키텍처에서는 이러한 추가 채널(RS-422 제어 데이터 등)에 전용 경로를 지정해야 했다.AoIP 시스템은 이러한 보조 구성품을 오디오 페이로드와 함께 쉽고 유연하게 운반할 수 있도록 한다.마찬가지로 기존의 "crosspoint"라는 오디오 라우팅 스위처는 하드웨어 설계에서 입력 및 출력(I/O) 구성이 고정되어 있어야 한다. 이러한 방식으로, 앞서 언급한 디바이스는 회로 스위칭과 병렬 설계를 반영하는 반면에, AoIP 시스템은 패킷 교환과 직렬 설계를 구현한다. 패킷화 된 직렬 접근방식은 I/O 구성의 변화를 수용할 수 있는 뛰어난 유연성과 응답성을 제공한다.유사한 사유로 통신사가 초기 회로 교환 경로에서 벗어나 듯, 스튜디오 오디오 시스템은 이제 모든 차원에서 확장을 구현할 수 있는 확장성과 유연성의 장점을 누릴 수 있다.방송사들이 콘텐츠 제작의 증가를 수용하고 시청자의 선택의 폭을 넓혀야 한다는 경쟁적 압박감을 감안할 때 이는 그리 이른 시간이 아니다.

1.2.2 비용 효율성

거의 모든 합리적인 크기에서, IP 기반 오디오 시스템은 기존 시스템의 가격과 잘 비교될 것이다. 하드웨어와 재료 가격 및 설치 비용 측면에서 전부 와이어(Wire)의 감소만으로도 상당한 경제성을 제공한다. AoIP 시스템의 유지보수 비용 또한 일반적으로 더 낮다. 이러한 비용 차이는 시설의 규모에 따라 증가되며, 이는 많은 대형 설비가 새로운 기술 설비를 필요로 하면서 IP 기반 솔루션으로 이전된 이유다.

1.2.3 편의성

물리적으로 설치 공간이 작고, 낮은 운영 비용, 재구성 또는 업그레이드의 용이성 및 AoIP 시스템의 신속한 설치는 오디오 스튜디오 시설에서 엔지니어링과 운영에 매우 편리하다.초기 설계에서부터 구현, 일상 운영에 이르기까지 IP 기반 시스템은 삶의 편의성을 제공한다.

1.2.4 다른 IP 기반 시스템과의 원활한 통합

VoIP 전화 시스템과 IP코덱은 밀접하게 상호 연결될 수 있으며, 설치 용이성과 기능 향상에 관한 다양한 이점을 제공한다.

1.2.5 PC의 고유 언어 사용

최근 많은 스튜디오 오디오가 PC에서 나오거나 보내지는 중이다. IP/Ethernet은 강력하면서 저비용 인터페이스를 허용하는 PC의 고유 언어다. 단일 RJ-45 커넥터를 통해, 비트 정확도, 고해상도, 양방향 오디오 채널을 다양하게 연결할 수 있다. 제어장치와 함께 잘 어울린다.

1.2.6 주류(대세) 기술

주요 기술에 속하는 것은 다양한 학습 자원이 있다는 것을 의미한다. IP와 네트워크 엔지니어링을 다루는 책, 웹 사이트 및 대학 과정은 많이 있다. 카테고리(Cat) 케이블, 조립 도구, RJ패치 코드, 잭, 테스터 등은 광범위하고 현장에서 사용할 수 있다. 심지어 일부 이더넷 스위치와 IP라우터도 종종 현장에 갖춰 있다.

1.2.7 미래 보장

비용이 많이 드는 구매에 대해 서투른 결정을 내리는 것만큼 엔지니어나 관리자의 마음에 두려움을 주는 것은 없다. IP 기반의 오디오 구성으로 전환하면 많은 부담을 덜어주는데, 이는 다루기 쉽게 제공하고 장차 구조변경을 위한 폭넓은 능력을 허용하기 때문이다. 예기치 못한 변화에 의한 준비 또는 대비하는 것은 이전의 어떤 아키텍처보다 AoIP가 훨씬 덜 문제적이고 저렴하다. 위의 장점은 설계 시 표준 IP를 사용하는 시스템에만 완전히 적용된다.서로 연결하기 위해 컴퓨터 네트워킹 (이더넷 및 / 또는 RJ-45 커넥터를 통해)을 사용하는 모든 오디오 시스템이 반드시 "정확한:" AoIP 시스템이 아니다.몇몇 시스템은 이더넷을 독점적인 데이터 형식 (예 : 코브라넷)이 있는 물리적 계층으로 간단히 사용하는 반면, 또 다른 시스템은 비표준 프로토콜 변형에 의한 많은 IP같은 방식을 사용할 수 있다.

몇몇 이러한 비표준 접근방식은 과거에 어느정도 가치를 제공했을 수 있었지만(예: 표준 IP네트워키엥 대한 오버헤드 및 대기 시간 감소), 오늘날 적절하게 구성된 표준 IP시스템의 용량, 속도 및 성능을 감안할 때 비표준 환경에서, 특히 장기간에 걸쳐 고려할 때, 일하면서 받는 불이익은 이전에 언급한 변화가 제공할 수 있는 장점보다 훨씬 더 크다.

따라서 이 책은 일반적인 AoIP토론과 Livewire 시스템에 대한 구체적인 언급 (표준 기반 AoIP 접근법의 예)에 대해 완전 표준화된 IP기반 시스템만 고려하는 것에 그치지 않을 것이다.

THE GRAYING OF AES3 For digital audio transport today, AES3 is the main alternative to an Ethernet-based system. Invented in the days of 300-baud modems, AES3 was the first practical answer to connecting digital audio signals. But it's now over 20 years old and is showing its age. Compared to AoIP's computer-friendly, two-way, multichannelplus- high speed-data capabilities, AES3 looks pretty feeble with its two-channel and unidirectional constraints.
Then there's the 50-year-old soldered XLR connectors and lack of significant data capacity. AES3 is a low-volume backwater, with no computer or telephone industry R&D driving costs down and technology forward. Your 300-baud modem has been long retired; it's time to progress to the modern world for studio audio connections, too.

1.3 | IP의 모든 것

전 세계가 거의 모든 것을 IP로 전환함에 따라, 우리는 시간이 흐르면서 더 큰 시너지를 찾게 될 것이다. 여러가지로 힘든 특정 작업에 일반화된 시스템과 전송 경로를 사용하는 매커니즘처럼 IP의 영향력은 부인할 수 없는 매력이 있다. 우리는 주요 예로, U-Verse를 보여줄 것이지만 이 주장은 호텔 TV 시스템에서부터 건강 관리에 이르기까지 다른 다양한 산업에서도 또한 인기를 얻고 있다.새로운 모바일 변형을 포함한 디지털 TV 전송 시스템 또한 IP 공급 모델을 선호하고 있다.방송 업계 엔지니어의 경우, IP를 포함한 디지털 네트워크 기술에 대한 익숙해지면서 어쨌든 업무에 거의 요구 사항이 되었다. (예 라디오 방송국의 온라인 서비스 구현에 필요) 그렇다면 이 지식을 스튜디오 오디오에 적용하는 것은 어떨까?
IP가 디지털 미디어 세계의 진정한 방식이라는 것이 분명해지고 있다. 특히 연결성, 민첩성, 비용 효율성을 중시하는 산업에 있어서는 더욱 그렇다. 라디오 환경에서, AoIP가 스튜디오 오디오 신호 흐름의 미래라고 말하는 것은 과장된 표현이 아니다. 그렇지 않다고 주장하는 것은 어렵다: IP 환경 내에서 많은 발전이 계속되고 있으며, 무어의 법칙이 하드웨어 비용 절감에 지속적인 영향을 미칠 수 있도록 허용하면서 그 노력의 힘을 활용하는 것이 합리적이다.오늘날 많은 다른 산업들이 이러한 힘의 효과를 누리고 있다. 전문적인 오디오에서도 그러한 효과를 누릴 수 있는 이유는 무엇일까?

1.4 | 조건이 무엇인가?

어떤한 조건도 없다는 뜻은 아니니다. 이 중에서 가장 중요한 것은 IP 패킷으로 오디오 데이터의 캡슐화 프로세스가 발생할 수 있는 대기 시간입니다. 앞 장에서 볼 수 있듯이, 제어된 로컬 네트워크에서, 이는 pro-audio 요건을 충족하기에 충분히 작게 만들어질 수 있다. 또 다른 문제는 단순한 커넥터 표준이다.AoIP는 일반적으로 구리 이더넷 케이블을 이용하기 때문에 RJ-45 커넥터는 모든 단자에 사용된다. Livewire를 포함한 일부 AoIP 시스템 구현자들은또한 XLR, 전화, RCA등으로 변환하는 아답터 케이블에 의해 아날로그와 AES3 디지털 오디오의 입출력에 RJ-45를 사용한다.이렇게 하면, 시설에 사용되는 여러 커넥터 유형의 수가 최소화되고 커넥터 패널에 필요한 물리적 공간이 줄어들지만, 일부 엔지니어는 이 접근방식에 익숙하지 않을 수 있다.아날로그 및 AES3 디지털 오디오와의 호환성을 수용하고 유지할 필요성은 AoIP시설에서 어느 정도 지속될 것이다.최소한, 라이브 마이크 신호는 기본 오디오 형식에서 변환해야 한다. 따라서 마이크와 다른 오디오 소스에 기본 AoIP출력이 함께 제공될 때까지, "노드" 인터페이스가 필요할 것이다.또한, 적어도 당분간은 AoIP장비가 다양한 공급업체 간에 아직 완전히 호환되지는 않는다는 점에 유의하여야 한다.따라서, 각 설치에 대해 단일 공급업체에 대한 합의가 필요할 것이다. AoIP 시스템을 설치하고 유지하는 기술자들은 기술에 대한 기본적인 이해를 하기 위해 충분한 IP 네트워크 공학을 배워야 할 것이다. (또는 그 이상으로 더 하고싶다면, 분명 이 시대에 직업의 가치를 높이는데 도움이 될 것이다. 이 책은 이러한 기본 사항에 필요한 대부분의 것을 다루며, 여러분이 더 나아가도록 도울 다른 자료들을 제시한다.

1.5 | 구현 및 통합

AoIP 시스템에서 제공하는 규모의 이점을 감안할 때, AoIP도메인을 주어진 시설 내에서 가능한 최대한 크게 만드는 것이 합리적이다. 이는 다른 형태의 오디오 신호가 가능한 한 소스에 가까운 IP 패킷으로 변환되어야 함을 의미한다. 대부분의 스튜디오 구성에서 이 작업을 수행하는 가장 좋은 장소는 스튜디오 믹싱 콘솔 및 / 또는 중앙 패치 베이 (즉, 기술 운영 센터 또는 TOC)이다.다른 "레거시" 오디오 소스로부터 마이크 출력과 신호는 디지털 오디오 형태(아직 없는 경우) IP로 패킷화 될 수 있다. 일단 IP도메인에 있으면, 신호는 네트워크의 다른 어떠한 위치로든 보내지며 라우팅 될 수 있다. 여기에는 LAN을 통한 시설 경계 또는 광역 네트워크 (WAN)로 가는 게이트웨이를 통해 세계 어느 곳에서나 목적지가 포함될 수 있다. 이 접근법의 또 다른 장점은 믹싱 콘솔이 라우터 역할을 할 수 있다는 것이다. 다시 말하면, 콘솔의 모든 입력은 고유한 IP 주소를 가질 수 있기 때문에, 네트워크의 어떤 AoIP 소스에 연결할 수 있다. 전문오디오 엔지니어에게 더욱 놀라운 점은 전체 콘솔이 단일 이더넷 케이블을 통해 네트워크에 연결되어 있더라도, 이 작업을 수행할 수 있다는 점이다. 중앙 스위칭 제어 장치 (일반적으로 PC)는 이러한 I / O 연결을 할당할 수 있거나, 믹싱 콘솔 자체가 이 목적을 위해 제어 인터페이스를 가질 수 있다. 또한 독립형 하드웨어 스위치 컨트롤러를 시설 주변에 배포될 수 있으므로 근본적으로 기본적인 라우터 제어 패널의 모양과 기능을 복제할 수 있다. 확실히 스튜디오 믹싱 콘솔 설정에는 기존의 아날로그(마이크로/라인) 또는 AES3 입력도 장착할 수 있다. 이러한 소스는 IP로 변환되어 네트워크에 배치되므로 해당 소스가 필요한 시설의 모든 위치에서 사용할 수 있다. (그림 1.1을 참조)또한 PC 기반 오디오 재생 / 자동화 시스템이 이러한 시스템에 어떻게 인터페이스 될 수 있는지 고려해야 한다. 오디오 출력이 PC 사운드 카드를 통해 기본적인 오디오 입력으로 유도되는 대신, 자동화 시스템은 AoIP 도메인에서 직접 PC 오디오와 IP 네트워크 사이에 소프트웨어 인터페이스를 제공하는 IP 드라이버를 장착할 수 있다. 이는 높은 오디오 품질을 유지할 뿐만 아니라 사운드 카드가 필요없기 때문에 자동화 시스템의 비용을 절감한다. 또한 IP 인터페이스는 제어 데이터와 콘텐츠 메타데이터를 전송할 수 있으므로 디바이스 간에 별도의 데이터 링크가 필요하지 않다.또한 자동화 시스템과 IP 라우팅 구조 사이의 단일 IP 드라이버 인터페이스는 많은 독립적인 오디오 채널(Livewire의 경우 최대 24stereo)을 전달할 수 있는 반면, 기존 스위칭 시스템은 각 사운드 카드 입력과 출력에 대해 크로스포인트(배선 포함)를 필요로 한다. 대규모 시설에서 발생하는 통합 하드웨어 비용(사운드 카드 + 크로스포인트 + 와이어 + 설치)의 절감 효과는 상당할 것이다.

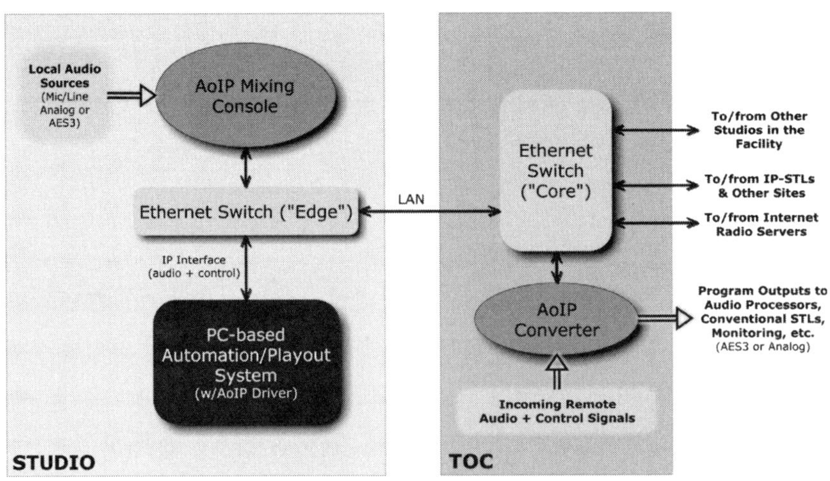

FIGURE 1.1

Conceptual block diagram of a typical AoIP-based broadcast studio facility, showing one studio and a TOC.

그림 1.1에서 볼 수 있듯이 일반적인 AoIP설비에는 여러 개의 이더넷 스위치가 포함되어 있다. 대부분 중앙 룸에는 하나의 큰 ("코어")스위치가 있고, 필요에 따라 시설 주변의 다른 룸에는 작은 ("엣지") 스위치가 배치된다. 이러한 분산형 라우팅 정보는 성능을 개선하고 스위치 고장 시 가외성(여분)을 제공한다. IP를 통한 VoIP 및 기타 실시간 응용프로그램의 확산은 이더넷 스위치에 비(非)차단 구성의 광범위한 구현되었다.이 접근방식은 스위치의 기본구조를 통해 n x n 연결의 적절한 용량을 보장하여 스위치 내의 데이터 충돌을 제거한다. 즉 스위치의 모든 입력은 어떤 용도에서도 항상 스위치의 출력에 연결될 수 있다. 그렇게 함으로써 미션 크리티컬 성능은 비(非)차단 설계를 구현하는 이더넷 스위치를 사용하여 유지되며, AoIP 시스템 내에서 적절하게 구현될 경우 스위치 용량을 초과하지 않는다.일부 AoIP 시설에서, 이더넷 스위치의 기능은 IP 라우터로 대체될 수 있다. 간단히 말해서, 이더넷 스위치와 IP 라우터 둘 다 페이로드 패킷을 적절한 위치로 보내고 받는 동일한 기능을 수행하지만, 썩 좋지는 않은 방식이다.

그러나, 진정한 표준 AoIP시스템은 어떤 것이 사용되는지 신경 쓰지 않을 것이다. 우리는 스위치 또는 라우터가 응용 프로그램에 포함되는 것을 선호하며, 스위치 및 라우터의 성격과 차이점을 다음 장에서 상세하게 논의한다. 미션 크리티컬 및 기타 높은 신뢰성으로 이더넷 스위치와 IP 라우터를 사용함으로써, 메인 제조업체는 24시간 및 야간 교체 지원을 제공하게 되었습니다. 설비가 확장됨에 따라, 구형 스위치를 신형 모델로 교체해야 할 수도 있음에 유의하십시오. IP와 이더넷이 유비쿼터스 표준이라는 사실은 모든 업그레이드가 역호환성을 유지한다는 것을 의미한다. 한편, 무어의 법칙은 이러한 새로운 하드웨어가 출시됨에 따라, 가격 대비 성능비가 지속적으로 개선될 것을 보장한다. 다 잘된 일이다. AoIP 도메인도 스튜디오를 넘어 확장되고 있다. 그림 1.1은 기존의 STLs(스튜디오-송신기 링크)에 대한 프로그램 출력 연결을 위해 AoIP를 AES3 (또는 심지어 아날로그)로 변환하는 방법을 보여주지만, 도표는 또한 STL이 (WAN 또는 기타 전용 링크를 통해) 송신기로 AoIP를 전달할 수 있음을 나타낸다.통신회사에서 임대하든, 방송국 작동 무선 주파수(RF) 경로를 사용하든, 적절한 대역폭을 사용할 수 있는 경우, 다수의 오디오 채널, 제어 및 메타데이터를 최소한의 대기 시간으로 IP를 통해 모두(원할 경우, 양방향으로) 전달할 수 있다.

WHITHER THE ETHER? Ethernet is a surprisingly congruent name for a technology initially intended purely for the IT world, but now serving AoIP in broadcast studios. How did that come to be?
Ethernet was named by its inventor, Robert Metcalfe. He had been involved in a radio data network project in Hawaii called ALOHA. The first Ethernet was a bused coax that carried data packets similar to the way ALOHA had sent them over the "ether."
Metcalfe was using the word jokingly. For many years after James Clerk Maxwell's discovery that a wave equation could describe electromagnetic radiation, the aluminiferous

FIGURE 1.2

The plaque marks the spot: A small monument to Michelson, Morely, and the ether on the Case Western campus quad.

ENGINEERING HUMOR cont'd ether was thought to be an omnipresent substance capable of carrying the electromagnetic waves. In 1887, scientists Albert Michelson (the first U.S.Nobel science laureate) and Edward Morely disproved its existence. The ingenious experiment that did so is a cornerstone of modern physics that inspired Einstein's theory of relativity. It was performed at Case Western Reserve University, just down the street from the Telos/Axia head office in Cleveland, Ohio. (See Figure 1.2.)

1.6 | 오늘 날 사용중인 AoIP

AoIP의 장점은 전 세계의 방송사와 스튜디오 소유주들에 의해 잘 알려져 있다. 현재(그리고 이 시점부터) 건설된 모든 새로운 방송 스튜디오 시설을 설계하는 엔지니어들은 적어도 AoIP 구성의 사용을 고려하고 있으며, 이를 구현하기로 결정하는 엔지니어들이 점점 늘어나고 있다.나중에 엔지니어들과 이야기하면 AoIP가 적절한 선택이라는 것에 거의 만장일치로 동의하게 될 것이고, 뒤돌아볼 필요가 없다는 것을 알게 될 것이다.

또한 대부분의 경우, 전환 과정이 예상보다 훨씬 쉽다는 소식을 듣게 될 것이다. AoIP 시스템을 설치하면 수석 엔지니어부터 CFO(Chief Financial Officer 최고 재무 책임자)에 이르기까지 일반 기업의 많은 사람들이 만족하게 된다. AoIP 시설을 건설하고 운영하는데 드는 총 비용은 상당히 절감되지만, 유연성을 포기하지 않고 이 작업을 수행할 수 있다. 사실 이 또한 크게 증가한다. AoIP 시스템의 작은 설치 공간과 빠른 설치로 인해 운영이 중단되는 경우가 거의 없다. 이것이 모든 종류의 방송사들이 크고 작은 예산으로 이미 AoIP로 옮긴 이유이다.사실, 최근 생겨난 이 기술에 대해 고객은 특성화를 거의 무시한다. 여기에는 소규모 독립 방송국, 대학 라디오(다양한 시골 및 지역 대학 포함), 민족 및 종교 방송사, 위성 라디오 서비스, 라디오 및 통신 네트워크 사업자, 콘텐츠 제작 및 방송 시작 사이트, 기업 시설 및 정부 기관이 포함되며 마찬가지로, 미국과 전세계 안에 있는 가장 크고 가장 훌륭한 방송국들이 포함된다. 라디오 산업에서만 채택하는 것은 아니다. 방송사들이 관심을 끌었던 것과 동일한 이유로 점점 더 다양한 전문 오디오 응용프로그램이 AoIP를 채택하고 있다.

1.7 | 결론

신기술이 이전 기술에 비해 상당한 기술 향상, 설치 및 유지 보수 용이, 유연성 및 확장성 향상, 비용 절감을 제공하는 경우는 거의 없었다. 그러나 이러한 특성을 적절하게 구현한 것이 AoIP시스템의 특성이다. 방송사들은 항상 비용을 의식해 왔다. 물론 그렇긴 하지만, 오늘날 점점 더 경쟁이 치열해지고 있는 상황으로 볼 때 자본 지출과 운영 비용의 효율성이 훨씬 더 중요해지고 바람직해졌다. 한편, 라디오 산업은 가까운 미래에 상당한 변화를 겪게 될 것이며, 많은 부분이 서비스의 양적 성장을 수반할 것이라는 것은 꽤 명확해지고 있다.더 많은 스트림, 더 많은 오디오 채널, 더 많은 데이터, 더 많은 시청률에 대한 응답성, 그리고 아마도 더 많은 것들이 방송사들을 위해 앞서고 있는 방향에 있다. AoIP는 이러한 많은 도전과 기회를 수용할 수 있는 강력한 플랫폼을 제공한다.

CHAPTER 02

Network Engineering for Audio Engineers

오디오에 IP 네트워크를 사용하기 위해 이 장의 내용을 대부분 알 필요는 없다. 단순한 밴드 음악의 공연 매니저가 op-amp 및 PCB(printed circuit board – 인쇄 회로 기판) 기준 평면에 대해 전혀 알지 모르면서 XLR을 연결할 수 있는 것처럼, 패킷과 큐(queue – 대기열)에 대해 많이 알지 못해도 IP 오디오 기어를 연결하고 사용할 수 있습니다. 하지만 당신은 이 책을 읽고 있으니, 당신은 호기심이 많은 사람이거나 RJ-45 뒤쪽에서 무슨 일이 일어나고 있는지 알아야 되는 사람일 것이다. 지식을 쌓을 만큼 당신은 보상 받을 것이다. 아날로그 세계에서 까다로운 문제를 해결하려면 기본적인 기술에 대한 이해와 데이터 네트워크 기능이 AoIP 세계에서 어떤 도움을 줄지 알아야 한다.크고 복잡한 시스템을 구축하려면 구성 요소가 어떻게 상호 작용하는지에 대한 지식이 필요하다. IT, 전화, 미디어는 모두 결국 IP를 기반으로 구축될 것이기 때문에, 이제는 편안하고 능숙해질 수 있는 좋은 시간이다. 어쨌든, 발견은 재미있다, 그렇지 않은가?우리는 당신이 불필요한 세부 사항들에 의해 휩쓸리지 않을 정도로 깊이 들어가지는 않을 것이다.하지만 네트워크 작동 방식을 충분히 느낄 수 있기 때문에 IT 담당자로부터 듣는 용어를 분석하기 위한 기반을 마련할 수 있고, AoIP 시스템을 설계할 수 있을 뿐만 아니라 설치한 후에는 구성할 수도 있다. 현재 주제는 일반 IP/이더넷 데이터 네트워킹이므로 일반적인 네트워킹 텍스트에서는 다루지 않는 다양한 AoIP 관련 사항에 대해 설명하겠다. AoIP 시스템은 표준 구성 요소를 기반으로 하기 때문에 데이터 네트워킹을 일반적으로 이해하면, AoIP 및 Livewire의 세부 사항을 확인할 수 있다. 네트워크 엔지니어링은 정보와 뉘앙스가 풍부한 주제이며 끊임없이 변화하고 있다.다행히, AoIP는 배우고 사용하기 쉬운 작은 하위 집합만 사용한다. 그 이유는 대부분의 복잡한 특징들이 인터넷의 기초인 IP 라우팅과 함께 발생하기 때문이다. 우리는 대부분의 AoIP를 호스트하는 로컬 네트워크 내에서 작은 부분만을 사용한다. IP라는 산에 정상까지 가는 여정에 선두로 착수하고 싶다면, 서점에 네트워킹에 대한 조언과 정보를 찾아보면 된다.우리는 이것이 오디오를 위한 IP의 중요한 장점들 중 하나라고 생각한다. 오늘날의 데이터 네트워크 편재성 때문에, 일반적으로 IP 네트워킹에는 수많은 책과 많은 다른 학습 자원들이 있다. (AoIP에서 특별히 찾은 것은 많지 않지만, 이것이 우리가 이 책을 쓰기 위해 이동된 이유이다). 네트워킹 참조에 대한 자세한 내용은 참고 자료 및 리소스 장을 참조해라.당신은 아마도 당신의 집에서 몇몇 교육 프로그램들을 찾을 수 있을 것이다. 만약 당신이 정말로 깊이 공부하게 된다면, 당신은 자격증 취득으로 이어지는 과정을 탐구할 수 있다. Cisco는 이러한 테스트를 제3자에 의해 지휘할 수 있도록 광범위한 범위를 정의했다.SBE(Society of Broadcast Engineers, 방송 엔지니어 협회)도 방송용 데이터 네트워킹에 대한 자격을 제공한다.

2.1 | TDM VERSUS IP

TDM(시분할 다중 방식)은 전화 엔지니어가 공통 자원(케이블, 백 플레인, 무선 주파수 스펙트럼)을 시간별로 구분된 채널로 나누는 시스템 설계를 설명하기 위해 지어낸 용어이다. 이는 개별 회로를 전용으로 하는 SDM(공간 분할 다중 방식)과 서로 다른 주파수 대역으로 조절함으로써 채널로 분산하는 FDM(주파수 분할 다중 방식)과 대조적이다. SDM의 예로는 POTS(plainold telephone 서비스) 전화선이 있으며, FDM의 예로는 1950년대와 1960년대 전화 통화를 운송한 아날로그 마이크로파 라디오가 있다. 물론 라디오 방송은 FDM의 또 다른 예이다.

TDM은 1세대 디지털화의 자연스러운 동반자이다. 일단 음성신호가 비트로 만들어지면, 타임슬롯으로 쉽게 오프셋 할 수 있다. counter와 mux로 구성된 단순 논리 함수는 OS가 해야 할 일이다. 1960 년대 초, 엔지니어들은 블록을 만드는 것을 처리할 수 있어야했다.TDM의 첫 번째 응용프로그램은 T1 라인으로, 기존의 구리 쌍으로부터 더 많은 채널을 얻기 위해 "pair gain"이란 체계로 사용되었다. 이는 1962년에 발명되었고 오늘날까지 널리 사용되고 있다. 2개의 구리 쌍에 8비트 오디오 채널을 24개를 다중화하여, 연결에서 일반적인 3.4kHz 음성 오디오보다 훨씬 높은 주파수를 전달하는 기능을 활용한다.스위칭은 20년 후 1982년 AT&T 5ESS 중앙 사무국 스위치의 도입으로 따라잡았다. 5ESS의 라인 인터페이스 부분은 음성 채널이 타임 슬롯으로 분할된 디지털 백플레인에 아날로그 POTS 라인으로 맞춘 "회로 팩"을 잡고 있는 카드 케이지가 가득 찬 많은 랙으로 구성되어 있다.모든 TDM 장비와 마찬가지로 스위칭 하위 섹션도 전체 사이클의 시간대를 메모리로 읽어 각각 다른 순서로 기록했다. 이 양식은 Northern Telecom, Ericsson, Alcatel 와 Siemens 같은 중앙 사무국(CO) 스위치의 다른 공급 업체가 뒤 따랐다.

PBX 응용프로그램용 소형 버전은 인기 있는 Nortel Meridian 제품군에서 예로 들 수 있다.

TELCO TRENDS Alcatel-Lucent is the current heir to AT&T's big-iron hardware division that developed T1 and the 5ESS, and is the inventor of the underlying TDM technology. It is illustrative to note, however, that today Alcatel-Lucent is promoting its IMS (Internet-
Protocol Multimedia Subsystem) or its ICS (IP Call Server), which are IP-based technologies, as successors. (In fact, there are no TDM products on the Alcatel-Lucent web site at this writing.) The company's customers appear to be following its lead.
Many telcos around the world have announced that they will transition to IP-based systems. Their TDM switches are nearing end of life and they don't want to invest more in a technology that they view as too limiting in the era of the Internet. They want to both reduce their cost for equipment and to be able to offer their clients modern features. Many are already providing or looking forward to providing so-called "triple-play" service: telephony, Internet access, and television over DSL lines. Wireless is in this picture as well. Indeed, the IMS architecture was originally developed by the 3rd Generation Partnership Project (3GPP) for mobile networks. One objective is that users should have a single identity that allows mobile and fixed-line service to interoperate more smoothly.

TDM 시스템은 타임 슬롯 내에 오직 오디오 데이터만 가지고 있다. TDM 슬롯에는 신호 또는 라우팅 명령어가 없으므로 모든 위치가 어디인지 추적하고 전환에 필요한 연결을 만들기 위한 외부 메커니즘이 있어야 한다. PSTN(공용 교환 전화 네트워크)의 경우, 개별 CO 스위치를 구동하는 컴퓨터 내부의 논리 및 저장장치와 교환 간에 실행되는 SS7(Signaling System 7) 프로토콜의 조합으로 이 작업을 수행한다. SS7 메시지는 음성에 사용되는 것에서 독립적인 데이터 채널에서 수행된다.

반면, IP 패킷은 목적지 주소가 패킷 자체의 헤더 내에 포함되어 있기 때문에 "그들이 어디로 가고 있는지 알 수 있다". IP 라우터는 헤더에 포함된 정보만을 기반으로 패킷을 사용하여 수행해야 하는 모든 작업에 필요한 결정을 내린다. 프로 오디오 세계에서 AES3은 TDM 전송 시스템이다. 왼쪽과 오른쪽 채널은 단일 케이블로 멀티플렉싱된다.MADI (Multichannel Audio Digital Interface)는 넓은 대역폭의 동축 케이블을 통해 더 많은 채널로 이 원리를 확장한다. TDM 전송이 결국 전화 기술에서 TDM스위칭으로 전환이 이루어 지듯이, 1 세대 디지털 프로 오디오 라우터와 믹싱 콘솔도 TDM 기술을 사용하여 제작되었습니다. 이 제품의 설계자는 전화 업계의 "cards-in-a-cage + backplane"과 "timeslots-in-cables" 구조를 모두 빌려 고화질 오디오의 요구 사항을 충족하도록 확장했다.

2.1.1 통계 멀티플렉싱

통계 멀티플렉싱은 인터넷 시대의 이름없는 영웅이다. 이것이 없다면, 인터넷은 우리가 알고 있는 것처럼 존재하지 않을 것이다. 장거리 대역폭은 로컬 영역 대역폭보다 훨씬 더 비싸다. 인터넷 크리에이터들이 디자인 초이스를 많이 안내하는 것이 그들의 통찰력이었다. 첫 번째 인터넷은 56kbps 통신 데이터 서비스 링크를 기반으로 구축되었다. 이 보잘것 없는 속도로, 대역폭에 대한 수요는 항상 가용보다 더 많았고, 공평하고 효율적으로 분배되어야 했다. 인터넷의 디자이너들은 스위치된 전화 네트워크에 대해, 그다지 좋아하지 않았다. PSTN을 구축한 엔지니어들은 대부분의 시간을 낭비하는 값비싼 대역폭을 구축해야 했다. 미국의 장거리 통신사들은 어머니의 날을 좋아한다. 어머니의 날에 전화하는 것이 수익을 창출하는 많은 동기를 부여하기 때문이다.(실제로 전화 엔지니어는 "어머니의 날 효과"를 언급할 때, 많은 사람들이 통화를 원하고 있기에 수용과 거부 서비스를 네트워크 일부에 채워넣는 어떠한 이벤트에 대해 말한다.)따라서, PSTN은 사랑스러운 아들과 딸들이 불만스러운 통화중인 음을 받고 편지 쓰는 것으로 대체하지 않도록 설계되었다.하지만 이는 많은 귀중한 대역폭이 나머지 일년 중 대부분 사용되지 않는다는 것을 의미한다.이와 반대로, 인터넷은 패킷별 패킷 단위로 장거리 링크 내외로 멀티플렉싱을 허용하여 매 순간 사용자에게 모든 사용 가능한 용량을 제공합니다. 대역폭을 사용자에게 자동으로 할당하는 이 통계적 멀티플렉싱 덕분에 값 비싼 장거리 링크가 가능한한 효율적으로 사용된다.웹 서퍼(인터넷 사용자)가 온라인에 접속할 때마다 64kbps 채널을 열어야 한다고 상상해보라.
다운로드 후 페이지를 읽는 것에 시간을 보내면 채널의 대역폭이 모두 낭비된다. 반대로 서퍼의 최대 비트 전송률은 64kbps로 제한된다. 이 경우 웹이 실용적이고 성공적인 경우였을까? 유튜브는 사용하지 않을 것으로 확신한다.

2.1.2 IP "백플레인"

AoIP는 각 오디오 스트림에 대해 고정되고 연속적인 비트 전송률이 필요하기 때문에 통계 멀티플렉싱으로부터 어떠한 혜택도 받지 못한다. 대역폭이 풍부하고 자유로운 LAN을 통해 실행하기 때문에 괜찮다. 하지만 이런 질문이 떠오른다: 우리가 주요 네트워킹 혜택을 받지 못하고 TDM이 제대로 작동하는데 왜 이 모든 IP를 신경쓰는건가. 고맙지 않은가? 우리는 이미 IP를 사용하는 큰 주제(저비용, 공통 인프라, PC에 대한 네이티브 인터페이스, IT와 전화의 주류, 전화/데이터/오디오 통합 등)를 다루었지만, 이제 이 주제를 다른 각도에서 순수한 네트워크 설계 관점에서 볼 수 있다. TDM에 있는 회로 팩과 백플레인을 생각해보십시오. 회로 팩과 백플레인은 모두 독점적이기 때문에 Siemens(독일 전기제품 제조회사)의 회로팩을 Nortel 스위치에 연결할 수 없다.
전문적인 오디오에서도 마찬가지입니다. 한 회사의 TDM(예: AES3) 오디오 라우터의 카드를 다른 회사의 카드 케이지에서 사용할 수 없다. 반면, AoIP 시스템에서는 RJ-45 이더넷이 TDM의 백플레인과 동등하게 되어 표준 인터페이스를 통해 다양한 장비가 상호 연결될 수 있다는 장점이 있다. 또한 이더넷을 통해 회로 팩과 동등한 역할을 하는 것들을 중앙 스위치와 물리적으로 떨어지도록 할 수 있다. 이제 박스에 넣어 오디오 입력 및 출력에 가깝게 배치할 수 있다.

2.2 | 이더넷/IP 네트워크 : 레이어 모델

최신 데이터 네트워크를 알기 위해서는 계층 개념을 알고있어야 한다. 계층화의 개념과 개방형 시스템의 지원은 패킷 기반 네트워크 엔지니어링의 핵심이다. 계층화는 여러 공급업체 간의 상호 운용성 및 각 기능에 대한 접근 방식의 핵심 요소이기 때문에 인터넷의 성장과 운영에 있어 중요한 요소가 되었다.또한 대부분의 AoIP와 특히 Livewire를 위한 키 중 하나로, 원래 라이브 오디오용이 아닌 표준 하위 계층 위에 오디오 전송 응용프로그램을 구축할 수 있다. OSI(Open Systems Interconnection) 모델은 데이터 네트워킹을 참조한 전형적인 예로 ISO(International Standard Organization)와 ITU-T(International Telecommunication Union)에 의해 개발되었다. 일부 실제 응용프로그램은 OSI모델로 구축되었다. 예를 들어 전화와 전화 네트워크 간의 ISDN(통합 서비스 디지털 네트워크) D채널 통신은 OSI 모델을 기반으로 합니다. (표 2.1을 참조)

Table 2.1 OSI Reference Model for Network Layering

Layer	Name	Function
7	Application	Generic Application Functions File transfer, mail, Web, etc.
6	Presentation	Data Representation Independence from local data formats
5	Session	Process-to-Process Communication Registration and access control
4	Transport	End-to-End Communication Error control, flow control, sequenced delivery
3	Network	Network-wide Communication (WAN) Global addressing, routing, fragmentation
2	Data Link	Local Communication (LAN) Link addressing, framing
1	Physical	Physical Channel Access Line drivers/receivers, encoders/decoders, timing

하지만 이 7단계 제도은 위원회에 의해 고안되었다. 특히 세부 사항을 자세히 들여다보면 알 수 있다. 이것은 실제 구현자들에 의해 너무 복잡하다고 판단되었다. 그 결과, 표준 세부 사항을 준수하는 제품 많지 않다. 하지만 이 개념은 가치를 충분히 증명했다. 기본적인 원칙은 특정 계층에서 작동하는 구성요소를 통신에 대해서 이해하면 된다는 것이다.

- 기기 간 동일한 계층
- 명확한 인터페이스 사용으로, 기기 내 인접한 계층

이것은 강력한 개념이다.예를 들어, 1계층과 2계층에서 작동하는 이더넷 스위치가 어떠한 차이도 신경쓰지 않고 한 모델에서 다른 모델로 쉽게 교환될 수 있다는 것을 의미한다. 당신은 상위 계층에 영향을 주지 않고도 10BASE-T 허브에서 기가비트 섬유로 업그레이드할 수 있다.더 나아가 다른 물리적 네트워크 기술로 완전히 변경하는 것도 가능할 것이다. 사실, 이것이 초기 인터넷 디자인의 주된 목표이다. 인터넷이 처음 고안되었을 때 이더넷은 아직 보편적으로 사용되고 있지 않았으며, 호환되지 않는 저수준 네트워킹 기술들이 있었다 (ARCNET, Octopus, IBM 토큰 링, StarLAN, DECnet 등). 인터넷은 응용프로그램이 상호 작용할 수 있도록 상위 계층에 이러한 모든 것을 보이지 않게 하기 위해 고안되었다.이것은 위에서 아래로 작동하고, 네트워크에서 변경해야 할 다른 변경 사항 없이도 하나의 웹 브라우저에서 다른 브라우저로 전환할 수 있다. 소프트웨어 엔지니어의 문구로 사용하기 위해서, 여러 하위 계층 간 차이는 상위 계층으로 “abstracted out” 되었다.최상위 3개의 계층은 IETF(Internet Engineering Task Force)에서 지정하고 문서화하며, 이더넷과 관련된 계층은 IEEE(전기 및 전자 엔지니어 연구소)에서 표준화한다. 그림 2.1에서 맨 위에 있는 사람은 웹 사이트를 방문하고자 하는 사람이다. 다행히 사용자는 웹 브라우저를 실행하는 PC를 마음대로 사용할 수 있다. 사용자가 원하는 사이트의 텍스트 이름을 입력한다.네임서버는 사이트의 IP 번호 주소를 조회하고 브라우저는 이 주소를 사용하여 frog.com의 웹 서버가 사용자에게 보내는 웹 페이지를 요청한다. 이것은 최상위 관점에서 볼 때 간단하다.하지만 아래 계층에는 많은 숨겨진 활동이 있고, 각각의 계층에는 다양한 표준과 기술이 적용되고 있다. 예로들면 PC는 5개의 모든 계층에서 동시에 네트워크와 상호 작용하며, 각 계층은 기계의 전용 부품으로 제공된다.

- 1계층. 네트워크 카드의 물리적 인터페이스는 활성 이더넷 링크가 연결되어 있다는 것을 알고 라인으로부터 디지털 비트를 전송 및 수신하고 있다.
  프레임이 시작되고 멈추는 곳조차도 비트 전환 내에 포함된 데이터의 의미를 알지 못한다.
- 2계층. 네트워크 카드의 논리적 부분은 비트 스트림에서 이더넷 주소를 분석하므로 어떤 트래픽이 자체적으로 의도되는지 파악할 수 있다.또한 로컬 네트워크의 다른 디바이스로 향하는 트래픽을 전송하는 위치도 알고 있다.

- 3계층. PC 운영 체제에서 실행되는 TCP/IP 네트워크 스택 소프트웨어의 IP 부분은 IP 패킷을 만들기 위해 이더넷 프레임 주위에 IP 주소를 감싼다. 이제 PC는 멀리 떨어진 컴퓨터에서 인터넷을 통해 트래픽을 보내고 받을 수 있다. 스택이 LAN에 존재하지 않는 컴퓨터에 대한 연결을 감지하면, 트래픽을 라우터에 전송하고, 라우터는 대상 측의 IP네트워크에 대한 게이트웨이 역할을 한다.]

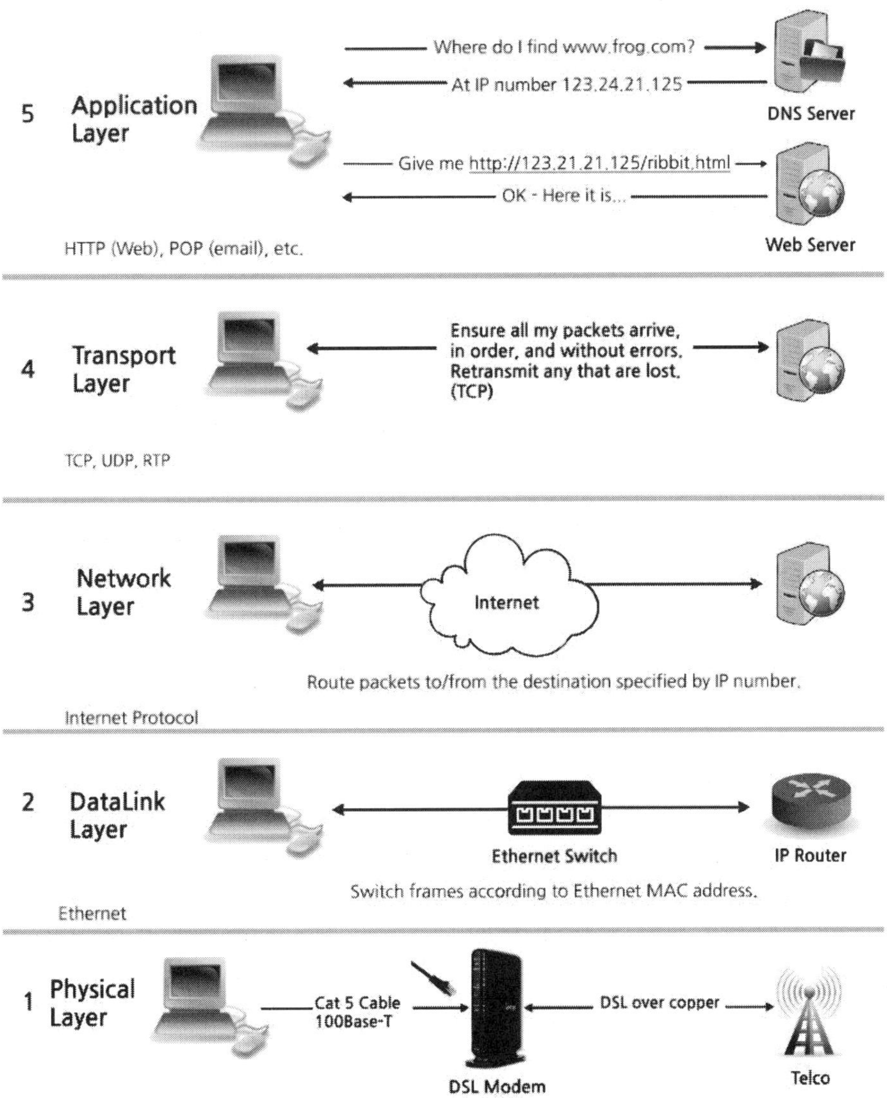

FIGURE 2.1

Here' s how the concept of layering has evolved for the real world of today' s omnipresent partnership of Ethernet for LANs and IP for WANs.

- 4계층. TCP/IP 스택 소프트웨어의 TCP 부분이 씬(scene)으로 들어간다. 앞으로 살펴보겠지만, 데이터가 다음 계층의 응용프로그램에 안정적으로 전달되도록 하는 데는 중요한 역할을 한다
- 5계층. 브라우저는 표준 HTTP 프로토콜을 네트워크 웹 서버에 문의하여 파일을 요청하고 검색한다.

브라우저는 이더넷 인터페이스 칩을 전혀 모르며, 칩은 웹 브라우저를 보지 못한다. 이것은 설계자들이 의도한 것이다. 추상화, 분리, 그리고 캡슐화 - 우아하고 신뢰할 수 있는 시스템 설계의 모든 요소이다. 이제 각각의 층을 좀 더 깊이 살펴보도록 하겠다.

2.2.1 1계층: 물리적 인터페이스

이 계층은 하드웨어 연결을 담당한다. 이더넷의 물리적 계층은 지난 몇 년 동안 놀라울 만한 발전을 이루어 왔으며, 2년마다 용량이 두 배씩 증가할 것으로 예상하는 무어의 법칙에 거의 근접해 왔다[1]. 우리는 10Mbps 버스 방식의 동축케이블에서부터 오늘날, 일상적으로 설치되는 기가비트 1000BASE-T 네트워크에 이르기까지 많은 발전을 이루었다. 섬유의 경우 10 기가비트가 흔하지 않으며 40기가비트에서 100기가비트의 개발이 진행 중이다. 이더넷을 개발한 Robert Metcalf는 결국 테라비트(1000기가비트) 섬유를 보게 될 것이라고 말했다. WiFi, WiMax 및 기타 여러 유형의 이더넷 무선 시스템이 있다. 레이저 시스템은 또 다른 대안이다. 이 모든 것은 계층화된 구조가 혁신을 북돋다는 점을 보여준다. 당신의 근무처가 더 빠른 네트워크로 업그레이드될 때 IP 네트워크 스택이나 이메일 클라이언트를 변경할 필요가 없다.

ARRIVE ALIVE The original coax-bused Ethernet employed CSMA/CD (carrier sense multiple access with collision detection) to govern how devices shared the cable's capacity. This was retained through the era of passive 10BASE-T hubs. The word collision is scary and perhaps makes people think that something bad is happening. It is a reason that Ethernet had picked up a reputation as not being appropriate for real-time mediaspread by proponents of alternatives, mainly ATM and Token Ring. There was a time when many people were convinced that anyone needing real-time audio/video would have to install ATM to their desktop.

---

1. Actually, Moore's Law says nothing about networking, but it might as well. Gordon Moore predicted that the number of transistors on a chip would double every two years, thus either roughly doubling the processing power or halving the cost of computer processing units (CPUs) biennially. (There are many references to this doubling occurring every 18 months, by the way, but Moore insists he didn't say that.) In any case, since network interfaces and digital data radios are made up of chips with transistors, too, Moore's Law indirectly applies to bandwidth growth as well, although telcos and Internet service providers (ISPs) may have something to say about that cost-reduction factor when the networks involved are under their service jurisdictions.

Thankfully, those days are long over. Starting with 100BASE-T and switched Ethernet, the CSMA/CD functions are disabled. 100BASE-T is full-duplex, with a wire pair dedicated to each direction. Ethernet switches pass traffic only to where it is needed. And modern switches are nonblocking, meaning that the backplane has enough capacity to handle full rate on all the ports at once. Accordingly, there is no sharing, and therefore no reason to use CSMA/CD. In today's Ethernets, AoIP traffic flows smoothly without interruption caused by competing traffic from other devices on the network.

2.2.2 2계층: 이더넷과 스위칭

이 계층에는 이더넷의 종착 주소 지정과 관련된 모든 것이 포함된다. 이더넷 스위치는 이더넷 지원 장비 제조업체에서 할당한 고유 ID 번호인 이더넷 미디어 액세스 컨트롤(MAC) 주소를 기반으로 패킷을 전달하기 때문에 2계층에서 작동한다.2계층은 일반적으로 LAN 경계를 넘어 확장되지 않는다. 인터넷에 연결하려면 라우터가 필요하다. 다시 말해서 2계층 네트워크를 확장하면 3계층 기능이 추가한다는 것을 의미한다. 공식적으로 헤더와 데이터로 구성된 전송 단위를 2계층에서 프레임이라고 한다. 3계층에서 올바른 명칭은 패킷이다.
그러나 이더넷 프레임은 거의 항상 IP 패킷을 가지고 있기 때문에 조합을 설명하는 데 사용되는 단어는 컨텍스트 또는 작성자의 선호도에 따라 달라진다.2계층 기능을 언급하지 않는 한, AoIP 오디오에는 IP 헤더가 있기 때문에 일반적으로 "패킷"을 사용하며, 일반적인 말투로 네트워크 트래픽 청크를 설명하는 일반적인 방법이 되었기 때문에 "패킷"을 사용한다. 우리는 프레임 교환과 프레임 네트워크가 아니라 패킷 교환과 패킷 네트워크에 대해 말한다.

2.2.3 3계층: IP 라우팅

이더넷 주소 외에도, LAN에 각 IP패킷에는 소스와 대상 IP 주소도 포함된다.IP패킷은 라우터가 가장 효율적인 경로를 따라 패킷을 전달하고 다양한 유형의 LAN을 연결하는 데 사용된다.인터넷이 발명되었을 때 수십 개의 LAN 기술이 사용되었으며 이는 중요한 기능이었다. 이제 IP 주소 지정은 LAN 안에서 클라이언트 및 기타 여러가지 등으로 서버에 접속하고, 특정 장소에서 떨어진 인터넷 리소스에 연결하는 방법으로 사용된다. IP 자체는 복잡한 프로토콜이 아니지만 IP 제품군의 다른 구성 요소에서 제공하는 수많은 기능이 있다.DNS(Domain Name System)는 IP 주소를 실제 이름과 연관시킴으로써 (사용자에게)이 주소를 기억하는 부담을 덜어준다. DHCP(Dynamic Host Configuration Protocol)는 IP 관리를 간소화한다.

OSPF(Open Shortest Path First), RIP(Routing Information Protocol), BGP(Border Gateway Protocol)와 같은 라우팅 프로토콜은 3계층 디바이스에서 데이터 트래픽을 원하는 대상으로 전달하는 정보를 제공한다.

2.2.4 4계층: 전송

이 계층은 사용자 응용프로그램과 네트워크 인프라 간의 통신 경로이며, 이러한 통신 방법을 정의한다. 전송 제어 프로토콜(TCP)와 사용자 데이터그램 프로토콜(UDP)은 전송 계층의 요소에 대한 잘 알려진 예다. TCP는 "연결 지향" 프로토콜로, 데이터 교환 전에 전송을 위한 매개 변수를 설정해야 하며, 오류 복구 및 속도 제어 서비스를 제공한다. UDP는 응용 프로그램에 이러한 기능을 남겨둔다.

2.2.5 5계층: 응용

이 계층은 일반적으로 사용자에게 노출된 유일한 계층이다. 예를 들어 웹 브라우저, 오디오 편집기 및 전자 메일 클라이언트와 같은 익숙한 항목이 포함된다. 그리고 AoIP 장치와 소프트웨어가 작동하는 곳이다. 응용 프로그램 개발자는 사용하려는 4계층 전송 유형을 결정한다. 예를 들어, 데이터베이스 접속 또는 웹 접속에는 오류가 없는 연결이 필요로 하며 TCP를 사용하는 반면, AoIP는 UDP 위에 계층화된 RTP(Real-Time Transport Protocol)를 사용한다. (자세한 내용은 2.2.9의 RTP에 대해 참조).

2.2.6 패킷만들기

네트워크에 대해 깊이 알고 있는 엔지니어는 패킷 구조에 매우 신경을 쓴다. 이 주제는 항상 네트워킹 교과서의 최상위 주제로 다뤄질 것이다. 또한 대부분의 인터넷 표준 문서의 필수적인 부분이 될 것이다. 왜 사용자에게 보이지 않는 이러한 세부적인 정보가 중요한 이유는 무엇일까? 패킷의 구축 방법은 대체로 네트워크의 작동 방식과 네트워크 기능이 정의되어 있기 때문이다예상한 바와 같이, IP 패킷은 계층화된 방식으로 구성되어 있다. 그림 2.2는 RTP 오디오 패킷의 구조를 나타낸 것이다. 그림 2.3은 이 구조를 자세히 살펴보면, 네트워크 엔지니어가 일반적으로 패킷을 시각화하는 방법을 보여준다. 각 필드가 무엇을 의미하는지는 중요하지 않다. 회색 수평 막대는 각각 총 4바이트이다. 각 계층에서 디바이스는 관련 헤더에 포함된 정보로만 작동한다. 이더넷 스위치는 2계층 헤더만 신경 쓰고 나머지는 모두 페이로드이다. IP 라우터는 3계층 헤더에서만 "참조"하고 하위 레벨 전송은 신경 쓰지 않는다. 응용프로그램은 헤더를 전혀 신경

쓰지 않는다. 즉 네트워크에 데이터를 전송하기만 하면 되고 데이터를 다른 쪽에서 다시 가져올 것으로 예상한다.

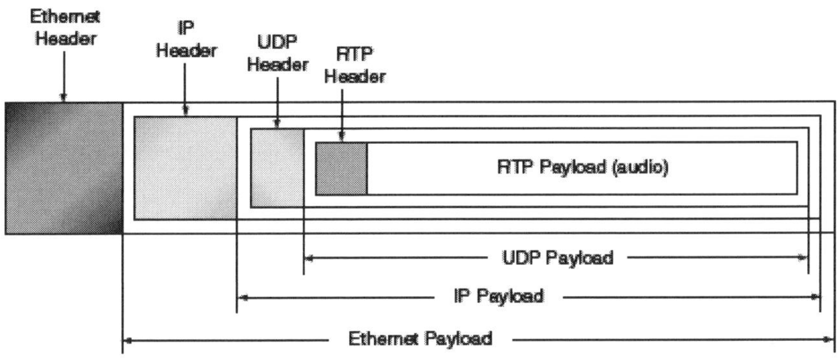

FIGURE 2.2

Layered structure of an RTP packet.

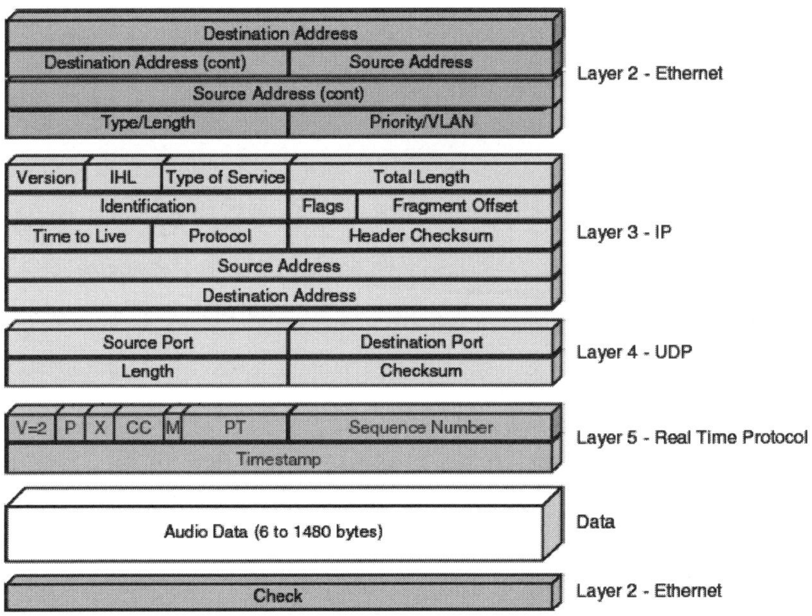

FIGURE 2.3

Detailed view of an RTP packet, showing header contents of each layer.

HOW MANY STATIONS DO YOU HAVE IN YOUR STATION? In careful language, devices that attach to the Internet and have IP addresses are called hosts, a name that probably made sense in the early days (they "host" the IP stack and interface). And Ethernet-connected devices are officially called stations to keep the radio/ether analogy going.
But what do you call something that is both a host and a station, as almost everything is?
Host doesn't sound very natural for our audio devices and station would be very confusing indeed. Thus, we usually just write device, or in the specific case of Livewire, we might write node, since that's what we call interface devices in that system.

2.2.7 TCP

TCP/IP라는 약어가 너무 자주 쓰기 때문에, 많은 사람들은 두 프로토콜이 반드시 그리고 항상 결합되어야 한다고 생각한다. 물론 그렇지 않다. IP는 TCP로부터 독립적이며, TCP없이도 사용할 수 있다. 마찬가지로, TCP는 인터넷을 위해 만들어졌으며, 제대로 된 작동을 위한 필수적인 요소이다.TCP는 다음 두 가지 필수적인 기능을 제공한다.

- 손실된 패킷의 재전송을 통해 안정적인 데이터 수신을 보장한다.
- 전송속도를 제어한다.

특정 링크에 모든 패킷을 전송하기에 충분한 대역폭이 없을 경우 IP 라우터가 패킷을 삭제할 수 있다. 또한 라우터는 패킷이 전송된 순서와 동일한 순서로 패킷을 전송하도록 정하지 않았다. 그리고 신호 손상으로부터 비트 오류를 보호할 수 없다. 이는 인터넷의 설계에 있어 실수나 간과가 아니다. 발명가들은 자신들이 무엇을 하고 있는지 알고 있었다. 그들은 필요한 보정 과정을 가능한 한 끝점에 가깝게 제어하기를 원했고, 중앙에서부터 가장자리까지 가능한 많이 이동하려는 일반적인 인터넷 아이디어와 일치했다.대부분의 데이터 파일에 대해 100% 신뢰할 수 있는 전송이 필요하다; 한 비트만 놓쳐도 허용될 수 없는 결과를 가져올 수 있다. TCP는 확인과 재전송 방식을 사용하여 이 작업을 수행한다. TCP 리시버가 양호한 패킷을 수신하면, 송신자에게 긍정적인 응답을 보낸다. 송신자가 이 수신확인을 받지 못할 때마다 데이터가 손상되었거나 누락된 것으로 가정하고 다른 사본을 보낸다. 수신기는 교체품이 도착할 때까지 미리 대기열에 있을 수 있는 모든 데이터를 보관한다. 패킷은 응용프로그램에 올바른 순서대로 배달될 수 있도록 발신자에 의해 번호가 매겨진다. 응용 프로그램은 항상 좋은 데이터를 받지만, 상당한 지연된 후일 수 있다.전송 속도 제어는 송신자에서 수신기로의 많은 전송 "파이프"의 대역폭 용량이 대부분 항상 서로 다르기 때문에 대부분의 인터넷 응용프로그램에 필수적이다. 또한, 인터넷 사용 빈도와 흐름을 공유하는 많은 사용자의 요구로 인해 특정 사용자에 대한 사용 가능한 대역폭이 지속적으로 변경된다. POTS 라인을 통해 56K 모뎀을 사무실 서버에 연결한 채 집에 있는 옛(구식) 사례를 생각해보십시오. 서버와 로컬 네트워크가 모뎀이 데이터를 전송하는 속도보다 더 빠르게 데이터를 전송할 수 있다. 현재 인터넷에 연결된 대부분의 디바이스에도 동일하게 적용된다. 한편, 인터넷 자체에서는 한 명의 사용자가 사용할 수 있는 대역폭이 지속적으로 변화하고 있다. 따라서 현재 네트워크 상태와 모뎀의 수신 능력에 모두 맞추기 위해 서버의 전송 속도를 늦춰야 할 필요가 있다.

이 프로세스는 흐름 제어 기능을 통하여 TCP에 의해 수행된다. 세부 사항은 복잡하지만, 원칙은 간단하다: TCP 송신자는 수신기에서 버퍼의 상태를 모니터링하여 데이터가 도착하는 속도를 파악하고 전송 속도를 조정하여 정확한 평균 버퍼 채우기를 유지한다. (그림 2.4 참조)

또한 TCP에는 정체 제어라는 기능도 있다. 데이터 전송 속도도 제어할 수 있지만, 다른 메커니즘과 이유가 다르다. 앞에서 설명한 재전송 절차는 망체증(네트워크 정체) 증상을 해결하지만 그 원인은 다루지 않는다. 일반적으로 너무 높은 속도로 전송하려고 하는 소스가 너무 많다. 정체된 원인을 처리하기 위해서, 우리는 필요할 때 보낼 수 있는 발송기를 조절하는 방법이 필요하다. TCP의 정체 제어는 개별 사용자가 아닌 대규모 네트워크에 대한 서비스라는 점에서 드문 경우이다. 네트워크 대역폭을 모든 사용자에게 균등하게 배분하는 방법으로 생각되었다.

이를 위해 TCP는 손실된 패킷이 정체를 나타낸다고 가정하여 손실된 패킷을 모니터링 한다.

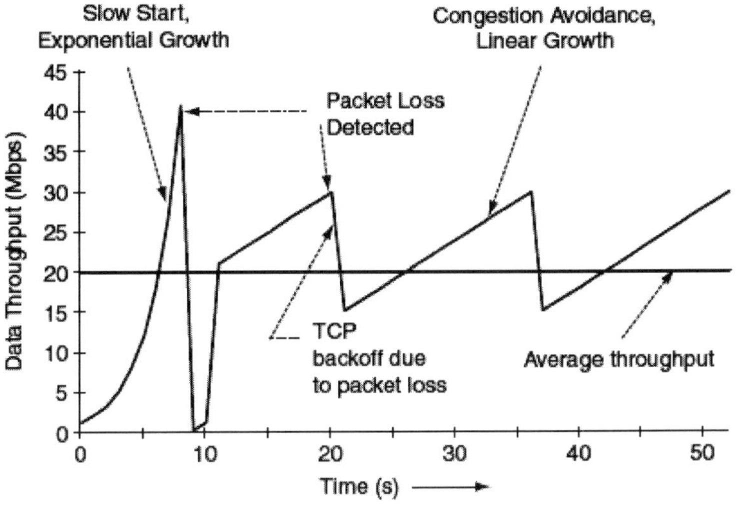

FIGURE 2.4

TCP' s transmission rate varies to adapt to network conditions. It aggressively reduces rate when it detects a bandwidth constraint in the network, then slowly increases rate, probing for the limit.

새로운 연결이 설정되면, 저속 시작 기능으로 인해 시작을 낮은 속도로하고 손실된 패킷이 감지될 때까지 램프업 한다. 그런 다음 속도를 반으로 줄고 램프업이 다시 시작된다.이러한 방식으로 TCP는 항상 사용 가능한 최대 대역폭을 탐색하여 항상 일치하도록 전송 속도를 조정한다. 이 기술은 매우 매끄러운 기술로, 공유 링크를 통해 버스티(데이터가 갑자기 집중적으로 한번씩 소규모로 발송) 데이터를 가장 빠르게 전송하는 데 매우 적합하다. TCP는 통신을 시작하기 전에 응답 확인 방식(handshake)이 필요하기 때문에 연결 지향적이라고 한다. 그런 다음, 송신자와 수신자는 통신 기간 동안 계속 연락을 유지한다. TCP 헤더는 기본 IP 헤더의 20바이트에 20바이트를 추가하여 총 40바이트의 오버헤드를 생성한다.

2.2.8 UDP

UDP는 오류 검사와 수정이 필요하지 않고도 응용계층에서 수행되므로 네트워크 인터페이스 수준에서 이러한 처리의 오버헤드를 방치한다.시간제한 응용 프로그램은 종종 삭제된 패킷(응용 프로그램의 오류 수정 또는 은폐 체계를 통해)을 처리하는 것이 지연된 패킷이 도착하기를 기다리는 것보다 바람직하기 때문에 UDP를 사용합니다 (TCP가하는 것처럼). UDP에는 연결 설정 단계가 없다. UDP 송신기는 수신자와 관계없이 패킷을 송출한다. 이는 UDP가 IP 멀티캐스팅에 적합하다는 것을 의미한다.IP 멀티캐스팅은 송신기와 수신기의 일대일 관계를 허용하지 않기 때문에 TCP를 실행할 수 없다.멀티캐스트 전송에서 하나의 수신자만 패킷이 누락된 경우, TCP는 대체 패킷을 어떻게 처리할 수 있을까? 멀티캐스트의 경우 속도 조절도 불가능하다는 사실을 깨닫게 될 것이라고 순간 생각이 든다. (소위 '신뢰할 수 있는 멀티캐스트'를 위해 고안된 많은 계획들이 있지만, 그것들은 모두 특정 제한된 종류의 응용 프로그램에만 유용하게 사용되는 단점을 가지고 있다.)

UDP 헤더는 기본IP 헤더 20바이트에 8바이트를 추가하여 총 28바이트의 오버헤드를 생성한다.

2.2.9 RTP

RTP는 UDP 최상위에 계층화되어 있다. AoIP와 VoIP는 RTP/UDP를 통해 전송되는 응용 프로그램이다. 왜 오디오 응용 프로그램이 훨씬 더 일반적인 TCP를 사용하지 않는 이유는 무엇일까? 첫 번째 답은 TCP가 필요하지 않다는 것이다.예를 들어, 다음과 같다.

- LAN의 대역폭이 크고 안정적이면, TCP의 속도 제어 서비스가 필요하지 않다.
- 제대로 설계된 네트워크의 이더넷 스위치는 패킷을 삭제하지 않으므로, TCP의 복구 메커니즘이 필요하지 않다.

- 오디오를 사용하면, 발생하는 매우 드물게 발생하는 오류에 대해 (대부분의 데이터 전송에 비해) 높은 허용 오차가 있으므로 TCP의 복구 서비스가 필요하지 않다.

둘째, TCP는 매우 비싼 비용으로 제공된다:

- 쇼 스토퍼(show-stopper)는 오디오를 멈춤 없이 재생해야 할 경우 복구 메커니즘이 수신기에 허용할 수 없을 정도로 긴 버퍼를 요구한다.
  손실된 패킷을 감지하고, 재전송을 요청한 다음, 수신과 처리를 하여 버퍼의 정확한 위치에 삽입하는 데 모두 시간이 걸린다.
  버퍼는 길이를 최대로 수용할 수 있을 만큼 설정해야 한다.
  이 값은 일반적으로 1000분의 1초이다.
  AoIP의 경우, 딜레이는 1000분의 1초만 유지되어야 한다.
- TCP는 대부분의 AoIP응용프로그램에 필요한 멀티캐스트가 아닌 점 대 점 연결만 오직 허용한다.

반면, RTP는 AoIP에 필요한 몇 가지 서비스(시간 스탬핑, 시퀀스 번호 지정 및 사용된 코딩 방법의 식별)만 제공한다. 앞서 언급했듯이, RTP는 UDP를 기반으로 실행된다.RTP 헤더는 12바이트, UDP 헤더 8바이트, IP 헤더 20바이트가 필요해, 총 RTP/UDP/IP 헤더 오버헤드는 40바이트이다.

2.2.10 포트

코어IP 헤더에는 디바이스(호스트) 수준의 소스 및 대상 주소가 있지만 디바이스 내에서 처리할 응용프로그램을 지정할 방법은 없다. 이것이 포트의 목적이다. 포트 주소는 UDP와 TCP 헤더의 2바이트 필드에 지정되므로 65,536개의 응용프로그램과/또는 하위 프로세스에 대한 멀티플렉싱/디멀티플렉싱을 허용한다.
0부터 1023까지 범위인 포트 번호는 익숙한 포트 번호로 여겨지며, HTTP와 같은 응용프로그램 프로토콜(포트 80 사용)에서 사용하도록 예약되어 있다. 오디오의 포트에 대해 중요한 응용 프로그램은 VoIP 전화다. 우리는 흔히 수많은 전화통화를 처리하기 위한 서버와 게이트웨이를 가지고 있다. 디바이스 내에서 제대로 지시할 수 있도록 고유 포트 번호가 각각에 할당된다.

2.3 | 근거리 통신망

AoIP는 일반적으로 LAN에 포함되어 있기 때문에 우리가 주목해야 하는 것이다. 오디오가 근거리 통신망의 안전하고 안심한 세상을 떠날때, AoIP와 스트리밍 미디어가 되는 것은 중단된다.

2.3.1 이더넷 스위칭

이더넷 스위칭은 데이터 네트워킹에 혁신을 불러왔다. 스위칭을 사용하면 각 디바이스가 링크의 모든 대역폭을 소유한다. 공유도, 충돌도 없다. 수신 프레임은 수신 프레임이 필요한 노드에만 전달된다. 스위치는 전송된 패킷의 소스 주소를 검사하여, 어떤 주소의 테이블이 어떤 포트에 소속되어있는지 구성한다. 프레임이 들어오면 스위치가 테이블을 보고 대상 소유 포트를 검색한 다음 데이터를 해당 포트로만 전달한다. 주소에 대한 항목이 없는 경우는 드물지만, 프레임은 원하는 수신자가 수신하도록 "flooded" 또는 모든 포트에 브로드캐스트된다.

연결이 끊어졌거나 데이터가 오랫동안 없으면 항목이 제거된다. 꽤 간단하지 않은가? 위에서 설명한 스위칭 작업은 웹, 이메일 등과 같은 일반적인 트래픽에 사용되는 유니캐스트 지점간 통신을 위한 것이다. 그러나 이더넷 스위칭은 다음과 같은 세 가지 통신 유형을 지원한다:

- 유니캐스트는 명시된 대로 데이터 트래픽에 대한 일반적인 모드인 점 대 점(point-to-point)을 의미한다.
- 브로드캐스트는 소스의 패킷이 모든 수신기에 전송됨을 의미한다.
- 멀티캐스트는 다중 수신기가 전송에 "조정"될 수 있음을 의미한다.

시스템에 대한 하나의 소스의 패킷 입력은 수에 관계없이 출력 노드에서 받을 수 있다. 브로드캐스트 패킷은 구분 또는 특정 분배 방식 없이 이더넷에 연결된 모든 장치에서 수신된다. 예를 들어, Windows 파일 시스템은 PC용 브로드캐스트를 사용하여 파일 전송 파트너를 찾는다.

송신 장치는 네트워크에 능동적으로 연결되어 있는 경우 목적지를 찾을 수 있음을 100% 확신할 수 있다. 그러나 이는 엄청난 단점이 있다. 대역폭은 모든 링크에서 사용되므로 모든 장치에서 메시지를 처리하여 해당 위치에 필요한지를 확인해야 한다. 사실, 브로드캐스트에서는 스위칭의 이점을 전혀 누릴 수 없다. 대규모 네트워크에서는 대역폭이 크게 고갈되고 성능이 저하될 수 있다. 이를 방지하기 위해 세심한 네트워크 엔지니어링에서는 종종 대규모 이더넷을 소규모로 분할하여 단 한개의 "브로드캐스트 도메인"을 만든다. 보시다시피 가상 LAN(VLAN)도 하나의 솔루션이다. 개별 이더넷 세그먼트가 IP 라우터와 함께 연결되므로 사용자에게 아주 매끄럽게 보일 것이다.

DIVIDE AND CONQUER A very rough guideline is that each broadcast domain should have no more than 256 connected devices. A packet sniffer such as Wireshark (see Chapter 8) can be set to filter broadcasts. You can then determine how much bandwidth is being consumed by these broadcasts. If excessive, then the network can be further subdivided.

멀티캐스트는 네트워크가 오디오 분배 증폭기 또는 라우터를 에뮬레이트(모방)할 수 있도록 해주기 때문에 Livewire에 사용된다. 원래 오디오 소스는 다른 장치 수에 관계없이 수신할 수 있지만, 여기서 오디오 소스는 네트워크에 한 번 배치한 다음, 필요한 장치만 수신한다. 멀티 캐스트를 사용하면 이더넷 스위치가 스트림에 동의한 디바이스에 있는 포트로만 트래픽을 전달하기 때문에 링크나 연결된 디바이스에 과부화 될 염려가 없다. 멀티캐스트에 대한 자세한 내용은 섹션 2.3.5를 참조

2.3.2 이더넷 트래픽 우선 순위

링크 내에서 우리는 때때로 오디오를 일반 데이터와 혼합하기를 원한다. 예를 들어, 배달 PC가 오디오를 재생하고 파일을 동시에 다운로드하는 경우, 또는 AoIP 장치가 오디오 및 제어 메시지를 동시에 보내고 받는 경우 이 문제가 발생한다.

오디오가 항상 안정적으로 흐르도록 하기 위해, AoIP는 스위치 이더넷 시스템의 일부인 우선 순위 기능을 활용할 수 있다. 원래의 이더넷과 비교하여, 최신 이더넷은 프레임 헤더에 4바이트의 데이터를 추가로 삽입한다. 한 필드는 표 2.2와 같이 8개의 가능한 값을 지정할 수 있는 3비트 우선 순위 플래그를 제공한다. 가장 높은 우선 순위 패킷은 링크의 대역폭에서 먼저 호출된다.

우선 순위가 높은 패킷이 대기열에 있고 준비되면 우선 순위가 낮은 패킷이 대기한다. 대역폭이 충분하지 않으면, 우선 순위가 낮은 패킷이 삭제된다. 곧 알게 되겠지만 이것은 문제가 되지 않는다. 그림 2.5에는 두 개의 대기열만 표시되지만, 4, 8개의 대기열은 동일하다. Livewire에 사용되는 스위치는 최소 4개의 대기열 및 우선 순위 레벨을 지원해야한다. 일부 로우-엔드 스위치는 우선적인 지원이 없거나, 두 개의 대기열 레벨만 지원할 수 있다. 계층 구성에 여러 스위치가 있는 경우 우선 순위 정보가 시스템의 모든 스위치로 자동으로 전송된다.

Table 2.2 Ethernet Priority Assignments Used for Livewire Systems

Priority Level	IEEE Recommendation	Livewire Assignment
7	Network control	-
6	Reserved	Livewire audio
5	Voice	VoIP telephone audio
4	Video conferencing	-
3	Call signaling	Livewire control and advertising
2	High-priority data	-
1	Medium-priority data	-
0	Best-effort data	-

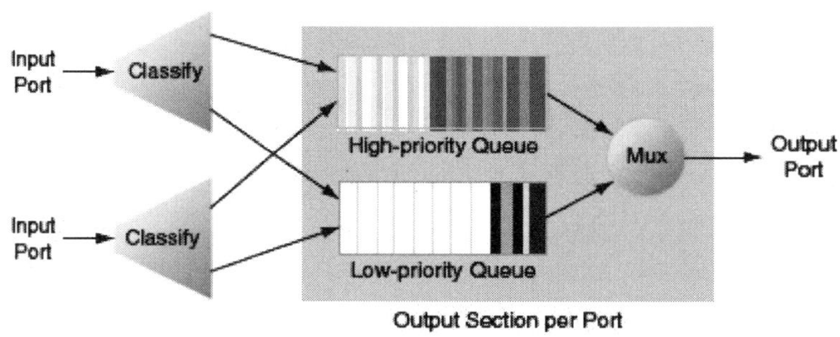

FIGURE 2.5

Ethernet switches that support priorities have two or more output queues.

2.3.3 LAN에서 오디오를 위한 TCP의 역할

TCP는 인터넷을 위해 개발되었으며 사용자의 사용 가능한 대역폭이 가변적이고 IP 라우터가 정기적으로 패킷을 삭제하는 환경에서 필수적이다. 하지만 TCP는 LAN의 핵심 기술이기도 하다. LAN에는 대역폭이 충분하지만, 특정 링크에 파일을 최대 속도로 전송하는 여러 대의 고속 PC가 여전히 LAN을 정체시킬 수 있다. 일부 네트워크 장치는 느린 데이터 전송 속도만 처리할 수 있다. 따라서 LAN에서 TCP의 속도 조정이 필요하다. 누군가가 케이블 가까이에서 휴대폰을 작동하는 것으로부터 패킷이 손상되거나 손실될 가능성은 매우 낮지만 전혀 손실되는 것은 아니다. 하지만 이런 종류의 잘못에 대한 우리의 관용은 거의 0이다. 사무실 관리자의 구매 주문 시스템이 실수로 백만 상자의 종이 클립을 주문하지 않도록 파일은 비트 단위로 정확해야 한다. 따라서 LAN에서 TCP의 오류 감지 및 복구 서비스는 매우 중요하다.

TCP는 오디오를 전송하는 데 사용되지 않지만, AoIP에서 역할을 수행한다. 이를 통해 단일 네트워크 링크에서 우선 순위가 높은 오디오와 가장 영향력 있는 데이터를 공유할 수 있다. 이 경우를 고려하십시오: PC는 오디오 전송 플레이어를 호스트하는 데 사용된다. 플레이어는 항상 네트워크에 AoIP 오디오를 재생한다. 때로는 서버에서 파일을 요청해야 한다. 속도가 빠른 PC는 파일 전송 중에 링크의 모든 용량을 사용하여, 오디오 스트림과 경쟁하고 드롭아웃(dropout)을 발생시킬 수 있다.

우리는 이 문제에 대한 준비된 답을 가지고 있으며, 그리고 우리는 그것을 방금 보았다: 우선 순위를 지정하는 것이다. UDP에서 보낸 오디오 패킷은 일반 데이터보다 높은 우선 순위가 할당되므로 스위치에서 삭제되지 않고 다른 데이터 패킷(TCP에서 보낸 데이터 패킷)이 할당된다.이로 인해 TCP는 파일 데이터의 전송 속도를 오디오 스트림을 고려한 후 링크의 나머지 대역폭에 적합할 수 있는 수준으로 줄인다. TCP는 사용할 수 있는 대역폭 양을 자동으로 찾아 그에 맞게 자연스럽게 속도를 조정한다. 다른 파일을 다운로드하는 동안 오디오 파일을 재생하는 또 다른 솔루션이 있다. PC에 두 개의 네트워크 카드(오디오용 카드와 데이터용 카드)를 설치한다.

그러면 각각 링크 대역폭에 대한 전체 호출이 있다. 또한 오디오 용과 일반 데이터 용으로 완전히 독립적인 두 개의 네트워크를 가질 수 있는 가능성을 제공한다. 전체 시스템에서 오디오와 데이터가 공유되는 방식과 이런 점을 혼동하지 마라. 일반 데이터가 오디오 디바이스에 연결된 포트에 전혀 도달하지 않기 때문에, 네트워크를 공유할 수 있는 이더넷 스위칭 기능이다.

2.3.4 가상 LAN

가상 LAN은 이더넷과 함께 스위칭하는 기술이다. 단일 물리적 네트워크, 즉 한 세트의 와이어와 라우팅 하드웨어를 통해 여러 개의 네트워크를 통해 "가상으로" 분리하여 LAN을 가질 수 있는 방법이다.브로드캐스트 패킷을 기억하는가? 화면 안에 이더넷 스위치를 함께 모든 디바이스로 이동한다.네트워크에 많은 컴퓨터가 있는 경우, 이러한 전송으로 인해 많은 트래픽이 생성될 수 있다.VLAN은 할당된 VLAN 외부로 전파되지 않으므로 브로드캐스트 패킷을 포함하는 데 사용할 수 있다.VLAN은 보안에도 사용할 수 있다. Livewire 네트워크가 인터넷과는 다른 VLAN에 있는 경우, 해커가 오디오 스트림에 접속하거나 오디오 네트워크에서 트래픽을 보낼 수 없다. 일반 데이터와 함께 공유되는 AoIP 네트워크에서, VLAN은 네트워크 소프트웨어 또는 인터페이스 카드에 문제가 있는 컴퓨터에 대한 보호를 제공한다. 일반 컴퓨터는 연결된 포트가 할당된 VLAN 외부에 패킷을 전달할 수 없도록 이더넷 스위치를 구성할 수 있어, Livewire 오디오 포트에 연결할 수 없습니다. 마지막으로, VLAN은 이더넷 스위치가 아직 주소를 인식하지 못하여 특정 대상을 알 때까지 네트워크의 모든 포트를 점령해야 하는 특이한 경우로부터 보호한다. 방화벽 기능을 제공하면서 VLAN 간의 트래픽을 연결하기 위해 라우터를 사용해야 한다.

PHYSICALLY CHALLENGED ROUTERS A router that bridges VLANs is sometimes called a"one-armed" router because it has only one Ethernet port, rather than the usual two or more. There are also "no-armed" routers that are increasingly being incorporated inside Ethernet switches. These provide an internal routing capability that can be used to bridge VLANs without any external boxes.

이더넷 프레임에 포함된 VLAN 정보를 사용하여 스위치를 지시하는 경우 이를 태그가 된 VLAN 작업이라고한다. 그러나 일부 기기는 이렇게 할 수 없다. 이 경우, 스위치 자체가 포트 기반 VLAN이라는 태그를 삽입해야한다. 특정 포트에서 입력하는 모든 프레임은 일회성 스위치 구성에 의해 정의된 특정 값으로 태그가 지정된다. 특별한 경우가 있다: VLAN=0으로 태그가 지정된 프레임을 IEEE의 802.1p 이더넷 표준에서 우선 순위 프레임이라고 한다. 그들은 우선 순위 정보는 전달하지만, VLAN ID는 포함하지 않는다. 스위치는 해당 포트의 기본값인 VLAN으로 변환한다. 이 기능은 스위치에서 포트 기반 VLAN 할당을 사용하려면, Livewire 디바이스의 태그를 지정하지 않고 사용할 경우 유용하다.
대부분의 스위치에서는 지정된 포트에서 포트와 태그가 지정된 VLAN의 조합을 허용한다. 이 방식을 사용하려면, 포트에 기본 VLAN을 할당해야 하며, 태그가 없거나 태그가 0인 프레임이 이 기본 VLAN으로 이동한다. 값이 0이 아닌 태그가 지정된 프레임은 기본값을 재정의한다. 시스템에서 포트 기반 및 태그가 지정된 VLAN 할당을 모두 사용할 수 있다. 예를 들어, Livewire 노드 구성을 사용하여 모든 오디오 디바이스를 VLAN 2에 배치한다. 그러나 일부 PC운영 체제는 태그가 지정된 VLAN을 지원하지 않으므로, 이러한 PC를 구성 및 모니터링에 어떻게 연결할 것인가? 포트 기반 할당을 사용하여 포트를 항상 VLAN 2로 설정하고 PC를 여기에 연결할 수 있다.

2.3.5 이더넷 멀티캐스트

AoIP 오디오는 분배 증폭기(DA)와 오디오 라우팅 시스템을 사용하는 기존 오디오 분배와 마찬가지로, 소스를 여러 대상에 사용할 수 있기를 원하기 때문에 멀티캐스트이다.AoIP 소스는 멀티캐스트용으로 예약된 주소를 사용하여 스트림을 가장 가까운 이더넷 스위치로 전송한다. 이러한 주소는 물리적 포트에 할당되지 않은 특수한 "가상" 주소다. 오디오 수신기는 다음 섹션에 설명할 IGMP 프로토콜을 사용하여 스위치에 요청을 전송하여 기본방침 방식으로 수신할 수 있다. 요청은 원하는 오디오 스트림의 주소를 지정한다. 요청을 받으면 스위치가 요청을 한 장치에 연결된 포트로 오디오를 보내기 시작한다. 소스에 대한 요청이 없을 경우, AoIP 스트림은 스위치 내에서 중지되고 네트워크 대역폭이 낭비되지 않는다. 멀티캐스트는 48비트 주소의 첫 번째 비트에 플래그가 지정되며, 이 위치에 1은 멀티캐스트를 나타낸다.

이는 이더넷이 140,737,488,355,328개의 연결을 위해 모든 주소의 절반을 멀티캐스트용으로 남겨 놓았음을 의미하므로, 이는 가장 큰 방송 시설에서도 충분할 것이다! 설계자들은 아직 실현되지 않은 멀티캐스트에 대한 큰 계획을 가지고 있었다. IP 라우팅이 이더넷 스위칭을 보완하는데 사용되는 특수한 상황에서(예: 매우 큰 설치의 경우) 오디오 스트림은 표준 기반 절차를 사용하여 2계층과 3계층 모두에서 멀티캐스트이다. 8백만 개 이상의 고유한 IP 멀티캐스트 주소를 사용할 수 있다. 각 IP 멀티캐스트 주소는 IETF 표준에 따라 이더넷 멀티캐스트 주소에 매핑된다. (Ethernet Switching vs IP 라우팅에 대한 자세한 내용은 3장을 참조). Livewire를 사용하면 주소가 훨씬 단순한 채널 번호에서 자동으로 보이지 않게 계산된다. Livewire 장치에는 수동으로 구성된 유니캐스트 IP 번호가 있다. 그러나 오디오는 각 오디오 소스에 대해 하나의 주소를 갖는 멀티캐스트만 사용한다.

2.3.6 IGMP

멀티캐스트의 경우, 오디오 수신기가 특정 채널을 듣고자 하는 스위치를 알려주는 방법이 필요하다. IGMP(Internet Group Management Protocol)는 이러한 목적으로 사용된다.
IGM는 IP세트의 일부이며 IP멀티캐스트를 제어하기 위해 IP라우터와 통신하도록 설계된 3계층 기능이다. IP 라우터에는 IGMP 쿼리 기능이 포함되며, 거의 모든 하이엔드 이더넷 스위치에는 "IGMP 스누핑" 기능이 포함되어 있다. 스트림을 수신하려는 오디오 장치는 라우터의 쿼리에 조인 메시지를 보내 원하는 소스의 IP 주소를 지정한다. 이 스위치는 이 스트림을 듣고켠다. 일부 사용자가 IP 라우터를 사용하지 않고 LAN에서 멀티캐스트를 사용하려는 것을 알고 있는 하이엔드 이더넷 스위치 제조업체는 대개 제품에 더 많은 쿼리 기능을 포함한다. IGMP 쿼리 기능이 있는 스위치는 네트워크에 다른 쿼리 발송기가 없을 때 쿼리 발송기가 되므로 사진에 IP 라우터가 없을 필요가 없다. 시스템은 트리 구조에 여러 개의 스위치를 사용하여 구축할 수 있다. 일반적으로 코어 스위치는 시스템의 모든 장치에 대한 쿼리를 제공한다. 그러나 엣지 스위치는 코어 스위치 역할을 백업할 수 있으며, 이는 코어 스위치에 에러가 발생하였을 경우 시스템을 종전과 같이 유지할 수 있게 할 수 있다.
제대로 된 배치로, 코어의 작동이 중지된 것을 감지하면 엣지 스위치가 자동으로 쿼리 역할을 시작할 수 있다. 나중에 코어나 다른 쿼리가 작동하기 시작했음을 감지하면 스위치는 쿼리 발송기가 되지 않는다. IGMP는 세 가지 유형의 메시지를 사용하여 통신한다:

- 쿼리: 메시지가 멀티캐스트 그룹에 속한 각 디바이스에서 질의을 요청하는 쿼리어(멀티캐스트 라우터 또는 스위치)로부터 보내는 것.IGMP를 지원하는 멀티캐스트 라우터가 없는 경우, 네트워크상의 장치에서 그룹 구성원 정보를 끌어내기 위해 스위치가 이 기능을 맡아야 한다.

- 보고서(조인): 장치가 보고서 메시지에 표시된 특정 그룹의 구성원이거나 원하는 것을 나타내기 위해 장치가 쿼리 발송자에게 발송하는 메시지.
- 그룹 탈퇴: 장치가 특정 멀티캐스트 그룹의 구성원이 되는 것을 중지하려고 한다는 메시지를 쿼리어에게 보내는 것.

IP 멀티캐스트 패킷에는 패킷이 속하는 멀티캐스트 그룹 주소가 포함된다. 스위치 포트에 연결된 오디오 장치가 특정 그룹의 멀티캐스트 트래픽을 수신해야 하는 경우, IGMP 보고서(조인 요청)를 네트워크로 전송하여 그룹에조인한다. 스위치는 특정 그룹에 대한 가입 요청을 수신하면, 가입 요청이 수신된 포트를 통해 해당 그룹에 대해 수신하는 모든 멀티캐스트 트래픽을 전달한다. 클라이언트가 멀티캐스트 그룹에서 나갈 준비가 되면, 네트워크에 그룹 유지 메시지를 보낸다. 탈퇴 그룹 요청이 감지되면 스위치는 (포트에 해당 그룹의 다른 현재 멤버가 없는 경우) 탈퇴 그룹 요청이 수신된 포트를 통해 지정된 멀티캐스트 그룹에 대한 트래픽 전송을 중지한다. IGMP 쿼리 메시지는 디바이스가 여전히 활성 상태이고 멀티캐스트를 계속 수신할 것인지를 확인하기 위해 장치를 한다. 이 프로세스는 연결이 끊기거나 꺼진 디바이스에 대한 자료를 제거한다. 흥미로운 뉘앙스는 쿼리 메시지가 회신에 대한 최대 응답 시간을 지정한다는 것이다.응답 디바이스는 응답 대기 시간을 랜덤화하여 트래픽이 응답 제한까지 고르게 분산되어야한다.그렇지 않으면, 각 디바이스가 쿼리에 즉시 응답하므로 트래픽이 크게 버스트(폭발)할 수 있다.
메시지를 처리해야 하는 이더넷 스위치에는 대개 낮은 전력 CPU가 있기 때문에, 과부화 될 수 있다. 기본값은 10분이며, 대부분 괜찮다. 이 값을 변경하여 응답의 "버스트"를 조정할 수 있으며, 간격이 커지면 메시지가 보다 광범위하게 확산된다. 쿼리 메시지가 전송되는 기본 시간은 125초이다. 이 역시 네트워크 트래픽 양을 줄이기 위해 조정될 수있다.

2.3.7 ARP

IP 주소와 이더넷 주소를 변환해야한다. 서버가 IP 주소로만 알고 있는 컴퓨터로 데이터를 전송하는 것을 고려해야 한다. 통신하려면, 원하는 IP 주소에 해당하는 이더넷 대상 주소를 포함하여 이더넷 프레임을 생성해야한다.
이를 위해, 모든 IP 기반 장치에는 IP 주소를 입력으로 사용하고 해당 이더넷 주소를 출력으로 제공하는 ARP(주소 변환 프로토콜) 모듈이 있다. 연결과 함께 로컬 테이블을 유지한다. 아직 모르는 디바이스가 발견되면, ARP 쿼리 패킷을 LAN의 모든 장치에 브로드캐스트하고 지정된 IP 주소를 소유한 장치가 이더넷 주소로 응답한다. 소유자가 없는 경우, 패킷은 오프사이트 디바이스용이며, 라우터의 게이트웨이 주소로 전송된다. 송신 장치는 라우터의 이더넷 주소를 어떻게 찾을 수 있을까? 당연히, ARP로 찾는다.

> **ARP TABLE** Entering arp -a into Windows' command prompt will give you the current list of IP addresses and associated Ethernet addressesthe ARP table for that machine.

2.4 | 광역통신망과 인터넷

AoIP는 LAN에만 국한되므로 WAN에 대해 자세히 알아보지못했다. 한편, 나중에 VoIP 전화와 IP 코덱에 접속하게 되면 WAN과 인터넷의 코고 넓은 세계에 대해 불가피하게 이야기하게 되므로, 여기에서 주제를 다루어야 할 것이다. 그런데 일부 WAN은 사실상 LAN이다. 예를 들어, 이더넷 라디오를 사용하여 스튜디오 LAN을 전송 사이트로 확장할 수 있다.
라디오는 네트워크 1계층과 2계층에서 작동하기 때문에 IP 라우팅은 포함되어 있지 않다. 또한 매우 좋은 서비스 품질도 있을 것이다. 따라서, 거리는 확실히 "넓은" 거리이지만, 두 사이트는 LAN을 효과적으로 구성하는 방식으로 연결되어 있다.

2.4.1 인터넷

인터넷을 발전시킨 최초의 동기는 몇몇 대학과 군사 컴퓨터 센터에 있는 지역 네트워크를 연결하는 것이었다. 분명, 설계자들의 목표는 그들의 소박한 프로젝트가 어떻게 되었는지 고려해 볼 때 그다지 대단하지는 않았다.하지만 다행히도 선구자적 설계자들의 정신은 살아 있다. 그들은 긴 이론적 논쟁보다는 코드를 써서 현실 세계에서 시험해 보는 것을 더 좋아하는 "빨리빨리" 식이었다.더 중요한 것은, 설계자들은 네트워크를 폐쇄적이고 제한적인 방식으로 잠그기 보다는 개방적이고 확장 가능한 방식으로 네트워크를 구축하기를 원했다. (효과적으로, 인터넷 표준 문서는 RFCs, "코멘트 요청"이라고 불린다.) 인터넷이 시작되었을 때 설계자들이 오디오/비디오 스트리밍을 염두에 두었을 가능성은 별로 없지만, 설계에 대한 접근 방식은 오늘날 우리가 설계할 수 있게 해준다. 우리의 목적을 위해, 오디오 엔지니어로서, 인터넷은 두 가지 특성을 가지고 있다.

- 어디든지
- 비신뢰적

첫 번째는 감질나는 기회를 제공하고 두 번째는 좌절감을준다. ISP(인터넷 서비스 공급자)는 대부분 단대단(End-to-End)경로를 제어하지 않기 때문에 서비스 품질과 관련하여 어떠한 보증도 제공할 수 없다. 연결의 양쪽 끝이 동일한 ISP에 의해 제공된다는 것은 비정상적이다. Exchange Point (IXP) 또는 한 개 또는 제 3자의 네트워크가 둘 사이에 있다. IXP는 과부화되어 패킷이 손실되고 지연되는 것으로 악명이 높다. 타사 네트워크도 과부화되는 경우가 많다.

VIRTUAL BREADCRUMBS To see the route a connection is taking, you can use the application called trace route. On Windows PCs, open the command line window and type tracert followed by either a domain name or an IP number. You will soon have a list of all the router nodes involved in the path and information about the delay caused by each.

경제학은 인터넷의 특징을 형성하는데 중요한 역할을 한다. 인터넷은 게런티(보증)가 없기 때문에 싸고 비측정적이다. 보시다시피, 인터넷은 통계적 멀티플렉싱에 의존하고, 인터넷 백본을 형성하는 값비싼 장거리 노선이 동적으로 공유된다. 4메가비트 DSL 라인이 있을 수 있지만, 그렇다고 해서 이러한 데이터 전송률이 단대단으로 보장되는 것은 아니다.

모든 가입자가 전체 속도를 전속력으로 처리할 수 있는 네트워크를 구축하는 것은 엄청나게 비용이 많이 들고 비현실적일 것이다.

즉, 특정한 날 도시에 있는 모든 사람들을 수용하는 공간을 가질 수 있는 크기일 것이다.

이것이 통계적 멀티플렉싱의 전부이다. – 항상 존재하는 프레임워크 내에서 네트워크의 설계를 안내하는 데 사용할 수 있는 전형적인 트래픽 패턴의 특성에 대한 가정과 관찰을 통해, 고객 만족 대비 비용 절감 득실을 유지한다. 이건 문제될 게 없다. 앞서, 우리가 말했듯이, 인터넷은 이 전략을 활용하지 않고서는 존재하지 않을 것이다. 하지만 이는 인터넷이 오디오를 위한 전송 수단으로 100% 신뢰할 수 없다는 것을 의미한다.

이는 어떤 목적으로 “충분히 양호한” 상태에 도달할 수 있지만, 오디오 디바이스가 피할 수 없고 신뢰할 수 없는 네트워크 조건에 맞게 설계된 경우에만 가능하다. 7장에서 이러한 디바이스를 만나보겠다. 일반적인 ISP에서 전송의 양쪽 끝이 모두 전달되도록 함으로써 IXP 및 타사 원인 병목현상으로 인한 문제를 방지함으로써 원활한 오디오를 제공할 수 있는 가능성을 높일 수 있다.

물론 일부 ISP는 다른 ISP보다 낫다. 각각은 만족도와 비용 절충을 어디에 설정할지에 대한 나름의 아이디어를 가지고 있다. 하지만 보증을 받으려면 일종의 사설 또는 “가상” 사설 네트워크를 준비해야한다.

2.4.2 사설 WAN

사설 WAN은 생각보다 일반적이다. 사실, 시설에 적어도 하나정도는 있을 것이다. NPR이나 CBS/Westwood 중 한 곳에서 위성으로 보내온 사료가 있는가? 이것은 개인 단방향 IP 네트워크이다. 스튜디오의 IP 스트림을 라디오나 통신 링크를 통해 HD라디오 청취자와 같은 송신기 사이트로 전달하고 있는가? 이것은 개인 네트워크의 또 다른 예이다.
개인 IP 네트워크는 전통적으로 OC3 (광학 캐리어, 155 Mbps) 섬유에 이르는 음성으로 채널 화되지 않는 T1과 같은 통신사 전용 라인을 통해 구축된다.

2.4.3 VPNs

개인 WAN은 안정성, 성능 및 보안과 관련하여 인터넷과 같은 공용 네트워크에 비해 확실한 장점을 제공한다. 하지만 WAN을 유지하고 임대 회선에 대한 비용을 지불하는 것은 비용이 많이 들 수 있다. VPN(가상 사설망)은 공용 네트워크(일반적으로 인터넷)를 사용하여 원격 사이트나 사용자를 함께 연결하는 전용 네트워크이다.
VPN은 VPN 전용 물리적 연결을 사용하는 대신 인터넷을 통해 라우팅된 "가상" 연결을 사용하여 하나의 전용 네트워크를 다른 전용 네트워크에 연결한다. 네트워크 기반 VPN은 ISP에서 즉시 임대할 수 있다. 공급업체는 연결된 각 사이트에 이더넷 잭이 있는 일종의 인터페이스 박스를 제공한다. 네트워크에 이것을 연결하면 거의 끝난다. 고객 기반 VPN은 경제적인 옵션이다. 암호화, 방화벽, 인증 및 터널링을 수행하는 Cisco와 같은 회사에서 박스를 구입한다. (다른 패킷에 한 패킷을 캡슐화) 이러한 터널 인터페이스는 한쪽으로는 인터넷에 연결되고 다른 한쪽으로는 LAN에 연결한다. 현재 VPN 구현의 대부분은 압도적으로 보안 목적으로 암호화된 VPN이다.
암호화된 VPN은 VPN 사이트 간에 데이터를 전송하는 데 보안 채널 또는 터널을 사용한다. 여기에는 다음과 같은 프로세스가 포함된다.

- 인증된 사용자만 조직의 네트워크에 액세스할 수 있도록 보안 채널의 두 단말 장치 인증.
- 사용자의 패킷을 암호화하여 ISP의 네트워크 장비에 "정상"으로 보이는 다른 패킷으로 캡슐화 한다.

따라서 암호화된 트래픽은 공급자 네트워크에 대해 완전히 명백하며 다른 트래픽과 동일한 방식으로 처리된다. IPsec(Internet Protocol Security)와 SSL(Secure Sockets Layer)은 보안 채널을 설정하는 데 가장 많이 사용되는 프로토콜이다. PPTP(Point-to-Point Tunneling Protocol)도 사용되지만 Microsoft 전용 프로토콜이기 때문에 인기가 낮지만, 처음 두 프로토콜은 IETF 표준이다. 이러한 모든 기술은 보안 데이터를 IP 패킷으로 캡슐화한다. 중요한 구분: 보안 채널은 공용 네트워크를 통해 전송되는 동안 조직의 데이터를 보호하는 반면 방화벽은 외부 공격으로부터 조직의 데이터와 장비를 보호한다. (방화벽에 대한 자세한 내용은 섹션 2.4.8을 참조)
보안 채널은 인증되지 않은 사용자의 트래픽을 수용하지 않기 때문에 외부 공격에 대한 몇 가지 추가 보호 기능도 제공한다. 개별 사용자를 지원하는 원격 액세스 VPN의 경우 터널링은 일반적으로 PPP(Point-to-Point Protocol)를 사용한다. 일반적으로 핵심 PPP를 보완하는데 L2TP(2계층 터널링 프로토콜)가 사용된다.

2.4.4 DNS

DNS(Domain Name System)는 인터넷에 연결된 모든 장치에서 사용할 수 있는 네이밍 시스템이다.이것은 사람에게 의미 있는 문자 이름을 IP주소 번호로 번역한다. 그러므로, 이것은 인터넷의 "전화 번호부" 라고 생각할 수 있는데, www.roamingtigers.com와 같은 이름을 108.72.200.1과 같은 숫자로 번역한다. DNS는 인터넷 전체에 분산된 많은 수의 서버로 구성된 시스템을 통해 도메인 이름을 할당하고 이름을 IP 주소에 매핑하는 역할을 한다. 권한이 있는 네임서버는 특정 도메인을 담당하도록 할당되며, 하위 도메인에 다른 네임서버를 할당할 수 있다. 루트 서버가 몇 개 있지만(작성 당시 13개), 직접 접촉할 사용자는 거의 없다. 이 접근 방식을 통해 DNS의 고장 방지를 만들었다. 또한 단일 중앙 레지스터를 지속적으로 업데이트할 필요가 없다.권위있는 서버 또는 루트 서버로 요청을 전달하지 않도록 하기 위해, 사용자에게 연결되는 분기를 따라 DNS 서버가 해당 서버를 통과하는 모든 요청을 캐시(예: 메모리에 저장)한다.이렇게 하면 서버 부하와 네트워크 트래픽이 모두 감소하지만, 이름 변경 사항이 모든 사용자에게 한 번에 전파되지 않는다. 구성에 따라 DNS 서버는 매일 업데이트만 확인할 수 있다. 네트워크 관리자는 새로운 이름/번호 연관이 완전히 전파될 때 경험과 상식에 입각한 시간으로 48시간을 사용한다. 또한 IP 네트워크 스택의 DNS 해결사 부분과 웹 브라우저의 일부로 PC 내에 DNS 캐시가 있다.DNS 조회는 사용자와 서버 간의 경로, 서버 로드, 근처에 캐시가 있는지 여부에 따라 몇 밀리초에서 수백 밀리초까지 시간이 걸린다. 따라서 지연을 줄이기 위해 DNS를 무시하고 IP 주소를 직접 사용하는 것이 타당할 수 있다.DNS는 호스트 별칭도 제공한다. 이를 통해 사이트에 둘 이상의 이름을 할당할 수 있다. 예를 들어, 주요 Telos DNS 이름은 telos-systems.com이지만 telossystems.com 및 zephyr.com에 별칭을 붙여 공식 이름과 다른 것을 시도할 때 사람들이 우리를 찾을 수 있도록 도와준다.
DNS는 통신사가 여러 회선을 회전적으로 사용하는 것과 유사한 기능을 가지고 있다. 이름에 여러 IP 번호를 할당할 수 있으며 DNS가 트래픽을 각각 회전할 수 있다. 또한 가상 호스팅을 사용하면 단일 서버에서 서로 다른 이름의 여러 웹 사이트를 호스팅할 수 있다.소규모 네트워크 사용자는 대개 ISP가 오프사이트로 제공하는 DNS 서버를 사용한다. 대규모 네트워크를 사용하는 사용자는 종종 현장 DNS 서버를 사용하여 조회 시간을 줄이고 ISP 링크를 통한 트래픽을 줄인다.DNS의 주요 목적은 인터넷을 통해 도메인을 찾는 것이지만, LAN 내에서 개별 시스템을 식별하는 데 가끔 사용된다. 이는 LAN 상의 기계가 서로 식별되는 일반적인 방법이 아니다. 예를 들어 윈도우 네트워크 파일 시스템에는 참여 시스템을 식별하는 데 사용하는 고유한 이름 지정 체계가 있다. DNS는 LAN 외부에서 특정 기계를 찾아야 하는 경우에 필요하다. 예를 들어, mail.pizzi.com는 이메일 서버를 접속하지 않아도 된다.

2.4.5 DHCP

동적 호스트 구성 프로토콜을 통해 IP 디바이스가 서버에서 구성 정보를 자동으로 가져올 수 있다. DHCP를 사용하면 IP 번호, 게이트웨이, 네트워크 마스크 및 DNS 서버 값을 입력할 필요가 없다.연결 시, 클라이언트 장치는 IP 서브넷에서 브로드캐스트하여 사용 가능한 서버를 찾는다. DHCP서버는 클라이언트에서 요청을 받으면, 클라이언트에 대한 IP주소를 예약하고 클라이언트에 메시지를 전송하여 IP임대 제공을 확장한다. 이 메시지에는 클라이언트의 MAC(물리적) 주소, 서버가 제공하는 IP주소, 서브넷 마스크, 임대 기간 및 제안을 수행하는 DHCP서버의 IP주소가 포함된다.일반적으로 클라이언트는 제안을 수락하고 서버에 이를 알린다.

2.4.6 IP 브로드캐스트

IP의 브로드캐스트 기능은 이더넷과 유사하다.IP 디바이스가 브로드캐스트 대상이 255.255.255.255(또는 서브넷 브로드캐스트 주소)인 UDP 패킷을 전송하면 모든 디바이스가 UDP 패킷을 수신한다.

2.4.7 Multicast

우리는 이전에 이더넷 멀티캐스트를 접했다. IP계층의 멀티캐스트는 거의 동일하게 작동한다. 소스는 멀티캐스트 전용으로 예약된 IP 주소로 스트림을 보낸다. 이 챕터의 앞부분에 설명된 IGMP 프로토콜을 통해 조정하려는 장치가 있다. 가장 가까운 IP 라우터는 요청을 수신하고 소스로 이동하는 모든 라우터 간에 공동 절차를 시작하여 연결 경로를 형성한다. IGMP는 오디오 수신 장치에서 가장 가까운 라우터로만 사용된다. 전송 트리를 구성하는 IP 라우터 사이에 PIM(프로토콜 독립 멀티캐스트) 또는 DVMRP(Distance Vector 멀티캐스트 라우팅 프로토콜)와 같은 다른 프로토콜이 사용된다. 오디오 소스 장치는 스트림을 가장 가까운 라우터의 적절한 IP 주소로만 전송하면된다. 스트림을 요청하는 수신기가 없으면 스트림은 첫 번째 라우터에서 중지된다. 누군가가 청취자로 그룹에 가입하라고 요청하면, 소스 디바이스는 이것에 대해 아무것도 알지 못하며, 라우터 트리의 세부사항도 알지 못한다. 최근 오디오 및 비디오 스트리밍이 크게 성장 했음에도 불구하고 IP 멀티 캐스트는 아직 인터넷에 널리 배포되지 않았다. 자선적인 관점에서 기술적 측면과 비즈니스 측면 모두에서, 여러 ISP를 통해 이를 조정하는 것이 어렵기 때문이다. 좀 더 회의적인 점은 ISP가 여러 유니캐스트 스트림에 대한 비용을 부담해야 하는 라이브 피드의 창조자들에게 큰 파이프를 판매하는 것을 즐긴다는 것이다. 인터넷은 제쳐두고, AoIP 또는 IPTV(인터넷 프로토콜 텔레비전) 응용프로그램을 위한 라우팅된 LAN 또는 개인 WAN을 구축할 수 있다. 이는 일반적인 스튜디오 응용프로그램에서는 거의 이치에 맞지 않다. 왜냐하면 이러한 목적으로 2계층을 유지하는 것보다 더 많은 불필요한 복잡성을 가중시킬 수 있기 때문이다. 그러나 매우 큰 시설에서는 멀티캐스트를 더 잘 분배할 수 있는 방법을 제공한다. 일반적인 실제 응용프로그램은 매우 많은 수의 가입자를 가질 수 있는 IPTV 서비스이다.

2.4.8 방화벽

방화벽은 LAN과 같은 개인 네트워크를 악의적일 수 있는 원치 않는 트래픽으로부터 보호한다. 이러한 항목은 독립형 박스에 보관될 수 있지만 LAN을 인터넷에 연결하는 IP 라우터와 결합되는 경우가 많다. 1세대 방화벽은 간단한 패킷 필터를 사용했다. 이 작업은 개별 패킷을 검사하는 방식으로 수행되었다. 패킷이 구성된 규칙을 위반하면 패킷 필터는 패킷을 삭제하거나 패킷을 거부하고 소스에 오류 응답을 보낸다. 이러한 유형의 패킷 필터링은 패킷이 기존 트래픽 스트림의 일부인지 여부에 상관하지 않는다. 연결 상태에 대한 정보는 저장되지 않는다. 대신 일반적으로 패킷의 소스 및 대상 주소, 프로토콜 및 포트 번호를 조합하여 패킷 자체에 포함된 정보만 기준으로 각 패킷을 필터링한다. 2세대는 상태기반 방화벽을 우리에게 제공했다. 개별 패킷을 스트림 또는 패킷 시리즈로 확인할 수 있다. 상태라는 용어는 방화벽이 방화벽을 통과하는 모든 연결의 기록을 유지하는 데서 유래했다. 따라서 패킷이 새 연결의 시작인지, 기존 연결의 일부인지 또는 잘못된 패킷인지를 확인할 수 있다. 이러한 방화벽에는 정적 규칙 집합이 아직 있지만 연결 상태 자체는 특정 규칙을 작동하는 기준 중 하나가 될 수 있다. 이러한 유형의 방화벽은 기존 연결을 악용하는 공격이나 특정 서비스 거부 공격을 막는데 도움이 된다. 3세대 방화벽은 응용프로그램 계층을 인식하면서 한 단계 더 나아간다. 응용프로그램 계층 필터링의 주요 이점은 특정 응용프로그램 및 프로토콜(예: 웹 검색 또는 DNS 검색)을 이해할 수 있고 원치 않는 프로토콜이 비표준 포트에서 몰래 빠져나가거나 다른 유해한 방법으로 악용되고 있는지 여부를 감지할 수 있다는 것이다.

2.4.9 NATs

한때 이색적이었던, 네트워크 주소 변환기 (NAT)는 이제 일반적이다. 여러분도 아마 집에 하나 있을 것이다. (그림 2.6) NAT는 인터넷 공급자가 제공한 단일 번호를 LAN에서 두 대 이상의 컴퓨터를 공유할 수 있도록, 광대역 인터넷 연결에서 널리 사용된다. 일반적으로 서비스 카테고리를 가정에서 사업으로 변경하고 IP번호를 더 많이 사용하는데에는 많은 비용이 든다.

FIGURE 2.6

A home NAT used for sharing a broadband Internet line. It includes an IP router, Ethernet switch, and WiFi.

그래서, 경제학은 NAT를 설치하는 주된 동기이다. 하지만 보안은 또 다른 필수적인 이유이다.NAT는 효과적인 방화벽 역할을한다. NAT는 LAN 내부에 개별 컴퓨터를 숨기므로 LAN 외부의 해커는 해당 컴퓨터를 찾아서 대상화할 수 없다. 주소 변환 외에도 모든 NAT에는 기본 방화벽을 포함한 기본 IP 라우터 기능이 포함된다. 모든 연결은 내부 컴퓨터에서 시작되어야 한다. 원하지 않는 트래픽이 들어오는 것을 통과할 수 없기 때문에 일종의 "이중 방화벽"효과가 있다. 대부분의 방화벽과 NAT는 "대칭"으로, 패킷 스트림을 내부에서 외부로 전송할 때만 NAT/firewall이 반환 경로를 연다. 일반적으로 우리는 방화벽과 NAT의 보호 서비스를가지게 되어 마음이 놓인다. 예를 들어 IP 코덱이 방화벽 내부에 있는 다른 코덱을 호출하도록 하려면 방화벽이 연결을 차단할 수 있다. 이 문제를 해결할 수 있는 방법이 있으므로, 7장에서 살펴보아라. 우리는 NAT을 단순한 라우터로 사용하여 VLAN을 연결하는 데 성공했으며 다른 용도로도 사용했다. 특수한 경우에 대한 시스템 효율이 만족스럽다면, 질 좋고 저렴한 아주 좋은 라우터를 만들 수 있다.

ADDRESSING THE UNIVERSE It is probably a good thing that home Internet users are widely using NATs because doing so has helped to keep IPv4, the current IP, from running out of addresses. A few years ago, at least one study predicted all IPv4 addresses would be used up by 2008. Without NATs, that prediction might have become reality. In a world where TVs, toasters, and maybe even lightbulbs are going to need an IP address, the depletion of addresses is going to accelerate. Adoption of IPv6 will eventually solve this problem slam-dunk. It increases the address space from 32 bits to 128 bits, which is enough for 100 undecillion devices. Say, you've never heard of undecillion before? That's because you've never had the need to count that high. It's equivalent to 1038, which is a very large number, indeed. There are around 1028 atoms in the human body, as one reference point. Another estimate postulates that if the entire surface of the Earth were covered by computers with no space in between them, and each computer was in turn stacked with other networked devices to the height of 10 billion apiece, each could have its own unique IP address, and this would only use up about one-trillionth of the addresses available. So the IPv6 address space should last for awhile (although computers on other planets may have to wait for IPv7).

2.5 | 서비스의 품질

IP 네트워크의 맥락에서, "서비스 품질"(QoS)이라는 문구는 다음과 관련된 네트워크의 품질을 묘사하는 구체적인 의미를 가진다.

- 대역폭
- 손실된 패킷
- 지연
- 지터

이것들은 모두 오디오 응용프로그램에서 특히 중요하다. 웹 서핑, 파일 전송, 이메일과 같은 부류 등은 커다란 QoS 장애에 모두 견딜 수 있지만, 오디오는 패킷 흐름을 일정하게 유지해야 하며, 모든 패킷이 제 시간에 적절한 순서로 도착해야 한다. 버퍼링은 대부분의 QoS 문제를 해결할 수 있지만, 지연 시간이 짧은 오디오에는 매우 짧은 버퍼가 필요하다. LAN에서는, 뛰어난 QoS를 달성하는 것은 문제가 되지 않는다. 개인 WAN에서는 큰 문제가 되지 않는다. 그러나 VPN에서는 QoS가 문제가 되기 시작한다. 그리고 인터넷에서는 이것이 가장 중요한 관심사이다. 통계적 멀티플렉싱은 단점을 가지고 있고, 여기서 볼 수 있다. 인터넷을 구성하는 모든 링크는 예측 불가능한 수의 사용자가 공유하기 때문에, 대역폭에 대한 규제되지 않은 요구로 인해, 사용자는 주어진 순간에 무엇이 이용 가능한지 결코 확신할 수 없다. 그럼 위에 점이 붙은 항목을 하나하나 차례로 살펴보겠습니다.

2.5.1 대역폭

훌륭하게 오디오 전송 비트 전송률을 지원하려면 네트워크에서 일관되게 충분한 대역폭을 사용할 수 있어야한다. 지연이 낮고 비압축인 24비트/48kHz 오디오의 헤더 오버헤드를 포함한 오디오 스트림은 약 3Mbps이다. 압축(오디오 코딩)은 100kbps 미만으로 줄일 수 있지만 지연과 오디오 품질은 좋지 않을 수 있다. 네트워크는 오디오 스트림이 필요한 속도로 지속적으로 전달할 수 있어야 하며, 절대 최소값 아래로 떨어지지 않아야한다. 평균 대역폭 보장은 지연이 적은 오디오 응용 프로그램에는 사용되지 않는다. 짧은 수신 버퍼는 대역폭 변화를 극복할 수 없기 때문이다.

2.5.2 손실된 패킷

앞에서 보았듯이, IP 라우터는 패킷을 해당 작업의 일반적인 부분으로 삭제할 수 있다. 이는 링크 과부하로 인해 발생하므로, 네트워크가 사용자의 통제 하에 있을 때 주의 깊은 네트워크 엔지니어링을 통해 때때로 수정할 수 있지만, 다른 사용자가 네트워크를 실행할 때 예측할 수 없고 문제가 될 수 있는 다양한 요인에 따라 달라진다. 오디오는 RTP 전송을 사용하므로 손실된 패킷 복구가 없다.

패킷이 손실되면 오디오 pop 과/또는 dropout이 발생할 수 있다. 누락된 패킷을 포함하는 PCM (펄스코드 변조)코딩을 위한 은폐 메커니즘이 없다. 지연이 낮은 오디오는 손실된 패킷 재전송에 가해지는 지연을 견딜 수 없음을 기억하십시오. 그리고 FEC(forward error correction)를 사용하는 다른 복구 기술은 또한 상당한 이익을 얻는데 필요한 인터리빙 시간으로 인해 지연이 더해진다. 7장에서 이 주제를 다시 논의하겠다. 일부 코덱은 10%나 20%정도 랜덤 패킷 손실을 효과적으로 숨길 수 있다. 하지만 이것은 더 이상 지연이 적은 AoIP가 아니다.

2.5.3 지연과 지터

지연은 대부분 소스에서 대상까지의 경로를 따라 있는 IP 라우터에 의해 발생한다. 각 라우터에서 패킷을 검사하고 패킷을 사용하여 수행할 작업을 결정해야한다. 이것은 시간이 걸린다. 최소한 체크섬을 확인할 수 있도록, 전체 패킷을 라우터의 메모리에 가져와 기준 지연을 생성해야한다. 물리적 링크의 전파 지연은, 지연을 증가시키지만 일반적으로 전체 지연의 주요 원인이 아니다. 지터는 물론 지연의 변화이다. 지터는 최소한의 수신 버퍼 길이를 결정하므로 중요한 요소이다. 버퍼는 가장 최근에 도착한 패킷을 잡을 수 있을 만큼 충분히 길어야한다. 버퍼링된 시간이 지난 후에 나타나는 모든 패킷은 손실된 만큼 좋다. 지터는 대부분 대기열 지연으로 인해 발생된다. 송신 링크가 사용 중인 경우, 패킷이 차례가 올 때까지 버퍼에서 대기해야한다.AoIP와 VoIP 장비에서 버퍼는 각각 고정, 사용자 구성 또는 자동으로 가능하다. LAN에서 버퍼는 우수한 QoS 덕분에 낮은 값으로 고정될 수 있다.QoS가 좋지 않은 네트워크에서 작동해야 하는 VoIP 및 IP 코덱은 버퍼 길이의 수동 구성을 허용하거나 길이를 동적으로 설정하는 자동 알고리즘을 사용한다. 후자는 시간 스트레치/스퀴즈 기능이 필요하므로 오디오가 코딩 될 때만 사용할 수 있다. 챕터 7에서 더 많은 정보를 살펴보겠다.

2.5.4 서비스 수준 협약

전용 링크 및 MPLS(Multiprotocol Label Switching)서비스를 통해 일반적으로 서비스 품질과 관련하여 고객에 대한 의무 조건을 지정하는 계약이 체결된다. 이를 SLA(서비스 수준 계약)라고 한다. 일반적으로 SLA에는 다음 사항이 포함된다:

- QoS 보장: 지연, 밀리초 단위로 지정됨.
- QoS 보장: 지터, 밀리초 단위로 지정됨.
- QoS 보장: 패킷 손실 제한, 백분율로 지정.
- 네트워크 가용성과 같은 QoS 보장이 아닌 것은 가동 시간 백분율로 지정된다. (방송의 경우, 최소 99.999%가 되어야 한다).
- 서비스의 범위: 예를 들어, 관련된 특정 경로.
- 네트워크로 전송되는 스트림의 트래픽 프로파일: 예상된 버스트를 포함하여 필요한 대역폭이다.
- 모니터링 절차와 보고.
- 응답 시간을 포함한 지원과 문제 해결 절차.
- 취소에 필요한 통지 등 행정적 및 법적 측면.

2.5.5 MPLS

멀티프로토콜 라벨 스위칭은 VoIP 및 화상회의와 같이 QoS가 보장되어야 하는 고객을 대상으로 하는 IP 서비스다. MPLS는 레이블 스택이라고 하는 하나 이상의 "라벨"을 포함하는 MPLS 헤더가 있는 고정 영역 변환 패킷에 의해 작동한다.
이러한 MPLS 레이블 패킷은 IP 라우팅 테이블로 조회하는 대신 효율적인 레이블 조회/스위치한 뒤에 전환된다. 라우터는 패킷을 스트림으로 볼 수 있으므로 지정된 대역폭을 예약하는 것이 가능하고 일반적이다. MPLS는 네트워크 트래픽의 CoS(Class of Service) 태깅과 우선 순위 지정을 지원하므로, 관리자는 다른 응용프로그램보다 먼저 네트워크를 통해 이동할 응용프로그램을 지정할 수 있다. 앞서 설명한 이더넷 우선순위 설정과 유사점이 있다는 것을 알고 있는가? 결과는 똑같다. 예를 들어 ISP는 전화 및 일반 데이터 모두에 대해 공유되는 DSL 라인을 제공할 수 있다. 전화 통화로 생성된 스트림에는 높은 QoS 값이 지정되는 반면 데이터 패킷은 낮은 태그 값을 갖는다. 따라서, 전화 통화는 대역폭에 대한 첫 번째 통화를 가질 수 있다.
일반 데이터는 남아 있는 모든 대역폭을 사용할 수 있다. 데이터에 사용할 수 있는 대역폭은 특정 시점에 얼마나 많은 전화가 활성 상태인지에 따라 동적으로 확장되거나 축소된다. MPLS 캐리어는 제공하는 서비스 클래스 수와 이러한 CoS 계층의 가격 책정 방식에 따라다르다. MPLS의 약속 중 하나는 공급업체 경계를 넘나들 수 있으며, 궁극적으로 PSTN과 유사한 방식으로 음성 응용프로그램에 QoS를 제공할 수 있다는 것이다. MPLS는 가상 사설 네트워크의 기반으로 점점 더 많이 사용되고 있다.

2.6 | IP와 이더넷 주소

이더넷을 통해 이동하는 IP 패킷에는 IP 주소와 이더넷 MAC(물리적) 주소가 모두 필요하다.

2.6.1 IP 주소

IPv4 주소는 4바이트이며 "점으로 구분된 십진 표기법(Dotted Decimal)" 형식으로 작성되며, 각 바이트는 10진수로 표시되며 마침표로 구분된다. 예를 들어, IP주소 193.32.216.9에서 193은 첫 번째 바이트의 값이고, 두 번째 바이트의 값은 32 이다. 바이트는 0부터 255까지의 값을 포함할 수 있으므로, 각 소수점 값에 대한 범위이다.IP주소는 ISP에 의해 구조에 배치되고, 네트워크 관리자에 의해 개별 컴퓨터에 배포된다. 누군가 당신의 컴퓨터가 공동이동 시설(Pool)에서 자동적으로 주소를 얻을 수 있도록 수동으로 접속하거나 DHCP를 선택할 수 있도록 이 번호를 줄 것이다.IANA(Internet Assigned Number Authority)은 개인 인트라넷(LAN)을 위해 다음과 같은 3개의 IP주소 공간을 예약했다.

- 10.0.0.010.255.255.255
- 172.16.0.0172.31.255.255
- 192.168.0.0192.168.255.255

이러한 이유로 192.168.0.1로 설정된 홈 NAT/라우터 같은 장비를 거의 항상 기본 주소로 볼 수 있다. 인터넷에서 볼 필요가 없는 LAN의 장치는 거의 항상 주소를 사용한다.
이 범위 중 하나에서, 가장 일반적인 것은 후자이다. 따라서, 이러한 동일한 주소를 사용 가능한 IP주소 공간에 추가 영향을 주지 않고 각 LAN에서 반복해서 사용할 수 있다.

2.6.2 서브넷과 서브넷 마스크

서브넷은 네트워크를 내부적으로, 서로 다른 부분으로 분할할 수 있도록 하지만 외부 환경에 대한 단일 네트워크처럼 작동한다. 서브넷의 목적은 세 가지다:

- 앞서 설명한 2계층 VLAN과 유사하게 분리된 브로드캐스트 도메인을 제공하려면 다음과 같이 하십시오.
  브로드캐스트 도메인이 너무 크면 네트워크의 트래픽이 너무 많아지고 패킷을 필터링하는 데 사용되는 디바이스의 CPU 시간이 너무 길어질 수 있다.
- LAN의 장치가 LAN 내에서 로컬인지, 원격인지, IP 라우팅을 통해 연결해야 하는지 여부를 알 수 있도록해야 한다.
- 인터넷 전체에 분산된 IP 라우터의 라우팅 테이블에 필요한 항목 수를 줄인다.
  서브넷에 의해 라우터는 각 개별 IP 주소에 대한 항목이 아니라, 기본 주소에 대한 항목 하나만 있으면 된다.
  이 기능은 계층적 분기 방식으로 작동하며, ISP의 모든 서브넷이 상위 수준의 라우터에 숨겨진다.마찬가지로 ISP도 조직의 서브넷 구조에 대해 알 필요가없다.
  서브넷이 없었다면, 라우팅 테이블은 비현실적으로 길어질 것이고 인터넷은 수년 전에 무릎 꿇었을 것이다.

위의 힌트에서 이해하셨겠지만, 여러 수준의 서브넷이 있을 수 있으며, 큰 서브넷은 작은 서브넷으로 나뉘어져 있다. 예를 들어, 인터넷 공급자가 1024개의 주소를 가진 서브넷(ISP의 관점에서)을 조직에 제공할 수 있습니다. 이 서브넷은 네트워크 관리자가 256개 주소의 서브넷 4개로 분할할 수있다.
가장 작은 서브넷 수준을 브로드캐스트 도메인이라고 할 수 있다. 서브넷 내의 트래픽은 이더넷 스위치가 되고, 서브넷 간에 전달하거나 인터넷으로 전송해야 하는 트래픽은 IP 라우팅이된다. 모든 인터넷 주소에는 이른바 네트워크 접두부와 개별 장치 주소라는 두 가지 논리적 부분이 있다. 서브넷 마스크는 네트워크 부분과 디바이스(호스트) 부분 사이의 주소에 구분점을 표시한다. 서브넷 마스크는 IP 주소와 마찬가지로 32비트(4바이트) 번호이다 IP디바이스에 수동이나 DHCP를 통해 자동으로 입력해야한다. 서브넷 마스크의 메커니즘을 이해하기 위해서는 2진수로 생각할 필요가 있습니다. 점-십진수 표현은 무슨 일이 일어나고 있는지 흐리게 하기 때문이다. 이진수에서는 0과 1만 사용할 수 있다. 이진수의 가장 오른쪽 자릿수, 숫자(0 또는 1 중 하나)는 숫자 1의 양을 나타낸다. 다음 숫자는 0 또는 1로 2의 양을 나타내고, 다음 숫자는 4의 양을 나타낸다. 따라서 8비트 이진수 01111010을 10진수로 변환하려면 다음 도표을 사용한다. 위쪽 행은 "자리의 웨이트 값"이고 아래쪽은 변환 중인 이진 숫자이다.

128	64	32	16	8	4	2	1
0	1	1	1	1	0	1	0

이 경우, 십진수의 값을 추가한 결과는 64 + 32 + 16 + 8 + 2 = 122이다. 따라서, 8자리 이진수 0111110은 소수점 표기법 122이다. 0이 8개 있는 경우 십진수 값은 분명히 0이다. 1이 8개면 십진수의 값은 255이다. 여러분이 이진법에 대해 이해를 돕기 위해 표를 사용하고 있다. 실제 계산을 위해, Windows와 함께 제공되는 계산기를 포함하여 과학 계산기를 사용하여 이진수를 십진수로 쉽게 변환할 수 있다. (경험이 풍부한 네트워크 엔지니어는 머리로나 아마 잘 때도 이 작업을 수행할 수 있을 것이다.)

서브넷 마스크가 IP 주소를 네트워크(서브넷) 주소 및 디바이스 주소로 분할하는 방법을 이해하려면 IP 주소와 서브넷 마스크를 모두 이진수로 변환해야 한다. IP 주소와 서브넷 마스크를 이진수로 변환하면 주소와 서브넷 마스크 간에 논리적 AND 기능이 수행된다. (IP와 서브넷 마스크 값이 모두 1이면 결과 값이 1이고 그렇지 않으면 결과가 0)

예를 들어 보겠다.

```
IP Address: 200.122.5.53
Subnet Mask: 255.255.255.0
200.122.5.53:       11001000. 01111010. 00000101. 00110101
255.255.255.0:      11111111. 11111111. 11111111. 00000000
Subnet:             11001000. 01111010. 00000101. 00000000
```

이진 서브넷 주소를 십진수로 변환하면 200.122.5.0이 표시된다. 이 서브넷 마스크는 서브넷 필드에 24 비트를 가지고 있다고 하며, 이는 장치를 정의하기 위해 8 비트를 남겨둔다. 8개의 이진 비트를 사용하는 경우 256개의 가능한 값이 있다. (0 ~ 255) 그러나 첫 번째 값과 마지막 값이 따로 잡아 두었기 때문에 이 서브넷의 호스트에 사용할 수 있는 주소는 254개뿐이다. 첫 번째는 기본 서브넷 주소로 예약되고, 마지막은 해당 서브넷의 브로드캐스트 주소이다.(이 규칙에는 예외가 있지만, 라우터를 유지 관리하거나 인증을 위해 공부하는 사람들에게 가장 좋은 항목이다.) 예를 들어 서브넷의 사용 가능한 디바이스 주소는 200.122.5.1 ~ 200.122.5.254 이다. 방송 주소는 200.122.5.255 이다. 여러분은 때때로 클래스 A, B 및 C 네트워크에 대해 들을 수 있을 것이다. 이는 1990년대 초 CIDR(Classless Interdomain Routing)을 도입한 후 오래된지시 시스템이다. 그러나 오래된 습관은 사라졌으며 IT직원들은 흔히 256개의 장치(예: NAT의 경우)가 있는 서브넷을 "클래스 C 네트워크" 라고 부른다. 클래스 A와 B에서는 더 이상 들을 수 없는 큰 주소 공간을 지정한다. CIDR은 또한 이와 같은 형태로 새로운 표기 시스템을 도입했다: 200.122.5.53/24. / 뒤의 24는 주소의 네트워크 접두사 부분에 24비트가 있어 서브넷에 8비트가 남아있다.보시다시피, 이것은 우리의 예에 해당된다. 이제 다음 질문에 답할 수 있다: 연결하려는 다른 디바이스가 동일한 LAN인지 다른 LAN인지 어떻게 알 수 있을까? 시스템이 다른 디바이스와 통신하도록 지시될 때마다 해당 주소와 대상 주소를 서브넷 마스크로 "AND"하고 결과를 비교한다.이 문제는 운영 체제의 일부인 IP스택 소프트웨어에서 발생한다. 결과가 동일하면, 두 디바이스가 동일한 LAN에 있고 IP스택이 ARP 검색을 수행하여 수신지 디바이스의 네트워크 어댑터의 이더넷 MAC 주소를 확인한다. MAC 주소가 있으면 이더넷 스위치를 통해 직접 통신이 이루어진다. 그러나 "AND" 결과가 다른 경우, 소스 디바이스는 구성된 기본 게이트웨이의 MAC 주소에 대해 ARP 검색을 수행하고, 이 MAC 주소는 트래픽을 다른 서브넷으로 전달하는 IP 라우터이다.

이제 컴퓨터의 네트워크 구성에 입력해야 하는 모든 숫자가 어디에서 왔는지 알게 되었지 않은가?

- IP번호는 인터넷의 4바이트 주소 공간 내에서 전체적으로 고유하거나 NAT에서 제공하는 사설 네트워크 주소이다.
- 서브넷 마스크는 서브넷의 기본 주소(IP 번호와 함께)와 크기를 정의한다.
- 기본 게이트웨이는 서브넷 외부에 흐르는 트래픽을 처리하는 IP 라우터의 주소이며, 일반적으로 LAN 외부에 있는 트래픽을 의미한다.
- DNS 서버 주소는 검색에 사용할 수 있는 DNS 서버를 찾을 수 있는 DNS 확인자(컴퓨터의 IP 스택 소프트웨어의 일부)에게 알려준다.

2.6.3 이더넷 주소

IP주소는 사용자가 구성하거나 DHCP에 의해 자동으로 설정되지만, 이더넷 MAC주소는 제조업체에 의해 네트워크 인터페이스에 영구적으로 프로그래밍되며 장비의 수명이 다 끝날 때가지 변경할 수 없다. 여러분은 아마 이더넷 주소를 직접 대면할 필요가 없을 것이며, 누가 알겠는가? 이더넷 주소는 6바이트이며 5C-66-AB-90-75-B1과 같은 " " 16진수 형식으로 작성된다. 16진 표기법은 이진수 값을 쓰는 또 다른 방법이다. 단일 자릿수는 0에서 9까지이며, A, B, C, D, E 그리고 F는 00에서 FF까지의 바이트 값이다.

값 FF는 바이트의 모든 비트가 1임을 의미하며, 이는 십진법 255와 같다. 이 표기법이 첫눈에 이상하게 보일 수도 있지만, 이것은 프로그래머들이 두 가지 능력을 가지고 생각할 필요가 있기 때문에, 프로그래머들이 일하는 방식에 따라 압축된다. (흥미롭게도, IPv6은 IP 주소 표기법을 16진수로 변경하여 2001:db8:1f70::999:de8:7648:6e8과 같은 형태로 작성된다.)

DEADBEEF is a valid hex number. Astound your friendsespecially the vegetarians.

전 세계에서 만들어진 각 네트워크 어댑터마다 고유한 이더넷 MAC 주소가 있다. IEEE는 제조업체 간의 할당을 처리하며, 각 제조업체는 할당된 범위 내에서 두 개가 서로 유사하지 않도록 할 책임이 있다.

DIGITAL FRUGALITY We used to feel bad about all those wasted addresses from obsolete and thrown-away network cards. (Steve's Protestant Midwestern United States upbringing is his excuse for this, while Skip is just a closet pack-rat and hates to throw away anything.)
Ethernet's 48-bit address space doesn't rise to the literally astronomical magnitude of IPv6's, but the MAC addressing range is still enormous. Supposedly, Ethernet could address each of the Earth's grains of sand. So we can probably all relax.

2.7 | 네트워크 다이어그램

네트워크 다이어그램을 읽고 만드는 것은 네트워크 엔지니어링을 수행하는 데 있어 불가피한 측면이다. 그림 2.7은 다이어그램의 예이다. 여기 소기업용으로 간단하고 지극히 정상적인 사무실 네트워크가 있다. 아마도 이 책에서 영감을 받아, 그들은 IP 기반의 전화 시스템으로바꿨다. 이를 지원하기 위해 PSTN에 대한 T1 게이트웨이를 포함하는 VoIP 라우터/서버가 있다. 메인 라우터는 통합 방화벽을 포함한다.
PC와 IP 전화, 웹 서버, 파일 서버가 있으며, 이는 소규모 오피스 설치를 위한 일반적인 보완책이다. 모든 것이 이더넷 스위치를 통해 연결된다. (이 이메일이 오프사이트로 호스트 된다고 가정)

READING THE RUNES A note about the strange state of networking iconography: The symbol for an IP router is fairly consistent. It's always round with 90-degree crossed lines or arrows on top. Cisco's house standard is thick arrows, and there are variations for routers with integrated firewalls, routers that include VoIP services, etc., but the circle þ 90- degree crossed-line theme will always be there. In contrast, Ethernet switch symbols are surprisingly variable given their widespread deployment. This is probably because Cisco's weight in the IP router business puts some discipline into router symbols, while the Ethernet switch market is more scattered. Anyway, the Ethernet switch symbol is usually square, with small parallel arrows on the top. If the switch has layer 3 features, there will probably be some crossed lines on the sides. You can pretty much count on this mnemonic, at least: router ¼ round; switch ¼ square.

이더넷 교환 네트워크 세그먼트를 그리는 방식도 다르다. 한 가지 방법은 스위치 아이콘을 중앙에 배치하고 그 중심에서 모든 연결된 장치로 선을 방출하는 것이다. 다른 하나는 연결된 장치가 버스와 같은 역할을 하는 라인을 갖는 것이다. 후자는 실제로 동축 케이블이 연결된 이더넷을 표시하는 데 사용되는 기존의 기본값이지만, 요즘에는 모든 경우에 있어서도 판독기가 스위치 네트워크를 가정할 수 있다. 그림 2.7에서는 두 가지 아이디어를 모두 최대한 활용했다. 스위치 기호는 이더넷 버스 근처에 위치하여 스위치가 포함되었는지 확인한다. 또한 우리가 원하는 모델 번호, IP주소 등을 쓸 수 있는 장소를 제공한다. 다이어그램은 아이디어 탐색, 프레젠테이션 만드는 것, 새로운 네트워크 계획, 기존 네트워크 문서화 등 다양한 이유로 제작된다.

이 의미는 다이어그램을 만들 수 있는 올바른 방법이 없다는 것이다. 실제로 도면 프로젝트를 시작하기 전에 결정해야 할 사항 중 하나는 필요한 세분화 수준이다. 예를 들어, 멀티스위치 이더넷은 클라우드일 뿐인가? 아니면 개별 요소를 표시해야 하는가? Microsoft의 Visio는 네트워크 다이어그램을 만드는 데 가장 많이 사용되는 기본 드로잉응용프로그램이다. 이 작업에는 아주 많은 기호 라이브러리와 이 작업에 도움이 되는 기타 그리기 요소가 있다. 네트워킹 장비 공급업체는 종종 자사 제품의 도면을 Visio 라이브러리 형식으로 제공한다. Smartdraw는 약 절반의 비용으로 또 다른 가능성이 있다. 이는 Visio와 비슷하고 또한 넓은 라이브러리를 가지고 있다.

SmartDraw가 없는 다른 사용자와 도면을 공유할 수 있도록 여러 형식을 가져오고 내보낼 수 있다. 이 두 가지 모두 Adobe Illustrator와 같은 일반 용도의 도면 응용프로그램은 사용하지 않는 다이어그램, 주로 선을 이동할 때 선이 부착된 상태로 유지되도록 객체에 자동으로 부착된다. 또한 물체를 움직이고 심지어 전체 부분을 움직여서 무언가를 스케치하고 아이디어를 가지고 노는 것이 훨씬 더 쉽다.

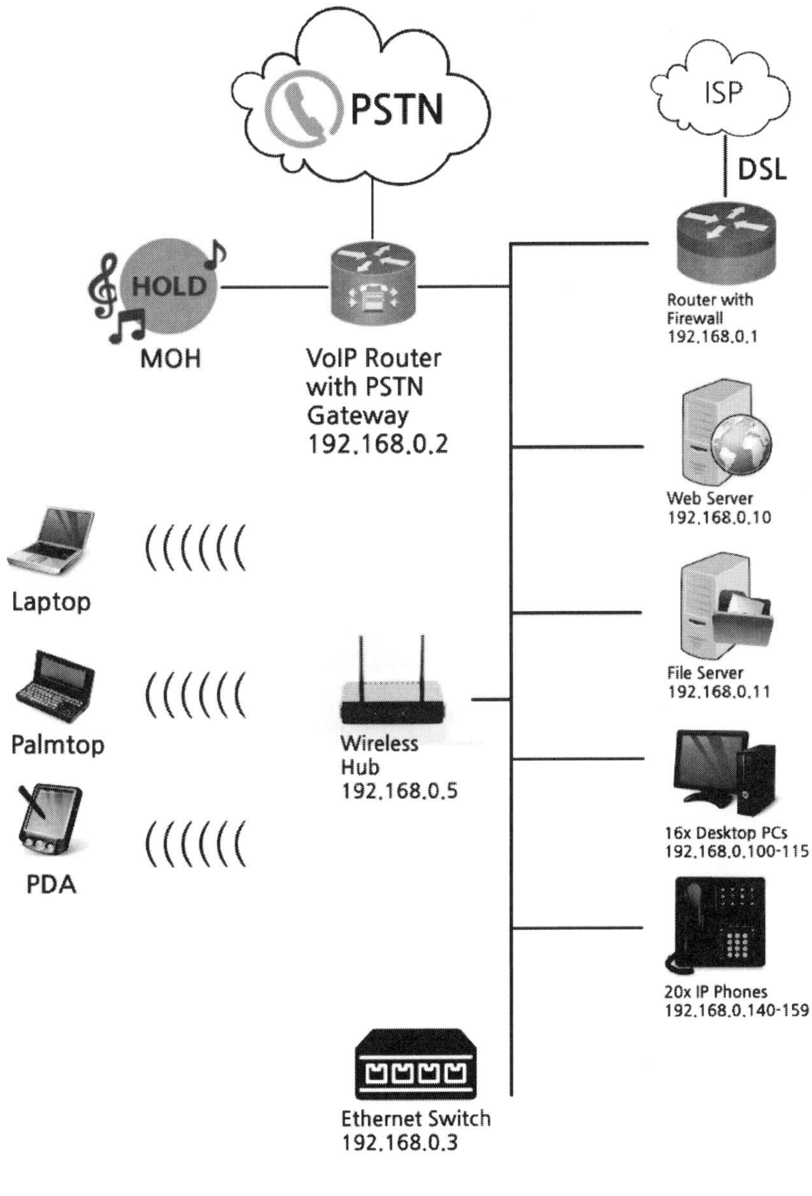

FIGURE 2.7

A typical network diagram. This is depicting a small business office that has a VoIP telephone system with a connection to the PSTN independent of the IP link to an ISP. (MOH ¼ music on hold.)

Cisco hosts a web page with an extensive library of icons in Visio, EPS, TIFF, BMP, and PowerPoint formats: http://www.cisco.com/web/about/ac50/ac47/2.html.

2.8 | PRO AUDIO, MEET IP

AoIP는 데이터 네트워킹을 사용하는 다른 응용 프로그램과 다르다. 이름은 에코 VoIP로 의도되었지만, IP 전화 기술의 요구 사항 집합은 상당히 다르다. AoIP는 몇 밀리 초 미만의 지연만 필요한 반면, VoIP는 100밀리 초 이상을 용납할 수 있다. AoIP는 일반적으로 엄격하게 통제되는 LAN 내에서 작동하는 반면, VoIP는 종종 WAN을 통과해야 하는 경우가 많다. AoIP는 또한 스트리밍 오디오/비디오와 상당히 다르다. 후자는 여러 초의 지연을 견딜 수 있는 단방향 서비스이며, 그 스트림은 일반적으로 통제되지 않는 공공 인터넷을 통해 전송된다. VoIP와 스트리밍 미디어 모두 멀티캐스트를 사용하지 않는 반면, AoIP는 거의 독점적으로 멀티캐스트를 사용한다.
앞서 말한 바와 같이, AoIP는 이더넷과 IP의 개방적이고 유연한 특성을 활용하지만, 이 두 가지 특성을 모두 특별한 방식으로 사용한다. 이는 4장에서 더욱 분명하게 드러난다. 여기서 Livewire AoIP 시스템을 자세히 살펴보겠다.

CHAPTER

03 Switching and Routing

2장에서는 AoIP 시스템이 표준 이더넷 스위치와 IP 라우터의 고유한 기능을 활용하는 방법을 살펴보았다. 실제로 대부분의 AoIP 전용 제품은 기본적으로 주변 장치이며, 일반 스위치와 라우터에서 AoIP 시스템의 실제 작업이 많이 수행된다. 따라서 AoIP는 "비밀리에" 매우 많이 있지만, 스위치와 라우터는 AoIP 작업의 핵심이므로 추가 검사를 받을 가치가 있다.

3.1 | 계층과 조건

검토를 위해, 데이터 링크 계층(2계층)에서 동작하는 디바이스에 의해 수행하는 작업을 스위칭으로 간주하고, 이들이 작업하는 가장 원자적인 작업 단위(프로토콜 데이터 단위 또는 PDU라고 함)를 프레임이라고한다. AoIP가 이 계층에서 사용하는 통신 프로토콜은 이더넷(IEEE 802.3)이며, 이 계층에서 연결된 장치는 MAC(미디어 액세스 제어) 주소로 처리된다. 한편, 네트워크 계층(계층 3)의 영역에서 수행되는 작업을 라우팅이라고 하며, 해당 PDU를 패킷이라고한다. AoIP가 이 계층에서 사용하는 통신 프로토콜은 물론, IP(인터넷 프로토콜)이며, 따라서 이 계층의 연결된 장치는 IP 주소로 식별된다. 표 3.1은 이러한 규칙의 이름이 요약되어 있습니다.
따라서 구식의 오디오 세계는 라우팅과 스위칭이라는 용어를 서로 바꿔서 사용했지만, 우리는 예외 없이 AoIP의 서로 다른 계층에서 작동하는 중앙 장치를 이더넷 스위치와 IP 라우터로 지칭한다. 다시 반복한다: 스위칭은 2계층에서 수행되며, 3계층에서 라우팅이 수행된다.

Table 3.1 Naming Conventions Used in This Book for Two "Connective" AoIP Layers

OSI Layer	Layer Name	Protocol	Central Device	PDU	Address Format
Layer 2	Data Link	Ethernet	Switch[a]	Frame	MAC
Layer 3	Network	IP	Router[b]	Packet	IP

[a]An Ethernet switch is sometimes called a multiport bridge, or a "smart bridge." This arises from the fact that in those contexts, the term bridge is used for what is more typically called a hub.

[b]The term IP switch has turned up a lot recently, but don't be confused. This is simply marketing talk generated in the burgeoning world of VoIP, where the "soft" IP environment replaces the old telco hardware TDM "switch" (as in 5ESS). So to maintain apparent congruity with telco lingo, the term IP switch is applied to VoIP routing.

SOMETIMES YOU FEEL LIKE A NUT . . . There is good reason for making the distinction between switching and routing, as this chapter (and others) point out. One fundamental difference, if you haven't recognized it already, is that these two areas define the conceptual boundary in an AoIP system between hardware and software. Or, in more careful terminology, between physical and logical address space. To wit, the MAC address is essentially "burned into" a device, assigned to the connecting hardware for life, as it were. Everything below this point in the stack is essentially "hardware," or physical. On the other hand, IP addresses are assignable, and can be quite flexibly configured and reconfigured as needed. Correspondingly, everything above this point in the stack is essentially "software," or logical.

This should give you some indication of the respective values of switching and routing to AoIP. Sometimes the fixed, device-associated assignments of Ethernet are quite desirable, while in other cases, the flexibility of IP addressing is very useful.

As we've also pointed outbut it bears repeating herenetworking design allows these two very different capabilities to easily interoperate on the network, flexibly and independently. In fact, AoIP systems typically use both Ethernet switching and IP routing devices together to great advantagea very sensible arrangement, as it turns out (which you'll read more about later).

When you think about it, even the words chosen here seem appropriate, with "switch" implying something hard-wired or with very limited options (like a railroad switch), whereas "route" connotes a more flexible choice among a variety of paths (like highlighting a roadmap).

또한 오늘날 IP에 관한 문헌의 상당 부분이 네트워크(또는 "인터넷") 계층에서 모든 상호 연결 및 탐색이 수행되는 인터넷 전용 문헌임을 고려해야한다. 따라서, 라우팅이라는 용어는 아직까지 일반적으로 선호되고 있지만, 그 공간에서는 구별이 그리 중요하지 않다. AoIP에서는 일반적으로 인터넷을 사용하지 않지만, LAN에 국한되어 있으므로 2계층과 3계층 모두에서 상호연결이 중요하다.

3.2 | 이더넷 스위치

거의 모든 AoIP 시스템(IP스네이크와 같은 간단한 점대점 연결은 제외하고)에는 적어도 하나 이상의 이더넷 스위치가 포함된다. 그러나 비교적 큰 AoIP 시스템은 IP 라우터 하드웨어가 필요하지 않을 수 있으므로, 스위칭은 주된 관심사이다. 물론 이더넷 스위칭의 기본 및 고급 기능을 설명하는 다른 책들도 많이 있으며, AoIP 시스템의 설치와 작동을 성공적으로 완수하기 위해 대부분의 정보를 알 필요는 없다. 이 장은, AoIP 전용 이더넷 스위칭(및 IP 라우팅) 요소로, 전문 오디오 스튜디오 응용프로그램에 대해 이해하는데 도움이된다.첫째, 이더넷 스위치는 많은 고속 컴퓨팅 장비와 마찬가지로 적절한 환기를 요구하여 소음이 심할 수 있다. 이는 네트워크를 계획할 때 중요하므로 기억해야한다. TOC 외부 시설 주변에 종종 분산되는 엣지 스위치도 보조적인 (그리고 가급적 단열이 잘 되지만 통풍이 잘 되는) 음향 환경에 배치해야 한다. 물론, 현대식 시설에서는, 제어실과 스튜디오에서 사용되는 모든 PC의 CPU에도 적용되며,일반적으로 인접하거나 가까운 와이어링 클로젯이나 랙 룸(TOC에 없는 경우)에 배치되며, 전형적으로 KVM(키보드/비디오/마우스)익스텐더를 통해 사용자 제어 표면에 연결된다. 따라서, AoIP 엣지 스위치도 같은 랙에 넣어야 한다.

또한 다른 디지털 장비와 마찬가지로 AC 전원이 적절하게 조절된 안정적인 전기 환경을 통해 안정적인 작동을 보장해야 한다. 이는 다른 많은 디바이스 기능의 코어 스위치와 연결되어 있기 때문에 특히 중요하다.

3.2.1 관리 스위치

스위치의 가장 기본적인 기능은 네트워크 디바이스를 함께 연결하는 것이지만, 단순히 들어오는 모든 비트를 연결된 모든 디바이스로 재전송하는, "dumb" 허브에 대한 정보와 함께하는 것이다. 반면, 스위치는 프레임의 내용을 검사하고, 주소 지정을 기반으로 보낼 위치를 결정한다. AoIP의 경우 일반적으로 관리 스위치가 필요하다. 이는 멀티캐스트 오디오 스트림의 필수 IGMP 제어를 제공한다. 또한 사용자 구성 및 스위치의 다양한 파라미터 모니터링 기능을 제공하며, 일반적으로 우선 순위 관리를 포함하며, 이는 오디오 및 일반 데이터가 공통 링크를 공유해야 할 때 필수적이다.

관리되지 않는 스위치는 가정과 SOHO 환경에서 흔히 사용되며, 스테이크와 같은 매우 간단한 AoIP 애플리케이션에도 사용할 수 있다. (5장의 섹션 5.3.1참조)

3.2.2 확장성

진정한 AoIP 시스템은 스위칭 인프라를 표준 스위치 규격품을 기반으로 하기 때문에, 스위치를 변경하거나 추가하여 비교적 쉽게 재구성하거나 확장할 수 있다. 모든 설비 엔지니어가 잘 알고 있듯이, (아마도 너무 잘 알고 있을 것이다) 이러한 성장의 조절은 중요한 특징이다. 모듈형 및 표준화된 설계는 이러한 변경사항을 간단하고 신속하게 구현할 수 있도록 지원한다. 시간이 흐르면서 성공적인 기능은 이러한 "미래에 대비한" 것이 AoIP 시스템의 가장 큰 자산임을 알게 될 것이다. Moore의 법칙은 확실히 네트워크 스위치에 적용되므로, 더 크거나 더 빠른 교체 또는 확장 스위치가 필요할 때, 흔히 기성 컴퓨팅 환경같이 이전에 구입한 소형 장치보다 더 많은 비용이 들지 않을 수 있다. 이더넷도 가만히 있지 않는다. 이 글에서는 10기가비트 이더넷(10-GbE) 스위치를 이미 사용할 수 있으며, 100Gbps 성능은 그리 멀지 않을 것이다.

3.3 | IP 라우터

IP 라우팅은 AoIP 응용프로그램에는 거의 사용되지 않지만, 매우 큰 설치의 경우 많은 힘을 더할 수 있다. 또한 라우터는 거의 항상 PC를 인터넷에 연결하거나 VLAN을 연결하는 등 오디오가 아닌 응용프로그램에 사용된다. (자세한 내용은 섹션 2.3.4 참조) 따라서, IP 라우터의 내부 작업에 대한 이해는 고급 AoIP 사용자에게 가치 있음을 증명할 수 있다. 이를 위해 참고 자료 및 리소스 장의 소스를 권장한다.

3.3.1 인터넷의 근원

인터넷의 개발자들이 표 3.2와 같이 4개의 계층으로만 구성된 스택으로 표준 OSI 7계층 네트워킹 구조를 단순화했다는 것을 기억하실 수 있을 것이다.

Table 3.2 Four Layers of the Internet Network Model, with Examples of Each Layer' s Protocols

Internet Model Network Layer	Example Protocols
Application	HTTP, RTP, FTP, SMTP, Telnet
Transport	TCP, UDP
Network (or Internet)	IP
Link	Ethernet, WiFi

이 모든 것은 잘 정의되어 있고 개방형 표준이다. – 이러한 핵심 기술에 대한 독점적인 소유권은 없다. 링크 계층은 IEEE에 의해 표준화되며, 상위 계층에 사용되는 프로토콜 제품군은 IETF에 의해 표준화된다. 인터넷 프로세스에는 각 데이터 패킷에 대한 주소 지정 프로토콜(IP 주소)도 포함된다. IP 네트워크에 연결된 모든 디바이스에는 IP 주소가 할당된다. 최근까지(예: IPv4 사용) IP 주소는 4개의 1바이트 수(또는 1바이트가 8비트이므로 8비트)의 숫자열로 지정되었으며, 각각 10진수 형식(0 ~ 255비트)으로 표시되며 점(예: 169.10.206.2)으로 구분되어 있다.
이는 IPv4에서 가능한 주소의 수가 32비트(4 x 8비트)로 표시되는 것을 의미하며, 2^{32} 또는 약 43억(4.3 x 10^9비트)의 고유한 IP 주소를 사용할 수 있음을 의미한다. 많은 것처럼 들릴 수도 있지만, 이 중 대부분은 특정 용도에만 사용된다.

IP REVS UP Today, the IP world is gradually converting from IPv4 to IPv6, which specifies its IP addresses using 128-bit rather than 32-bit numbers. The numerical expression of IPv6 addresses also differs from IPv4's, in that it generally uses hexadecimal numbers in the form hhhh:hhhh:hhhh:hhhh:hhhh:hhhh:hhhh:hhhh, where each byte (or octet) is represented by a hexadecimal pair of numbers (from 00 to ff, e.g., e7), and each pair of bytes is separated from the next pair by a colon. An example is 30c1:0ab6:0000:0000: 0000:8a2e:0370:2f8e. For a while, there may be a lot of zeros in IPv6 addresses, and they can be skipped with the insertion of a double colon, as in this notation of the previous example: 30c1:0ab6::8a2e:0370:2f8e.
One of the primary improvements of IPv6 over IPv4 is its allowance of far more IP addresses. This is a real issue given the expectation that so many devices in the future will require unique IP addresses. IPv6's 128-bit range provides more than 3.4 _ 1038 possible addresses, or more than 5000 addresses per square micrometer of the Earth's surface probably enough to last for awhile.
Nevertheless, it is expected that IPv4 will remain the standard format of the Internet for some time to come, while IPv6 support is gradually deployed worldwide. And for the foreseeable future, AoIP will likely continue to use IPv4 happily, for reasons that will become clear as you read on.
By the way, if you're wondering what happened to IPv5, it was ascribed to a version that was originally intended to be used for connection-based (rather than packet-based) streaming media on the Internet, but work was abandoned on it as streaming media became possible with the development of new protocols over IPv4, which there's much more about later in this book. Anyway, "Whither IPv5?" is always a great trivia question at geeked-out cocktail parties.

오늘날 IP는 인터넷에 연결되지 않고, 이더넷 링크를 통해 시설 내에서 간단히 실행되어 많은 LAN에서 사용된다. 개인 네트워크에서 인터넷 이외의 용도로 예약된 IP 주소가 많기 때문에 IP 설계자는 이 점을 예상했을 것이다. 다수의 IP 주소 범위는 이러한 목적을 위해 국제적으로 합의되었으며, 그 중 가장 크고 인접한 그룹은 10.0.0.0에서 10.255.255.255이다.이 그룹 만이 인터넷에서 액세스 할 수 없는 약 1600 만 개의 가능한 주소를 제공하고 (라우터는 들어오는 인터넷 트래픽의 주소를 무시하도록 프로그래밍되어 있음), 로컬 네트워크 내에서만 사용할 수 있는 약 1600만 개의 주소를 제공한다. 이는 또한 개인 IP 주소가 전 세계적으로 고유할 필요가 없고, 이러한 동일한 주소를 내부 네트워크의 모든 기업이 사용할 수 있으므로, 전 세계적으로 필요한 IP 주소 수를 절약할 수 있음을 의미한다. 이러한 개인 주소가 할당된 장치는 IP 라우터, 프록시 서버 또는 NAT(네트워크 주소 변환) 장치를 통해 필요한 경우 인터넷에 액세스할 수 있다. 개인 주소 공간은 공용 인터넷을 통해 직접 액세스할 수 있도록 되어 있지 않아, 스튜디오 오디오 응용 프로그램에 유용하다. AoIP가 오디오 전송을 위해 IP 라우팅을 필요로 하는 경우, 대부분 다른 예약된 주소 범위에서 IP 멀티캐스트를 사용한다. 이를 통해 IP 기반 인프라는 음성 분배 증폭기나 기존 오디오 라우터처럼 작동하며, 이 경우 어떤 입력이든 하나의 출력을 수신할 수 있다.

3.3.2 TCP/IP 그룹

네트워크 모델의 장점은 (표준과 마찬가지로) 매우 많다는 것이다. 이제 이 계층화 주제를 완전히 정리하겠다. 2장에서는 ISO의 OSI 7계층 모델(참고로, 얼마나 많은 다른 회문 두음문자들을 알고 계십니까?)과 오늘날 TCP/IP 네트워킹에서 사용되는 5계층에서 어떻게 발달하는지, 실제의 변화로 어떻게 진화했는지 살펴보았다. 한편, 우리는 인터넷이 실제로 어떻게 4층 모델을 사용하는지 보았고, 또한 다른 모델들도 있다. 그래서 얼마나 많은 계층이 있을까? 음, 이건 여러분의 세계에 달렸다. 본서에서는, 소프트웨어 설계 학회에 종사하고 있지 않고, 인터넷 그 자체로도 취급하고 있지 않기 때문에, AoIP 환경에 딱 맞는 5단 TCP/IP 명명법을 고수하겠다. 그러나 네트워크 계층 세계관의 세 가지 다른 그림이 어떻게 교차하는지를 보려면 그림 3.1을 참조하십시오.

3.4 | STRADDLING LAYERS

따라서 스위치와 라우터가 모두 패킷 주소를 검사하고 패킷 주소를 전송한 경우 AoIP에서 일 대 다를 사용하는 이유는 무엇인가?

첫째, 라우팅은 스위칭보다 훨씬 더 복잡한 작업이며, 한 사이트에서 다른 사이트로의 다중 경로는 3계층에서 표준이며, 최적의 경로를 찾는 것이 라우터의 작업이기 때문이다. 이는 분에서 분 단위로 변경될 수 있다. 따라서 단순하고 비용 효율적인 상태를 유지하기 위해, AoIP시스템에서 대부분의 시간을 사용하는 적절한 2계층 스위칭이 선호된다.

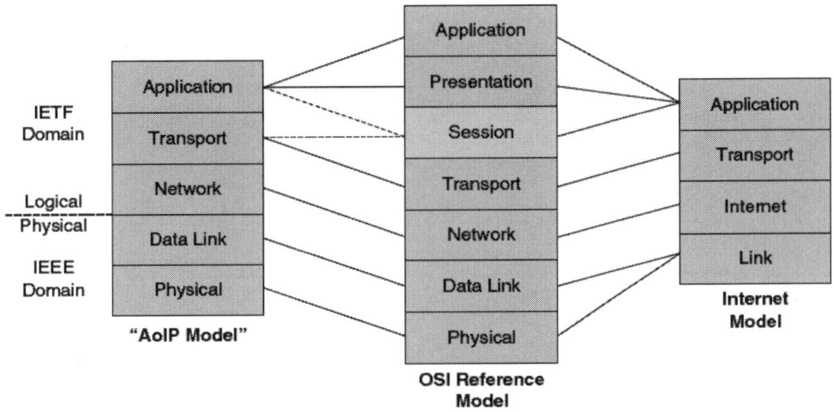

FIGURE 3.1

How the OSI networking model maps to the so-called Internet model and the TCP/IP Protocol Suite model (or "AoIP model" as we name it here, and generally use throughout this book).7 The dotted line from the OSI session layer indicates that some of its elements map to the TCP/IP Suite's transport layer, while the rest map to the application layer. Note also the boundary shown on the left and the organizations that have jurisdiction in each domain.8

그럼에도 불구하고, 라우터는 스위치처럼 멀티캐스트와 우선 순위 지정도 지원한다. 따라서 전환된 AoIP 네트워크 위에 라우팅된 AoIP 네트워크를 가질 수 있다. 이더넷이 전송 계층으로 유지되기 때문에 계층 2 전환이 여전히 필요하지만, AoIP 시스템이 IP 헤더를 모든 필수 정보로 채우고 표준 방식으로 수행하면, IP 라우터를 AoIP 네트워크 전체에서 서로 자유롭게 사용할 수 있다. 표 3.3에는 두 가지 접근방식이 요약되어 있다.

Table 3.3 Ethernet Switch and IP Router Compared

	Switch	Router
Layer/Protocol	Layer 2/Ethernet	Layer 3/IP
Function	Determines to which port the addressed node is connected, and switches incoming frame to it	Finds the best route from among many, and forwards packet to next destination along the path
Terminology	Switching	Routing (or Forwarding)
Technology	Simple table lookup in hardware	Complex, dynamic best-route determination in hybrid hardware/software
Specifying Organization	IEEE	IETF
Ports (Physical)	Many, connecting mostly to end nodes	A few, connecting to networks and telco lines
Cost	Low	High (but dropping)

기존에는 라우터가 소프트웨어로 작업을 수행했지만 스위치에는 전용 하드웨어 칩이 있었다. 그러나 이제 라우터는 패킷 처리를 위해 하드웨어를 사용하고 스위치는 일부 3계층 기능을 통합하며, 각 계층은 다른 계층과 더 가까워지는 중이다. 점점 더 많아지는 비용 적은 스위치는 3계층 기능을 가지고 있으며, 이러한 기능은 종종 AoIP 응용프로그램에 적합하다.

3.5 | 오디오 라우팅 제어

AoIP 시스템은 3계층 이하에서 표준화된 기술을 완벽하게 사용하지만, 올바른 AoIP 시스템은 라우팅 제어를 위한 사용자 인터페이스 역할을 하는 응용프로그램을 제공해야 한다. 이 응용프로그램은 하나 이상의 실제 라우터 및 스위치 위에 위치하여 전체 시설에 대해 "가상 라우터"로 나타난다. 이를 통해 운영자는 AoIP 시스템에 기존의 오디오 라우터처럼 접근하여 기본 네트워크의 모든 세부 정보를 숨길 수 있다. 후드 아래에는 실제로 라우팅 작업을 수행하고 AoIP 응용 프로그램에 의해 제어되는 여러 개별 물리적 장치가 있을 수 있다. 이러한 "실제" 장치는 시설 주변에 분산될 수도 있지만 하나의 가상 코어 역할을 하는 것처럼 보인다. 이는 오늘날의 상용 AoIP 시스템의 또 다른 부가 가치이다.
(Livewire 시스템에서 이 가상 라우팅 기능을 제공하는 Pathfinder응용 프로그램에 대한 설명은 4장과 5장을 참조하십시오.) 따라서 AoIP 오디오 라우터의 제어 경로는 다음과 같다:

1. 사용자는 수동 명령을 통해 AoIP 시스템의 라우터 응용 프로그램 사용자 인터페이스에 경로 변경을 요청하며, 이 사용자 인터페이스는 네트워크를 통해 라우팅 제어 서버에 연결된다.
2. 라우팅 제어 서버는 오디오 인터페이스 노드와 같은 AoIP 장치에 명령을 전송한다.
3. AoIP 장치는 이더넷 스위치(만약에 있다면, IP라우터도)에 IGMP 명령을 전송한다.
4. 이더넷 스위치(및 IP 라우터)는 선택한 소스 오디오 스트림을 네트워크를 통해 대상 AoIP 수신기로 유도하여 응답한다.

이러한 라우팅 제어 응용프로그램은 정교한 오디오 라우터를 에뮬레이트(모방)해야 하는 경우에만 필요하다. 콘솔 및 인터페이스 노드와 같은 AoIP 장치에서 원하는 자료를 직접 선택하여 기본적인 오디오 채널을 선택할 수 있다.

3.6 | 멀티캐스팅

AoIP의 특이한 특징은 오디오 스트림을 위한 멀티캐스트를 거의 독점적으로 사용한다는 것이다. 이더넷과 IP 모두 이 기능을 제공하지만 인터넷이나 LAN에서 자주 사용되지는 않는다. 이것은 AoIP가 표준화된 기술을 적용하는데 있어서 특별한 사례로 만드는 또 다른 요소이다. 멀티캐스팅은 규제된 점 대 다중점 분포 토폴로지를 허용한다. 즉, 단일 소스의 비트는 여러 대상으로 분산될 수 있지만 필요한 대상에만 분산될 수 있으므로 네트워크의 불필요한 트래픽을 최소화할 수 있다. AoIP 시스템은 2계층, 3계층 또는 두 계층 모두에서 멀티캐스팅을 구현할 수 있다. AoIP에서 사용하는 멀티캐스트 구현은 일반적으로 이더넷을 사용하여 2계층에서 수행된다. 하지만 그림에 라우터가 있을 때, 라우터 역시 멀티캐스팅을 사용한다. 다행히 IP와 이더넷 스위치 프로토콜의 개발자들은 이에 대해 생각하고 필요한 통합을 제공했다. 일반적인 AoIP 시스템의 패킷 라우팅은 인터넷이나 엔터프라이즈 LAN에 비해 범위가 상당히 제한되어 있다. 따라서 가능한 낮은 계층에서 신호 라우팅을 처리하면 시스템 복잡성(에 따라서 비용)이 최소화된다. 이더넷 스위칭은 멀티캐스팅을 위한 충분한 용량을 제공하지만, 대부분의 엔터프라이즈 LAN은 이를 사용하지 않는다. 하지만 AoIP에 완벽하므로, 이더넷 스위치가 분배 증폭기(DA) 또는 TDM 라우터의 일반적인 멀티포인트 분배 기능을 에뮬레이트할 수 있지만 출력이 부족하지는 않는다.

■ THE REAL WORLD: SWITCHING OPTIONS COMPARED

여러분은 잘 아시다시피, AoIP 시스템은 전문 오디오 스튜디오 시설에 특별한 비용 효율성을 제공한다. AoIP가 달성한 비용 차이의 대부분은 스위칭 구성 요소와 필요한 관련 시설 배선에서 나온다. 이것이 어떻게 작동하는지 보여주기 위해, 장비 비용과 설치 비용 측면에서 AoIP와 비교한 기존의 오디오 스튜디오 상호 연결 방법을 분석하는 방법이다.

■ P2P

대부분의 방송 엔지니어들은 모든 스튜디오 상호 연결 인프라가 점 대 점으로 이루어 졌던 것이 오래 전이 아니라는 사실을 기억한다. 배선 비용은 상당히 고정되어 있었고, 실제 비용 차이는 여러 방에 설치하기로 선택한 장비에서 비롯되었다. 또 다른 고가품으로는 크로스포인트 스위처(Cross Point Switchecher)가 있는데, 일부 시설에서는 패치 베이 만 사용하는 것을 선호하여 이를 피했다.수년 동안 간단한 배선 방법이 등장했지만, 모든 오디오 소스와 목적지가 오디오 콘솔로 직접 연결되고 외부로 전송되는 등 설계는 "콘솔 중심"으로 이어졌다. 대부분의 경우 이러한 연결은 미래의 유연성을 위해 펀치 블록이나 기타 케이블 종료를 통해 제공되었다. 이 개념은

TOC와 같은 중앙 배선 영역을 통해 제작되는 스튜디오 간의 연결을 위해 확장되었다. 방 사이의 연결은 일반적으로 멀티페어 오디오 케이블로 이루어졌으며, 다시 한 번 펀치 블록에 의해 양쪽 끝에서 종료되는 경우가 많다. TOC는 수동 패치 베이와 코드 및/또는 중앙 라우팅 스위처를 사용했다. 이 모든 것은 일반적인 오디오 피드의 경로가 소스 장치에서 변속기 출력으로 이동하는 동안 최대 12개의 "펀치 다운"을 통과할 수 있다는 것을 의미했다. 또한 공정은 매우 노동 집약적이었으며 설계가 우아하고 유연할수록 (필수 문서 작성은 말할 것도 없고) 더 많은 작업이 필요했다. 종종 이 기능은 여전히 인프라보다 너무 빠르게 발전한다.

■ TDM

결국 통신 회사가 개척한 디지털(TDM) 라우터는 전문 오디오 및 방송 시설로 진출하기 시작했다. 이러한 시스템은 보다 쉽게 분산 경로 제어 외에도 여러 신호를 단일 경로로 멀티플렉싱할 수 있기 때문에 스튜디오 간(또는 때로는 내부) 배선을 줄여준다. 따라서, 이것은 점 대 점 배선의 거대한 "병렬성"에서 벗어나 직렬화의 전환을 시작했다. 1990년대 중반까지 이 접근법은 TDM의 라우터 플러스 제어 표면의 형태를 취했다. 이 방식은 믹싱 콘솔이 중앙 라우터의 제어 지점 역할을 하고 '엔진'을 혼합하는 역할을 할 수 있는 것이다(이전의 시스템들이 단순한 스위칭 제어 패널을 허용했던 것처럼) TDM 접근 방식은 여전히 양쪽 끝에서 기존의 배선 단절이 필요하여 대부분의 장치 오디오 입력 및 출력에 대한 멀티페어 및 다중 단일 배선 단자로 종료되어야 했다. 스위칭 하드웨어는 독점적이며 일반적으로 상당히 비싸지만, 종종 제공되는 유연성과 설치 비용 절감(특히 대규모 시설에서) 모두 가치 있는 것으로 여겨졌다.

■ AoIP

이 개발의 다음 단계는 AoIP이며, AoIP는 그 시간까지 이들 및 다른 기업들 사이에서 공통적으로 사용되는 컴퓨터 네트워킹을 기반으로 직렬화 접근법을 더욱 발전시킨다. AoIP는 모든 오디오 장비 I/O(아an 또는 AES3 및 해당 제어 포트)를 직렬 디지털 네트워크의 터미널 장치(또는 "노드")에 연결할 수 있도록 하여 직렬화된 도메인을 개별 오디오 소스 및 대상 장치로 확장한다. 일부 소스 또는 대상(예: 컴퓨터 기반 오디오 레코딩 및 재생 시스템, 프로세서, STL 등)은 기본 AoIP 형식으로 상호 연결될 수 있어 인터페이스도 간소화된다. 이후 TDM 시스템과 마찬가지로 AoIP 혼합 콘솔도 제어 표면으로서 정교한 스위칭 컨트롤러 역할을 하며, 오디오 믹스가 아웃보드의 "믹스 엔진"에서 이루어진다. 표 3.4와 3.5는 이 세 가지 토폴로지의 실제 비용 비교 예를 보여준다. 장비 비용 및 설치 비용 모두에서 배선 및 스위칭과 관련된 라인 항목에 가장 큰 차이가 존재하는 방법을 확인하십시오.

Table 3.4 Infrastructure Equipment and Wire Costs for Typical Four-Studio Plus TOC Facility

Materials	P2P	TDM	AoIP
CAT-6 cable or fiber	$0	$200	$600
Multipair audio cable	$2800	$1600	$0
Punch blocks and wiring guides	$1600	$800	$0
Distribution amps	$2400	$0	$0
Central audio router (P2P or TDM) or Ethernet switches (AoIP)	$60,000	$120,000	$18,000
Audio terminal devices	$0	$60,000	$32,300
Audio mixing console/control surface	$76,000	$104,000	$68,000
Audio cables and connectors for studio and TOC equipment	$900	$900	$1200
Total equipment cost for consoles, routing, and wire	$143,700	$287,500	$120,100

Note: In U.S. dollars.

Table 3.5 Infrastructure Installation Costs for Typical Four-Studio Plus TOC Facility

Task	P2P Wiring (hours)	TDM Wiring (hours)	AoIP Wiring (hours)
Studio: source/destination equipment to punch blocks or nodes	96	96	32
Studio: console to punch blocks	32	0	0
Studio and Tech Center: multipair cable runs and terminations	48	0	0
Studio and Tech Center: CAT-6 cable terminations	0	16	16
Tech Center: central audio router to punch blocks	32	32	0
Tech Center: source/destination equipment to punch blocks or nodes	24	24	4
Tech Center: distribution amps to/from punch blocks	8	0	0
Programming of audio router or nodes and consoles	4	16	16
Total labor hours	244	184	68
Installation labor expense (at $50/hr)	$12,200	$9200	$3400

Note: In U.S. dollars.

CHAPTER 04

Livewire System

Livewire는 단순한 기술이 아니다. 이 솔루션은 방송과 기타 전문 오디오 애플리케이션을 위해 만들어진 다양한 구성 요소와 도구를 갖춘 솔루션이다. 네트워크에 연결된 PC로 수행할 수 있는 모든 작업을 상상해 보아라. 파일 공유, 이메일 보내기 및 받기, 웹 서핑, 채팅, VoIP 통화, 스트리밍 오디오 듣기, YouTube 시청 등 PC와 네트워크는 범용 작동기로 설계되었다. Livewire를 사용하는 오디오 응용 프로그램도 이와 유사하게 다양한 가능성이 있다.그렇다, 이전 아날로그 및 디지털 기술이 할 수 있었던 모든 기능을 복제할 수 있지만, 보다 가치 있게 보면 과거의 제한된 기능을 훨씬 능가할 수 있는 플랫폼을 제공한다.

4.1 | 이걸로 뭘 할 수 있을까?

물론 방송 스튜디오도 만들 수 있다. 기본 원룸, 한 개의 콘솔운영부터 자동 라우팅 전환, 모니터링 및 기타 고급 기능을 갖춘 수십 개의 상호 연결된 스튜디오를 갖춘 정교한 시설까지 다양한 기능을 제공한다. 오늘날 많은 스튜디오 오디오가 PC에서 나오거나 PC로 전송되고 있다는 것을 알고 있을 것이다.

이러한 측면에서 가장 먼저 떠오르는 것은 온-오프라인 자동화이다. 하지만 제작 스튜디오와 뉴스 작성실의 오디오 편집자들은 어떨까? 시설 내 대부분의 오디오가 PC 응용프록램에서 공급되거나 보내지지 않는가? 그렇다면 왜 원시적이고 저렴한 비용의 유비쿼터스 이더넷 포트를 사용하여 인터페이스를 하지 않는가? 여러 양방향 채널을 통해 잡음이 없는 순수 디지털 연결을 제공하며, 제어 장치가 따라온다.- GPIO(일반용 입력/출력)가 제공하는 단순한 시작/중지 기능에만 국한되지 않음 - 컴퓨터 네트워크에서 사용할 수 있는 풍부한 데이터 경로를 제공한다.

CD를 재생해야 하는 경우가 있고 CD 플레이어에는 기본 IP 연결이(아직) 없지만, 스튜디오에 필요한 기타 대부분의 오디오 장치는 Livewire 포트에서 사용할 수 있다: 전화 인터페이스, 오디오 프로세서, 코덱, 위성 수신기, 지연 장치 등이 있다.

Livewire의 빌딩 블록 특성으로 다양한 응용프로그램에 사용할 수 있다:

- 거의 모든 크기의 라우팅 스위처를 구축할 수 있다.
  오디오 입출력은 아날로그, AES3 또는 이더넷을 통해 가능하다.
  연결된 오디오 장치인 경우 PC 사운드 카드가 필요하지 않고 라우터에 A/D 또는 AES 인터페이스 카드가 필요하지 않기 때문에 후자가 많은 비용을 절약할 수 있다.
  라우터 코어는 소량의 오디오 프레임과 카드가 아닌 일반 컴퓨터 산업 스위치에 기반하기 때문에 비용이 저렴하다.
  Pathfinder PC 소프트웨어 응용 프로그램을 사용하면 필요한 모든 종류의 수동 또는 자동 전환 기능을 갖춘 시스템을 구축할 수 있다.
- 포스트 프로덕션 하우스, 테마파크, 경기장 등 거의 모든 응용프로그램을 위한 시설 전반의 오디오 배포 시스템을 구축할 수 있다.
  이더넷/IP는 쉽게 확장 가능하므로, 크기가 몇 개의 오디오 소스부터 수백 또는 수천 개에 이를 수 있다.
  오디오 시스템은 기존 네트워크 인프라에서 히치하이킹할 수 있으므로 독립 네트워크를 설치하고 유지하는 비용을 절감할 수 있다.
  구리, 섬유 또는 무선 연결을 포함하여 이더넷의 모든 가능성을 이용할 수 있다.
  유명한 컴퓨터 네트워크 기술을 사용하면 자동 이중화가 가능하다.
  PC기반 오디오 플레이어 및 레코더에 대한 직접적인 이더넷 연결의 장점을 누릴 수 있다.
  압축된 MPEG 게이트웨이를 사용하면 IP 링크를 사용할 수 있는 모든 위치로 시스템을 확장할 수 있다.
- QoS가 좋은 이더넷 링크를 통해 Livewire를 전달할 수 있다.
  즉, 예를 들어, 스튜디오와 송신기 간 연결은 무선 라디오 시스템으로 이루어질 수 있다.
  대역폭이 많기 때문에 여러 개의 양방향 오디오 경로가 가능하다.
- PC를 Livewire 노드로 직접 연결하여 고품질 멀티채널 사운드 카드를 만들 수 있다.
  100BASE-TX 이더넷은 변압기 균형이 잡혀 있고 길이가 100m이기 때문에 노드가 컴퓨터 근처에 있을 필요가 없다.
  USB로 해십시오!
- 두 개의 Livewire 노드를 직접 연결하여 간단한 스네이크를 만들 수 있다.
  다시 말해, 다양한 형식의 구리 또는 섬유 등 이더넷의 모든 가능성이 열려 있다.

그림 4.1은 Livewire 구성 요소로 구축된 스튜디오다.
요소 콘솔과 함께 제공되는 파워스테이션 랙 유닛을 주요 부품으로 사용한다. 파워스테이션에는

Livewire 및 기타 이더넷 장치의 직접 연결을 지원하는 내부 이더넷 스위치가 포함되어 있다. 이들 중 일부는 표준 PoE(Power over Ethernet) 형식으로 전원을 공급하여 VoIP 전화 및 액세서리 모듈과 같은 장치가 개별 공급 장치 없이도 작동할 수 있도록한다. 또한 통합 아날로그와 AES3 오디오 입력/출력도 내장되어 있다. 듀얼 기가비트 업 링크는 선택적으로 다른 스튜디오, 중앙 장비실의 오디오 노드 등을 연결하는 코어 역할을 하는 외부 이더넷 스위치에 연결하는 데 사용할 수 있다. 외부 이더넷 스위치 없이도 완전히 독립적인 스튜디오를 구축할 수 있다. 전화 인터페이스 디바이스는 파워스테이션의 이더넷 포트에 직접 연결된다.

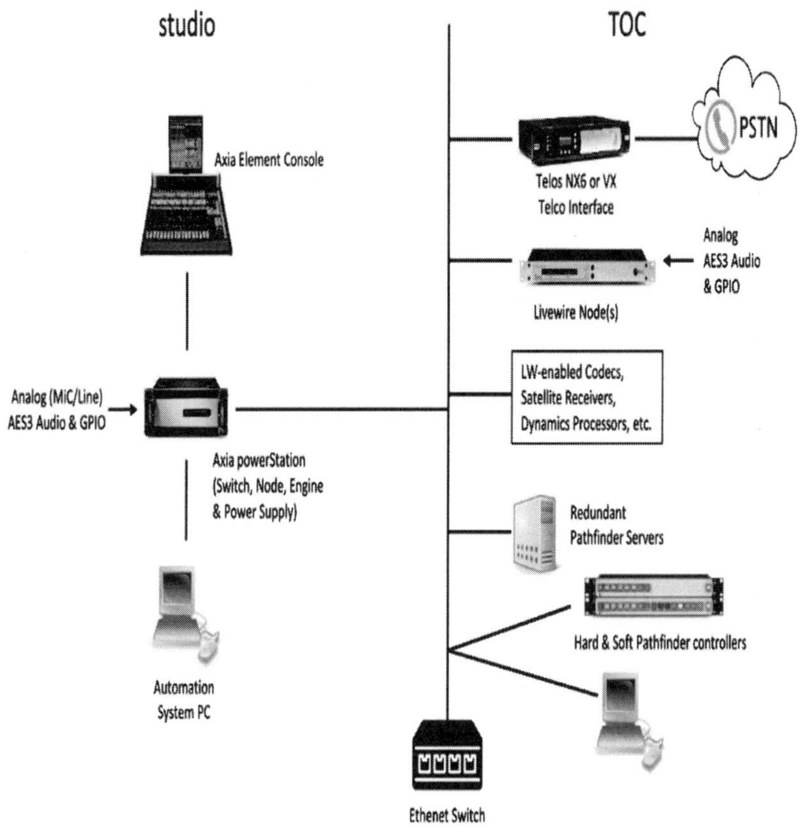

FIGURE 4.1

One among many possibilities for a radio broadcast studio built on Livewire. The automation PC connects directly via Ethernet. The telephone interface, located in a central rack room, connects over Ethernet, as well. This studio is linked to other studios and to common audio sources and destinations via a core switch.

자동화 시스템 PC를 파워스테이션에 연결하는 이더넷은 여러 오디오 채널과 제어용 데이터를 전송한다. 전화 인터페이스도 마찬가지다: 송수신 오디오의 여러 채널이 이더넷을 통해 전송되고 라인 선택 등의 제어가 가능하다.

4.2 | AES3

AES3와 Livewire는 시설 내에 아무 문제없이 공존할 수 있다. Axia 인터페이스 노드를 사용하여 서로 연결할 수 있다. AES에 대해 홈 동기화 시스템을 사용하는 경우, Livewire도 해당 시스템에 동기화할 수 있다. 이를 위해 Livewire AES 인터페이스 노드는 AES 클럭 제너레이터나 제터레이터에 잠긴 AES 장치에서 AES "블랙" 피드를 가져온다. 노드는 해당 입력을 시스템 클럭 소스로 인식하도록 구성된다. AES-over-IP 스네이크를 두 개 이상의 AES Livewire 노드로 만들 수 있다. Livewire AES 노드는 모든 입력 및 출력에 샘플링 속도 변환기를 가지고 있지만, 속도와 클럭이 일치하면 변환기가 꺼지고 AES와 Livewire 시스템 간의 명백한 비트 전송이 실현된다.

4.3 | Livewire 시스템 구성요소

일반적으로 Livewire 시스템에는 Livewire 오디오 스트림과 기본적으로 Livewire가 준비되지 않은 마이크, 라우드 스피커 및 기타 장치의 하드웨어 오디오 인터페이스 노드를 주고받을 수 있는 드라이버 소프트웨어가 혼합되어 있다. 작은 시스템에는 모든 것이 연결되는 하나의 이더넷 스위치가 있다. 예를 들어, 2박스 스네이크나 PC사운드 카드 교체와 같은 매우 작은 시스템은 스위치가 필요하지 않는다. 대규모 시스템에는 여러 개의 IP라우터 및 이더넷 스위치가 있을 수 있다. 콘솔, 구내전화(인터컴) 시스템, 전화 인터페이스, 코덱 및 기타 스튜디오 오디오 장비가 혼합될 수 있다. 간단한 라우팅은 장치 자체에서 수행되지만, 정교한 라우팅 제어가 필요할 때 PC 호스팅된 소프트웨어 응용프로그램이 여러 소프트웨어 및 하드웨어 제어 패널과 함께 작업을 수행한다. Livewire 지원 소프트웨어와 장치의 지속적인 보완이 이루어지고 있다. 다음은 문서 작성 시 사용할 수 있는 내용이다:

- PC기반 axia Windows 오디오 드라이버.
  이는 플레이어, 편집기 등과 같은 거의 모든 오디오 응용 프로그램을 허용하는 Windows 응용 프로그램의 사운드 카드처럼 보인다.
  Livewire 네트워크에 직접 연결할 수 있다.
  공식적으로 지원되는 파트너 응용프로그램에는 8BC, AdeuxI, BE(AudioVault), BSI, David, Digispot, Trakt, Enco System, Google, MediaTouch, Netia, Paravel Systems, Prinite Systems, RCS Sound Software, Synadyne, WinMedia Software 및 Zenon Media의 응용프로그램이 포함된다.

- Axia Linux오디오 드라이버.
  ALSA 사운드 인터페이스를 통해 Linux 기반 PC에도 동일한 기능을 제공한다.
- Audioscience PCI 인터페이스 카드.
  PC 프로세서에서 오디오 전송을 오프로드하고 오디오를 위한 분리된 이더넷 포트를 제공한다.DSP 하드웨어에 샘플링 속도 변환 및 시간 스퀴징/스퀴징을 포함한다.
- Digigram Visiblu 드라이버.
  표준 Digigigram으로 작성된 소프트웨어 응용 프로그램이 Livewire 네트워크와 인터페이스 할 수 있다.
- Axia Livewire 아날로그 하드웨어 노드.
  8x8 스테레오 Pro-grade 아날로그 입력 및 출력을 제공한다.
- Axia Livewire AES3 하드웨어 노드.
  샘플링 속도 변환을 통해 8 x 8 AES3 입력/출력을 제공한다.
- Axia 마이크 노드.
  스튜디오 등급 마이크 입력 8개와 스테레오 균형 출력 8개이다]
- Axia Livewire 라우터 선택 노드.
  네트워크의 모든 채널에 액세스할 수 있는 입력 1개와 선택 가능한 출력을 제공한다.
  기존의 x-y 라우터 컨트롤러처럼 보이도록 설계되어 있다.
  전면 패널 헤드폰 잭을 포함한다.
- Axia GPIO 노드.
  기계 제어를 위한 8개의 GPIO 논리 포트를 제공한다.
- Axia iPlay PC 소프트웨어응용프로그램.
  기본적으로 소프트웨어의 라우터 선택 노드이다.
  사용자가 네트워크에서 PC로 채널을 재생할 수 있다.
- Axia iProbe 소프트웨어.
  네트워크의 모든 Axia 장치에 대한 제어 및 모니터링을 통합하는응용프로그램이다.
  구성 요소의 작동 상태를 점검하고 펌웨어를 업그레이드하는 데 유용하다.
  또한 문제 해결 및 오디오 모니터링을 위한 스트림 통계도 제공한다.
- 소프트웨어 권한 경로Pathfinder.
  이 프로그램은 라우팅을 수동이나 자동으로 제어하는 데 필요한 모든 기능을 갖춘 전체 라우터 제어 소프트웨어 응용프로그램이다.
  오디오 라우터의 경우 일반적인 기능을 넘어 고급 비디오 라우터 응용프로그램에서 찾을 수 있는 기능을 포함하고 있다.

- Axia 라우터 제어 패널.

  이러한 설정은 IP를 통해 Pathfinder에 연결하여 수동 라우팅 제어를 제공한다.

  이 제품은 LCD 버튼, OLED 디스플레이 또는 film-legendable 버튼이 있는 랙 마운트 모델 8개로 제공된다.

  또한 Axia 및 기타 스튜디오 혼합 콘솔에 드롭 인 할 수도 있다.
- Axia Element 방송 콘솔.

  고급 라디오 스튜디오 모듈식 믹싱 콘솔이다.
- Axia IQ 믹싱 콘솔.
- (비교적 성분이) 좀 더 평범한 믹서.
- Axia 인터콤 시스템.

  스튜디오 간 또는 통신이 필요한 다른 모든 응용프로그램에 사용된다.

  오디오는 표준 Livewire이므로 다른 소스처럼 방송될 수 있다.

  아래 나열된 코덱은 WAN IP 링크를 통해 시스템을 확장하는 데 사용할 수 있다.
- Telos Zephyr ZXS 코덱.

  ISDN 및 POTS 전화선 원격 설치.
- Telos Z/IP 코덱.

  IP 링크를 통한 원격 설치용.

  공용 인터넷 및 모바일 IP전화 서비스와 같은 QoS가 아닌 제어 링크에서 작동할 수 있는 적응형 기능이 포함되어 있다.
- Telos iPort 멀티채널 MPEG 코덱.

  8 x 8 스테레오 채널을 제어된 QoS IP 링크 위에 연결한다.

  최신 MPEG AAC(Advanced Audio Coding) 알고리즘을 사용하여 대역폭을 줄인다.

  또한 16채널 인코드 전용 모드에서 공용 인터넷 수신용 스트림을 만들 수 있다.
- Telos Nx12 전화 인터페이스.

  최대 12개의 POTS 또는 ISDN 전화선이 최첨단 하이브리드 및 오디오 처리 기능과 연결된다.
- Telos Nx6.

  위와 동일하지만 최대 6개 전화선이다.
- Telos 고급 하이브리드.

  단 하나의 POTS 전화선만 사용할 수 있다.
- Telos VX 멀티스튜디오는 IP 기반 전화 인터페이스 시스템이다.

  수십 개의 라인과 많은 스튜디오를 지원하는 차세대 온-에어 전화 인터페이스 시스템이다.

Cisco, Avaya, Digium(Asterisk) 등과 같은 IP PBX(Private Branch Exchange)에 원활하게 통합되는 게이트웨이, POTS, T1 또는 ISDN 라인에 연결하거나 VoIP 통신 서비스에 직접 연결한다.

- Omnia 8x 멀티채널 다이나믹 프로세서.
  한 박스에 8개의 고품질 채널을 처리.]
  단일 이더넷은 모든 입력과 출력을 연결한다.
  헤드폰 피드, 인터넷 및 휴대폰 스트림, 위성 업 링크 등을 처리하는 데 사용한다.
- Omnia One on-air audio 프로세서.
  높은 평가를 받는 Omnia 사운드를 갖춘 FM송신을 위한 저비용, 고성능 디지털 프로세서.
- Omnia 11 FM on-air 프로세서.
  수백만 개의 부동 소수점 MIPS와 똑똑한 프로세서 - guru 알고리즘 설계가 제공할 수 있는 모든 소리와 명료성.
- 국제 데이터캐스팅 위성 리시버.
  NPR, CBS/Westwood One 등이 사용한다.이더넷 포트를 통해 Livewire 네트워크에 직접 연결할 수 있다.
- Axia 아날로그 및 AES3 노드와 호환되는 무선 시스템 믹싱 콘솔과 스튜디오 허브 와이어링 악세서리.
- DAB(Digital Audio Broadcasting), DRM(Digital Radio Mondial), DMB(Digital Multimedia Broadcasting), 모바일 전화 방송용을 위한 프라운호퍼 구조 "콘텐츠 서버" 인코더.

2권의 책보다 가우스의 격언이 가치가 있다는 말처럼, 목록에서 몇 개를 선택하여 어떻게 사용할 수 있는지 설명하겠다. 여기에서는 Livewire 장치의 작동 방식에 대한 간단한 설명을 제공한다. 자세한 내용은 www.axiaaudio.com/manuals/default.htm.에서 Axia 제품에 대한 전체 설명서를 참조하십시오.

4.3.1 Axia 하드웨어 인터페이스 노드

하드웨어 노드는 Livewire 네트워크에 아날로그와 AES3 오디오를 연결한다. 기본 Livewire 연결에서 사용할 수 없는 마이크, 라우드 스피커 및 기타 장치를 연결하는 데 사용된다. 하드웨어 노드는 필수 오디오 클럭 신호를 제공하므로, 이 중 하나 이상이 모든 시스템에 포함되어야 한다.

아날로그 8×x 8 노드.

8개의 균형 잡힌 입력과 출력.

소프트웨어 제어 이점을 통해 다양한 레벨을 수용할 수 있도록 조정할 수 있다.

전면 패널 LED 오디오 레벨 미터링.

AES3 8 x 8 노드.

AES3 입력 및 출력 8개.

필요한 경우 입력을 사용하여 Livewire 네트워크를 당신의 집 AES 클럭과 동기화할 수 있다.

Mic + Line 노드.

높은 등급의 프리앰프, 팬텀 파워와 8개의 균형 잡힌 라인 출력이 포함된 마이크 입력 8개.라인 출력은 헤드폰을 직접 구동할 수 있다.

구성 및 모니터링은 웹 인터페이스를 통해 이루어진다. 그림 4.2-4.4는 아날로그 노드의 예다.

4.3.2 라우터 셀렉터 노드

라우터 셀렉터 노드(그림 4.5)는 기존 x-y 스타일의 오디오 라우터 컨트롤러의 사용자 인터페이스와 기능을 에뮬레이션한다. on-board 아날로그 및 AES3 입력 및 출력을 포함한다. LCD에는 인접 노브로 선택된 활성 오디오 채널 목록이 표시된다. 프로그램 가능한 "라디오 버튼"을 통해 자주 사용하는 채널에 즉시 접속할 수 있다. 라우터 셀렉터 노드는 중앙 장비실에서 모니터링 및 테스트하는 데 자주 사용된다. Livewire가 아닌 장비와의 인터페이스로 프로덕션 스튜디오와 뉴스 작성실에도 설치할 수 있다.

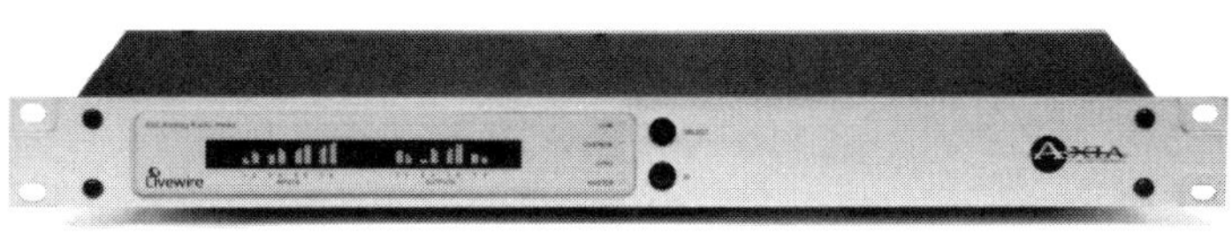

FIGURE 4.2

Axia analog 8 x 8 node.

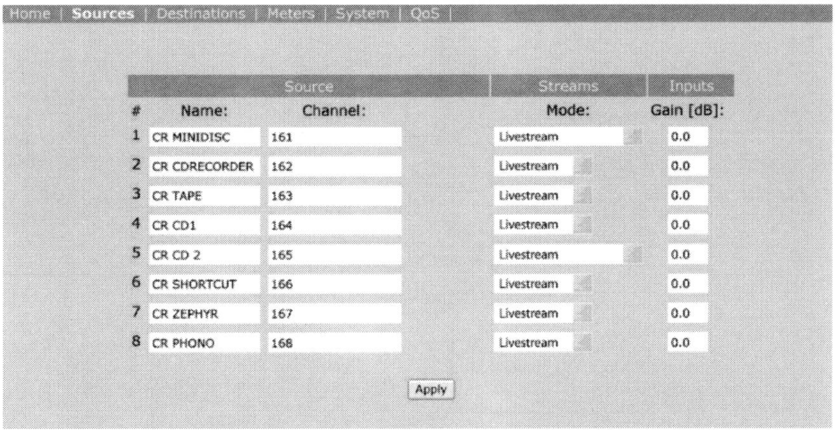

FIGURE 4.3

Source (from the node to the network) text name, channel assignment, mode, and analog gain setting.

4.3.3 GPIO 노드

병렬 " contact-closures"를 위한 GPIO 인터페이스에는 각각 5개의 입력과 5개의 출력이 있는 8개의 DB-15 커넥터가 있다. CD플레이어, 네트워크/소프트웨어 인터페이스를 지원하지 않는 자동화 시스템, 온-오프라인 등 제어에 사용된다. 대부분의 설치에서는 혼합 콘솔 하드웨어에 이미 GPIO 인터페이스가 보완되어 있으므로 이러한 인터페이스가 필요하지 않는다. GPIO 노드는 확장 또는 시스템에 콘솔이 없을 때 사용된다.

4.3.4 Windows를 위한 Axia Driver

PC 오디오 응용프로그램과 Livewire 네트워크 사이의 소프트웨어 인터페이스이다(그림 4.6). PC 응용프로그램에는 여러 개의 사운드 카드가 있어 16개의 입력과 16개의 출력을 지원한다(그림 4.7).

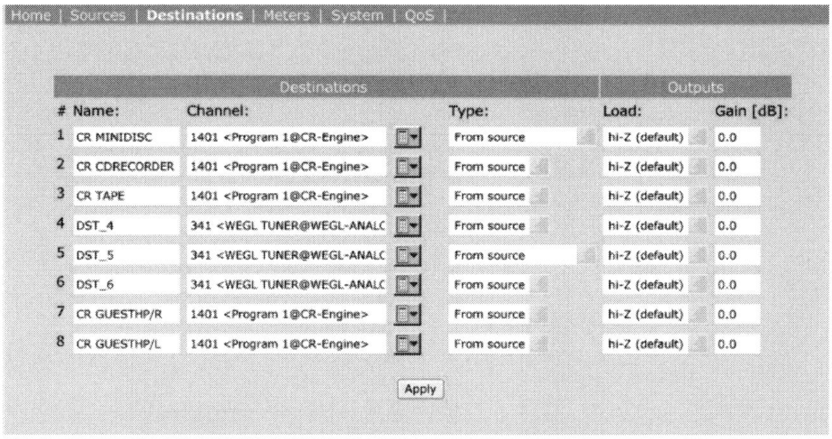

FIGURE 4.4

Destinations (from the network to the node outputs) are selected in similar fashion. Clicking on the icon to the right of the channel number/name brings up a window that lists all the available channels. For Type configuration, you can enter either From Source or To Source. The usual setting is From Source; To Source is for backfeeds such as mix-minus sends to hybrids and codecs.

FIGURE 4.5

Axia router selector node.

표본 비율 컨버터와 하드웨어 사운드 카드에서 이를 에뮬레이션하는 “클록 제너레이터”가 포함된다. 물리적 사운드 카드가 있을 때, 컨버터 칩 클럭을 구동하는 크리스탈 오실레이터는 클럭이 설정한 속도로 하드 드라이브에서 오디오 파일을 끌어오는 일련의 이벤트를 시작한다. 이것은 에뮬레이션 해야한다. 네트워크 연결된 Livewire 클럭에서 소프트웨어 “Phase Lock Loop”를 수행하고 이를 사용하여 드라이버와 Windows 간의 버퍼 요청을 실행함으로써 오디오 응용프로그램에서 데이터를 끌어온다. button-press와 같은 데이터를 네트워크에서 응용프로그램으로 전송하는 가상 GPIO 기능이 있다. 예를 들어 버튼의 콘솔 페이더가 오디오 플레이어를 시작하는데 사용된다.

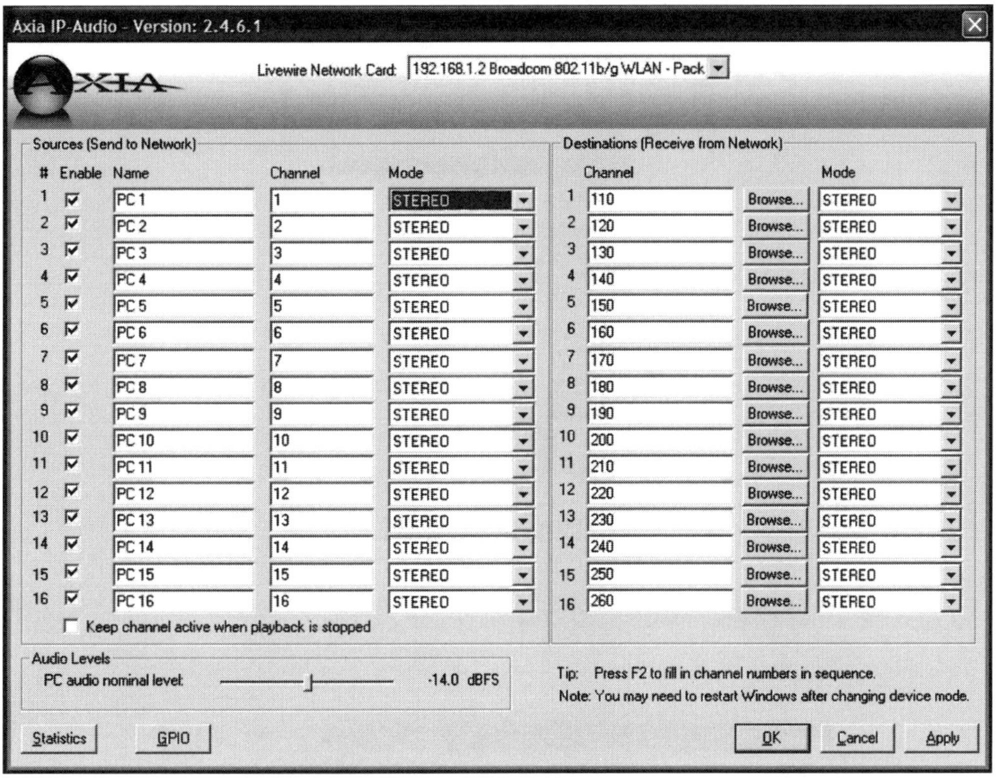

FIGURE 4.6

The Axia Windows audio driver has a setup interface where source and destination audio channels can be specified.

4.3.5 iPlay(PC 라우터 셀렉터)

iPlay가 표시되고 사용자가 Livewire 스트림을 선택할 수 있다(그림 4.8).

Axia 드라이버가 기본 하드웨어 노드의 소프트웨어 버전인 경우, 이는 기본적으로 라우터 선택기의 소프트웨어 버전이다. 드라이버와 달리 iPlay에는 채널 조작자를 선택할 수 있는 사용자 인터페이스가 있다. 소스가 나열되고 마우스를 클릭하면가져갈 소스를 선택한다. 목록을 카테고리 필터로 구성할 수 있다. 미리보기 기능을 사용하면 직접 들을 수 있다. 하드웨어 라우터 셀렉터의 라디오 버튼과 유사한 기능이 있다. 나열된 소스를 버튼 중 하나로 끌면 원하는 소스를 신속하게 선택하는 데 사용할 수 있다. 그 대안으로 미디어 플레이어 인터페이스가 있다. Livewire 스트림은 플레이어 인터페이스 내에 표준 인터넷 스트림처럼 표시된다. 이 기능은 Microsoft Windows Media, iTunes/Quicktime 및 Winamp와 같은 인터넷 URL에 액세스할 수 있는 플레이어와 함께 작동한다.

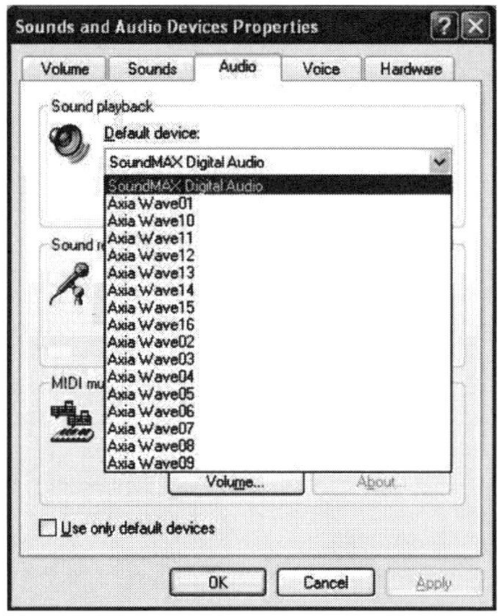

FIGURE 4.7

To PC applications, the Livewire network looks like multiple sound cards.

FIGURE 4.8

Axia iPlay application.

4.3.6 Axia 성분 믹싱 콘솔

제어면은 CAN(Controller Area Network) 버스 케이블을 통해 파워스테이션 랙 장치에 연결되며, 전원도 전달한다(그림 4.9).

파워스테이션은 채널 별 Mix-minus 피드, 다중 출력 및 모니터 피드, 평준화(EQ), 마이크 및 헤드폰 처리 등과 함께 믹싱 및 처리 기능을 수행한다. 향후 기능을 지원할 수 있는 CPU 헤드룸이 많이 있다. 또한 마이크 입력 2개, 아날로그 라인 입력 4개, 아날로그 출력 6개, AES 입력 및 출력 2개를 제공한다. GPIO 포트 4개가 있다.

내부 이더넷 스위치는 자동화 PC, VoIP 전화, 액세서리 모듈, Livewire 노드(오디오 I/O 확장용) 및 이더넷 포트가 필요한 모든 것을 연결하는 데 필요한 16개의 100BASE-TX 이더넷 잭을 제공한다. 이 중 절반은 PoE(Power over Ethernet) 장치를 직접 연결할 수 있도록 전원이 공급된다. 코어 스위치에 대한 업링크를 위해 2기가비트 구리 포트에는 옵션인 섬유 인터페이스 모듈을 위한 지원이 제공된다. 확장 모듈은 이중 전원 공급 장치를 추가하고 GPIO와 오디오 I/O를 두 배로 늘린다. 성분 표면과 파워스테이션을 사용하여 원룸, 비네트워크 스튜디오를 만들 수 있다. 그러나 Livewire 기능은 다음과 같은 이점을 제공한다: Axia Livewire 드라이버가 장착된 자동화 PC는 이더넷을 통해 여러 오디오 채널을 통해 직접 연결할 수 있으며, 한 케이블을 통해 제어가 전송되고, 전화 인터페이스는 송신/수신 오디오 및 제어를 위한 1잭 연결을 가질 수 있으며, 이더넷 기반 액세서리 모듈을 연결할 수 있다. 2기가비트 업 링크는 멀티 스튜디오 설치의 코어 스위치에 연결된다.

FIGURE 4.9

Axia Element console with PowerStation engine.

코어 스위치를 사용하지 않고 링 구성으로 파워스테이션을 연결할 수도 있다. 웹 인터페이스는 성분를 구성하는 데 사용된다. 각 요소 콘솔에는 개별 사용자를 위한 별도의 프로필이 있어 처리 및 EQ 설정, 더 신속한 레이아웃 및 기타 운영 환경설정을 저장 및 호출할 수 있다. Livewire의 고유한 백피드 및 GPIO 통합으로 인한 요소 이점.

전화와 코덱의 mix-minus는 자동적이고 투명하다. 모든 채널에는 mix-minus 출력을 제공하는 기능이 있다. 운영자가 전화 또는 코덱 소스를 선택하면 프로필 구성 중에 설정된 기본 설정에 따라 백피드가 자동으로 생성된다. 사용자가 나중에 재생하기 위해 전화기를 오프-에어로 녹화해야 할 때 전화 기록 모드를 선택하는 버튼 하나가 있다. 전화 제어 모듈을 사용하여 텔로스의 전화 인터페이스를 작동할 수 있으며, 컨트롤 데이터가 기존 이더넷을 통해 흐르고 추가적인 연결이 필요하지 않다.

4.3.7 Pathfinder 라우팅 제어 소프트웨어

소프트웨어 Authority의 Pathfinder는 지원되는 모든 Livewire 장치에 대해 시설 전반에서 제어 기능을 제공하는 클라이언트-서버 시스템이다. 서버 및 클라이언트(사용자 인터페이스) 응용 프로그램은 Windows PC에서 실행된다. 가장 기본적인 수준에서, Pathfinder는 고급 오디오/비디오 라우터의 사용자에게 익숙한 사용자 인터페이스를 통해 오디오 라우팅을 제어한다. 하지만 시스템의 모든 장치에 대한 풍부한 네트워크 연결이 있기 때문에, 라우팅 제어 이상의 기능을 수행할 수 있다. 사용자 작동 컨트롤러는 PC나 하드웨어 패널에 있는 소프트웨어 응용프로그램일 수 있다. 설치 관리자가 사용자 정의 패널을 소프트웨어 응용 프로그램으로 만들 수 있는 패널 디자이너 도구가 있다. LCD 버튼이 있는 하드웨어 패널을 사용자 지정할 때도 동일한 도구를 사용할 수 있다. 텍스트와 아이콘은 라우터 상태에 따라, 변경될 수 있는 다양한 색상과 함께 각 단추에 배치될 수 있다. 버튼 누름으로 인한 작업을 구성할 수 있다. 소프트웨어든 하드웨어든 컨트롤러는 TCP를 통해 네트워크를 통해 서버와 통신한다(그림 4.10 참조).

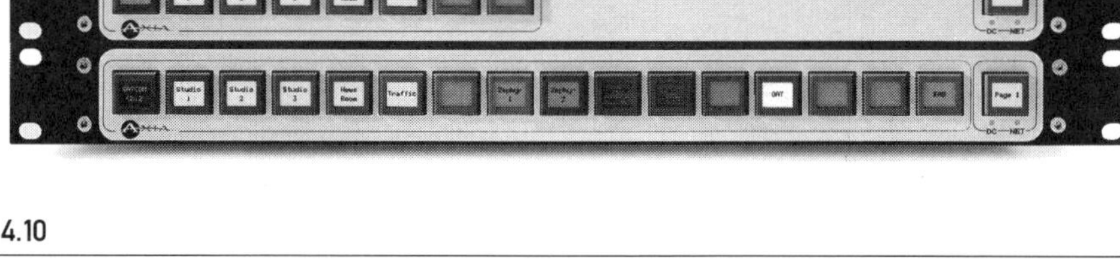

FIGURE 4.10

Hardware control panels for user interface to Pathfinder in 8- and 16-button versions. LCD button caps let you program text and icon graphics, which can change depending on the state. These are also available in console drop-in forms.

씬(프리셋)을 만들고 호출하여 로컬 스튜디오나 글로벌 네트워크를 변경할 수 있다. 가상 패치베이 기능은 경로를 그래픽으로 관리할 수 있는 방법을 제공한다. Livewire 노드는 오디오 수준 정보를 네트워크에 저장하므로, Pathfinder 컨트롤러는 레벨 미터링을 표시할 수 있다. 기본 교차점 디스플레이에서 녹색 점은 오디오의 존재를 나타낸다. 이를 클릭하면 노드 게인, 가상 믹스 게인 및 동력화 콘솔 페이더를 조정할 수 있는 페이더와 함께 정확한 멀티 세그먼트 미터가 표시된다. (그림 4.114.13 참조)

Pathfinder에는 특정 오디오 채널에 "watch"를 놓을 수 있는 무음 탐지기가 포함되어 있다. 오디오 레벨이 지정된 시간보다 오랫동안 지정된 임계값 아래로 떨어지면 시스템을 백업 오디오 소스로 전환하도록 할 수 있다. 이를 통해 신호 경로에 자동 이중화을 구축할 수 있다. 무음 탐지기의 기본 및 백업 소스와 대상이 서로 다른 Livewire 장치에 할당되고 이러한 장치가 서로 다른 AC 전원에 연결되는 경우, 인터페이스 노드 또는 전원 장애가 발생한 경우에도 신호 경로를 유지할 수 있다. Pathfinder를 사용하여 전체 시스템의 하위 집합이 될 수 있는 "가상" 라우터를 만들 수 있다. 예를 들어, Livewire 시스템에 네트워크에 128개의 서로 다른 소스와 대상이 있지만, 특정 스튜디오 영역에서 이러한 소스의 일부만 사용하려는 경우, 이 스튜디오에서 요구하는 소스와 대상만 포함하는 가상 베이를 생성할 수 있다.

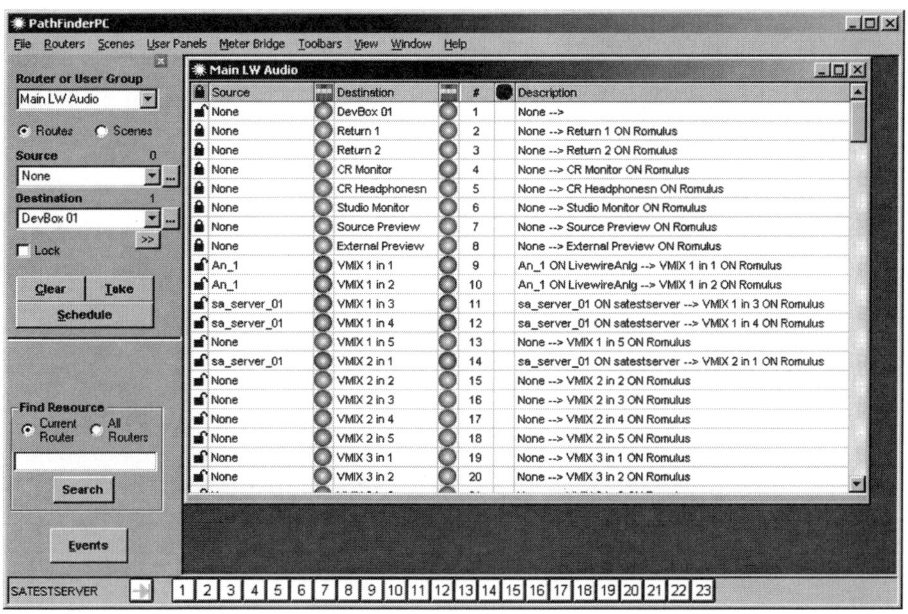

FIGURE 4.11

The Pathfinder default main routing window.

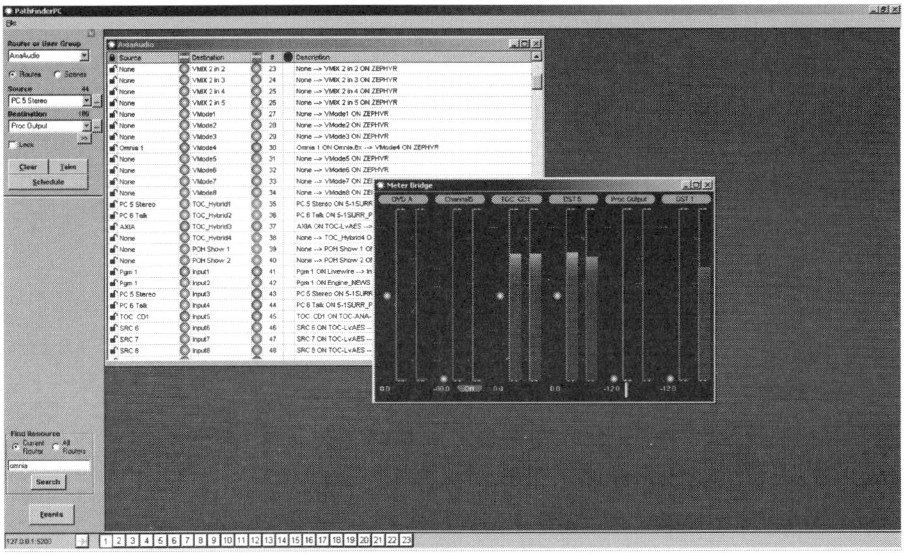

FIGURE 4.12

Clicking on a crosspoint brings up metering and level adjustment options.

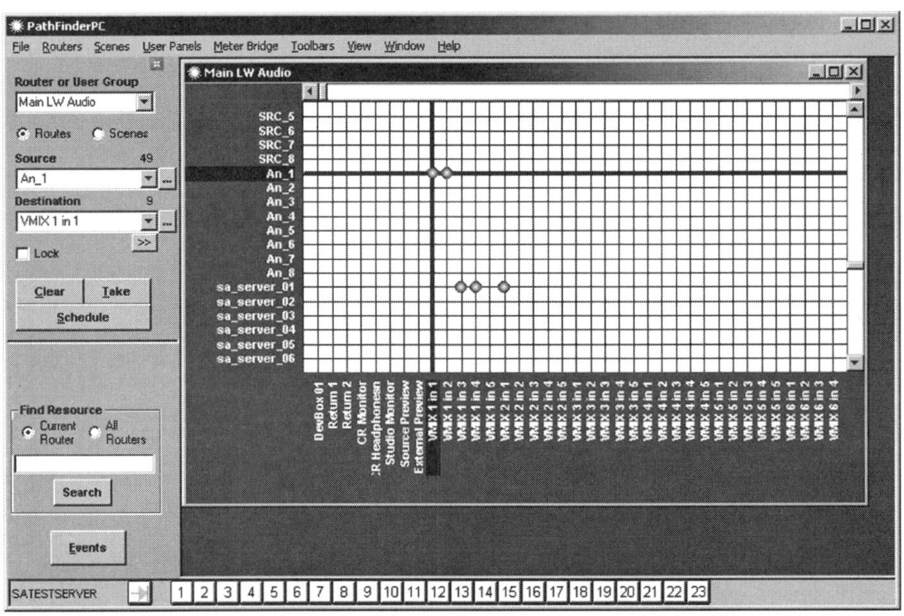

FIGURE 4.13

Alternative routing display with the grid-style format that some users prefer.

이 가상 라우터는 자체 씬(scene) 변경 세트를 가질 수 있다. 또한 가상 라우터를 사용하여 여러 지점을 단일 가상 지점에 연결할 수 있다. 예를 들어, 특정 디바이스에 대한 오디오 입력 및 출력과 GPIO 지점이 모두 포함된 가상 소스 및 대상을 만들 수 있다. 따라서 경로 연결이 이루어지면,

오디오와 GPIO가 동시에 라우팅된다. Pathfinder는 텔레비전 플랜트에서 사용되는 비디오 라우터와 기계 제어 라우터를 포함한 Livewire가 아닌 라우터를 지원한다.
따라서, 가상 베이에서 오디오, 비디오, GPIO 및 시스템 제어를 동시에 라우팅할 수 있다. Pathfinder는 라우터 사이의 전용선 또는 게이트웨이의 사용을 지원한다. 예를 들어, 시스템에 아날로그 비디오 라우터와 SDI 비디오 라우터가 모두 있는 경우, 하나 또는 여러 개의 전용선을 두 라우터 사이의 SDI 컨버터에 아날로그를 통해 연결할 수 있다. 그런 다음 Pathfinder는 라우팅 테이블을 결합하고 필요할 때 자동으로 전용선을 사용하여 아날로그 소스를 SDI 라우터에 가져온다. 이 기능을 통해 Livewire 터미널은 이전 라우터와 이미 채워진 라우터를 확장할 수 있다.
여러 Pathfinder 서버를 "클러스터" 할 수 있으며 각각은 Livewire 네트워크를 동시에 모니터링하여, 제어 시스템에 이중화를 구축할 수 있다. Livewire 시스템의 모든 인터페이스 노드는 독립적 인 장치이기 때문에 높은 수준으로 중복성이 있을 수 있으며 일반적인 장치가 실패하면 서버는 자동으로 오디오를 다른 장치로 전환할 수 있다. 신중한 계획을 통해, 기본 및 백업 오디오 장치가 표준 이더넷 이중화 프로토콜을 사용하여, 함께 연결된 다른 LAN 스위치에 연결되도록 시스템을 정렬할 수 있다. Pathfinder에는 지정된 시간에 발생하도록 이벤트를 프로그래밍할 수 있는 타임 이벤트 시스템이 서버에 내장되어 있다. 개별 경로 또는 씬(scene)은 특정 시간 및 날짜 또는 특정 요일과 시간에 회전 일정에 따라 트리거될 수 있다. GPIO 조건이 변경될 때마다 GPIO를 모니터링하고 씬(scene) 변경 또는 경로를 시작하는 이벤트를 생성할 수도 있다. 보다 정교한 시간 지정 작업을 위해, 외부 자동화 시스템이 포함된 프로토콜 변환기를 사용하여 Pathfinder 서버가 제공하는 라우팅 테이블에 액세스하고 조작할 수 있다. 설치 관리자가 복잡한 이벤트 로직을 생성할 수 있는 "stacking events" 기능도 있다. 프로그래밍할 필요 없이 스크립팅 언어의 기능을 제공한다. 각 스택 이벤트에 대해 수식어 목록(조건)과 작업 목록을 정의한다. 모든 수식어가 참이면 작업이 수행된다. 가능한 수식어는 GPIO 상태 변경, 오디오 레벨 트리거, 사용자 버튼 누름, 시간/날짜 범위 또는 믹싱 콘솔에서 신호된 프로필 변경과 같은 Livewire 장치의 기타 입력이다. 예를 들어: 토크백 버튼을 생성한다고 가정해 보겠다. 이 버튼을 누르면 헤드폰 출력을 공급하는 일반적인 프로그램 오디오로 토크백 마이크가 대체된다. PC 호스트 소프트웨어 패널의 "가상" 누름 또는 하드웨어 패널의 실제 버튼일 수 있다.

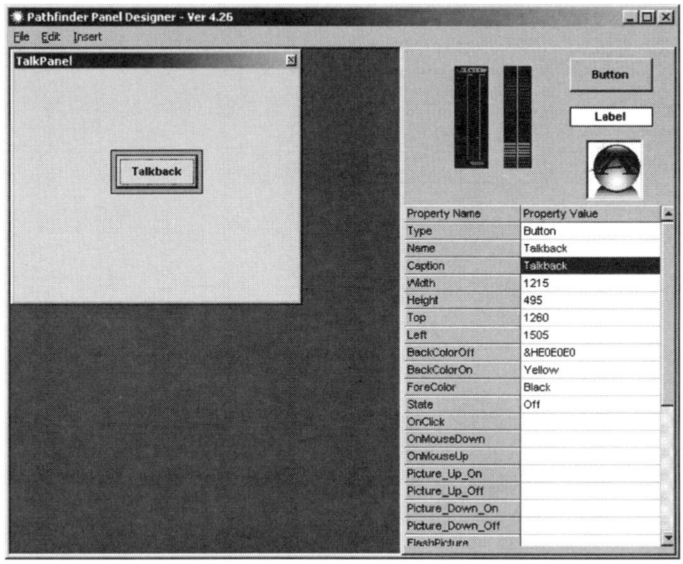

FIGURE 4.14

Alternative routing display with the grid-style format that some users prefer.

먼저 Panel Designer 응용 프로그램을 사용하여 Talkback(토크백) 버튼이 포함된 버튼 패널을 생성해야한다. 우리는 패널에 "Talkpanel" 이라는 이름을 붙일 것이다. 버튼을 패널 위로 끌면 버튼이 생성된다(그림 4.14).

그런 다음, 버튼 속성(텍스트, 크기, 스타일 및 색상) 값을 입력할 수 있다. 예를 들어 간단하게 만들겠지만, 이 패널을 예쁜 그래픽과 다양한 멋진 버튼들로 만들 수 있다. 다음으로 이 패널과 함께 진행하기 위해 "stack event"를 구축해야 한다. 이 작업을 수행하려면 Stack Event Editor 도구를열어야 한다. Toolbox로부터, User Button Press(사용자 버튼 누르기) 아이콘을 Qualifiers(유효자) 상자 위로 끌어 올린다. 또한 Actions Qualified 박스와 Actions Invalid 박스에 경로 활성화 아이콘을 끌어다 놓는다. 이는 버튼을 눌렀을 때와 누르지 않았을 때 모두 작업을 수행하도록 하고, 해제 시 프로그램 오디오를 복원한다. (그림 4.15 참조) User Button Press(사용자 버튼 누르기) 아이콘을 클릭하면 버튼에 대한 다양한 속성을 입력할 수 있는 창이 나타난다. 최소한 "Talkpanel.TalkButton"로 식별해야 하고 함께 상태를 하향 조정 이는 스택 이벤트가 프레스에서 적격한 작업이 트리거되어야 함을 나타낸다. Actions Qualified와 Actions Invalid 박스에서 Action Route(경로 활성화) 아이콘을 클릭하면 각 경우에 수행해야 하는 경로에 대한 세부 정보를 입력할 수 있는 창이 나타난다. 스택 이벤트에 대한 논리 흐름은 이미 설계되었지만, 이제 각 수식어와 작업에 대한 세부 사항을 입력해야 한다.

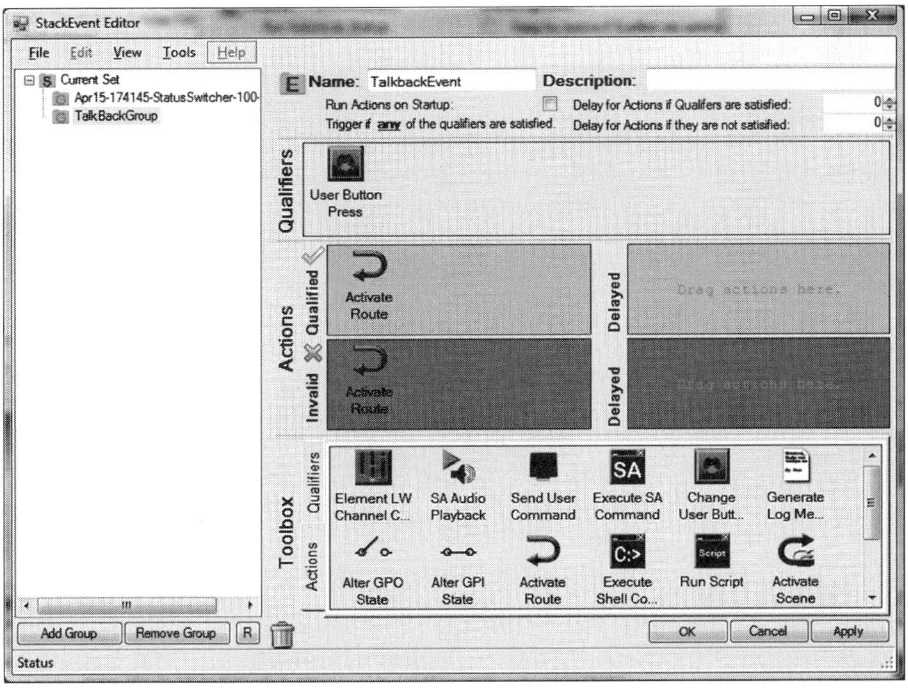

FIGURE 4.15

Talkback button event configuration.

라우터 1의 목적지 1은 전환 중인 헤드폰 출력이다. Pgm 1은 일반적인 프로그램 피드이고 Talk-CR은 토크백 마이크가된다. 버튼을 누르면, 우리는 Talk-CR을 Destination 1 HP에 연결하길 바란다. 마지막으로 Actions Invalid 박스에서 Activate Route(경로 활성화) 아이콘을 클릭하면 그림 4.16의 경로 아이콘과 같은 다른 창이 나타나 버튼이 해제된 조건에 대한 세부 정보를 입력할 수 있다. 이 경우 Destination 1 HP를 다시 선택하지만 Source를 Pgm 1로 설정한다. 이 연결은 버튼이 해제되었을 때 일반적인 피드를 복구하는 경로 연결이다. 바라건대, 이 예시가 여러분에게 무엇이 가능한지에 대한 센스를 주었기를 바란다. 도구 상자의 다른 옵션이 보이는가? 발생해야 하는 모든 요구를 충족하기 위한 다양한 수식어와 행동을 통해 단순하거나 매우 복잡한 논리를 만들 수 있다.

4.3.8 Axia 인터콤 시스템

Axia 인터콤 시스템은 TV 시설에서 흔히 사용되는 시스템과 유사하지만 IP의 모든 이점을 제공한다. 인터콤 오디오는 Livewire이기 때문에 믹싱 콘솔과 같은 네트워크상의 모든 장치에서 수신할 수 있다. 그림 4.17의 코덱과 같은 코덱을 사용하여 WAN 링크를 통해 시스템을 확장할 수 있다.

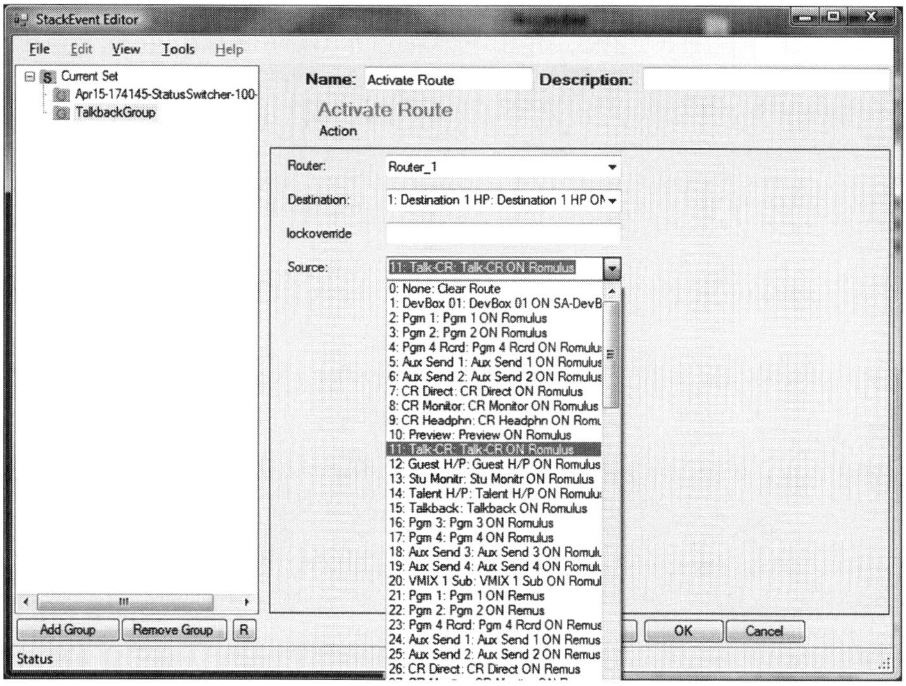

FIGURE 4.16

Talkback button Actions Qualified configuration. When the talkback button is pressed, the source Talk-CR is connected to Destination 1 HP. The source may be either selected from a list as you see here or entered directly.

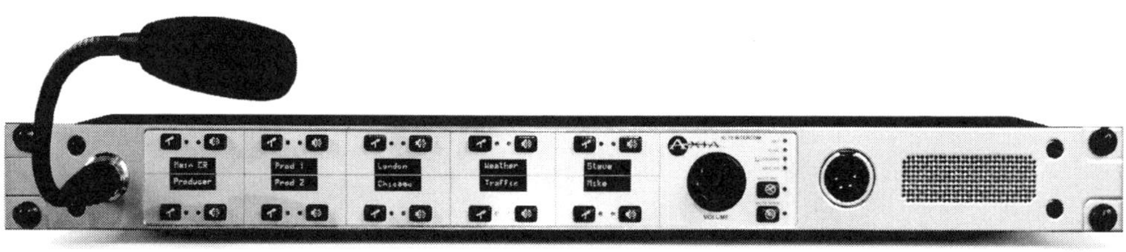

FIGURE 4.17

Axia intercom panel.

패널은 랙 마운트 및 콘솔을 drop-in 형식으로 10개 및 20개 스테이션 버전으로 제공된다. 여기에는 콘솔 운영자의 마이크와 확성기를 사용할 수 있는 고급 acoustic echo canceller(AEC)가 있다. 운영자는 그러한 AEC 기능 없이 인터콤 시스템을 괴롭히는 일반적인 피드백 및 에코 문제를 겪지 않고 볼륨을 증가시킬 수 있다.

4.3.9 Telos iPort 코덱

각 iPort에는 8개의 스테레오 MPEG-AAC 코덱이 포함되어 있다(그림 4.18). QoS가 좋은 WAN 네트워크를 통해 Livewire 시스템을 확장할 수 있다. 모든 Livewire I/O에 단일 기가비트 이더넷을 사용하므로 비용이 저렴하고 간편하다.
MPEG 압축 스트림에 동일한 연결을 사용하거나 Livewire 및 WAN 네트워크 간에 방화벽을 분리하기 위해, 두 번째 이더넷을 사용할 수 있다. iPort는 16채널 부호화 전용 모드에서 선택적으로 사용할 수 있다. 이렇게 하면 공공 인터넷 소비 또는 사내 배포/모니터링 응용프로그램을 위해 SHOUTcast 스타일의 서버로 스트림을 제공할 수 있다(그림 4.19). iPort의 MPEG 코덱에는 AAC, HE-AAC, AAC-LD 및 다양한 비트 전송률의 MP3가 포함된다. 채널별로 선택할 수 있다.

4.3.10 Telos Nx12 및 Nx6 전화 인터페이스

Nx12, 기본 Livewire 연결에 의한 텔로스의 첫 전화 시스템에는 하이브리드 4개와 보류 중인 프로그램 입력 2개가 포함된다(그림 4.20). 오디오 연결을 일반적인 방식으로 하려면 6개의 입력 케이블과 4개의 출력 연결이 필요하다. Livewire를 사용하면 RJ-45를 한 번에 모두 사용할 수 있다. 동일한 연결로 모든 컨트롤도 함께 제공된다.

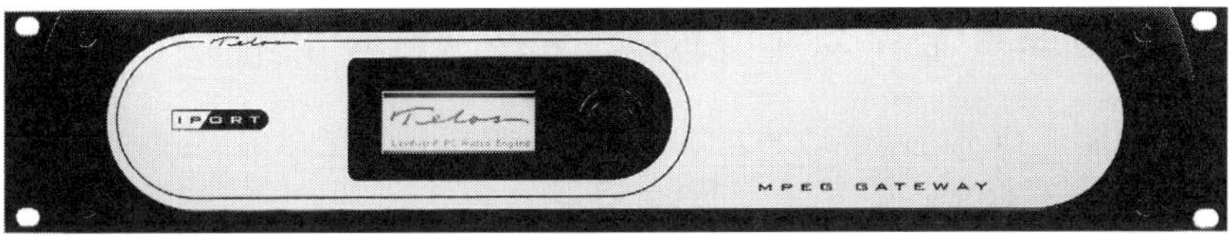

FIGURE 4.18

Telos iPort 8 _ 8 MPEG codec.

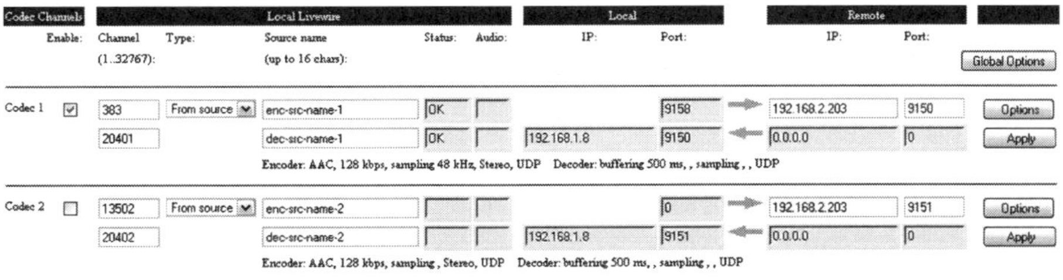

FIGURE 4.19

The configuration web page for the iPort looks similar to those for nodes. It has the same source and destination items, but also includes codec mode settings.

FIGURE 4.20

Telos Nx12 telephone interface.

Telos의 VX VoIP 기반 시스템은 또 다른 전화 인터페이스 옵션이다. 수십 개의 라인으로 여러 개의 스튜디오를 운영하고 있다. 스튜디오 환경에서 VoIP에 대한 전체 설명과 전화 접속에 대한 VX 접근 방법에 대한 설명은 6장을 참조하십시오.

4.3.11 Omnia 8x 다이내믹 프로세서

그림 4.21의 2U(2개의 랙 유닛) 박스에는 8개의 Omnia 프로세서가 들어 있다. 인터넷 및 위성 피드를 위한 인코더 앞에서 사용할 수 있다. 헤드폰 프로세서로도 사용할 수 있다. 단일 기가비트 이더넷은 모든 오디오 I/O를 연결한다. 구성은 웹 인터페이스를 통해 이루어진다. Omnia One과 Omnia 11 온-에어 프로세서에는 Livewire 인터페이스도 포함된다.

4.3.12 프라운호퍼 연구소의 "컨텐트 서버" 인코더

DAB, DRM, DMB, 휴대전화 방송용 스트림 생성에 사용되는 인코더 제품군이다(그림 4.22). 단일 이더넷 연결은 Livewire 네트워크에서 여러 오디오 소스를 직접 연결할 수 있다. 인코더는 여러 제조업체의 송신기에 통합되어 있다.

4.4 | 채널 번호 지정 및 이름 지정

오디오 스트림을 전송하는 데이터 네트워크가 있으면 동일한 케이블과 시스템에서 식별 정보를 전송할 수 있다는 장점이 있다. 수신기는 사용 가능한 오디오 테이블을 만들 수 있으며, 테스터는 케이블의 특정 스트림을 식별할 수 있다. Livewire에서는 각 오디오 소스에 대한 숫자 및 텍스트 ID가 모두 있다.

FIGURE 4.21

Omnia 8_ dynamics processor.

FIGURE 4.22

Livewire-equipped encoder for DAB, DRM, DMB, and mobile phone applications.

하드웨어 Livewire 장치는 네트워크 PC의 웹 브라우저를 사용하거나 로컬 푸시 버튼과 디스플레이를 사용하여 구성된다. PC Livewire 노드에는 응용프로그램 아이콘을 클릭하면 열리는 구성 창이 있다. 각각에 대한 세부 정보는 제품에 한정되어 있지만 일반적인 접근 방식은 모든 오디오 및 GPIO에 대해 동일하다.

4.4.1 채널 번호

채널 번호는 1에서 32,767 사이일 것이다. 원하는 대로 오디오 소스에 할당된다. 공장에서 채널 1로 시작하는 새로운 장치는 사전 구성되므로, 8채널 노드가 채널 18에 할당된다. 즉시, 사용할 수 있는 테스트를 위해 "크로스오버 케이블"(섹션 5.1.6에서 설명)로 두 개의 새 장치를 서로 연결할 수 있다. 네트워크의 경우 테스트를 위해 채널 1-8을 예약해야 하며, 일상적인 사용을 위해 채널을 할당해서는 안된다. 그런 다음 채널을 구성하기 전에 새 장치를 네트워크에 연결하면 충돌에 문제가 없다. 대규모 시스템에서는, 스튜디오 사용이나 위치를 반영하고 채널 할당의 우발적인 복제를 방지하는 데 도움이 되는 사용자 친화적인 이름 지정 및 번호 지정 시스템을 사용하고자 할 수 있다(이 방법을 크게 의존해서는 안된다). 사용할 수 있는 숫자가 많기 때문에 보존할 필요가 없다. 예를 들어, 스튜디오 1과 연결된 채널은 100, 스튜디오 2 및 200 등으로 시작할 수 있다. 다중 채널 장치에서 채널을 순서대로 또는 연속적으로 할당할 필요가 없다.

4.4.2 텍스트 이름

텍스트 이름은 최대 24자까지 자유롭게 선택할 수 있다. 오디오, 라우터 선택 노드의 LCD, 혼합 콘솔 선택 목록 등이 선택된 웹 구성 페이지에 표시된다. Studio 1, CD 플레이어 2의 대표적인 이름은 "ST1CD2"일 수 있다.

4.4.3 소스 및 대상

Livewire는 용어 소스와 목적지을 사용하여 하드웨어 노드 및 기타 장치와의 오디오 입력 및 출력을 나타낸다. 모든 출력도 입력이기 때문에 입력과 출력이 너무 혼동된다. 따라서 소스와 목적지는 Livewire 네트워크의 관점에서 신호 방향을 명확하게 나타낸다.

- Source. [소스]
  이것은 네트워크로 전송된 오디오다.
  이 채널은 Livewire 장치에서 액세스할 수 있는 오디오 채널이된다.
- Destination. [목적지]
  이것은 네트워크에서 나오는 오디오 출력이다.
  Livewire 노드가 이를 아날로그나 AES3 커넥터에 전달한다.
  Axia PC 드라이버는 오디오를 편집기로 전송할 수 있다.
  콘솔 믹싱 엔진은 이를 입력으로 사용한다.

4.4.4 백피드와 Mix-Minus

전화 하이브리드와 코덱과 같은 장치는 양방향으로 오디오를 필요로한다. 적절한 경우, 단일 채널에는 일반적인 "디바이스에서" 오디오 스트림과 함께 "디바이스까지"(백피드) 오디오 스트림이 포함된다. Livewire 채널 번호는 전화를 오디오와 연결하는 전화 번호처럼 생각할 수 있다. 이렇게 두 오디오 방향을 결합하면 연결은 라우팅 변경, 믹싱 콘솔의 페이더 할당 및 기타 작업을 통해 자동으로 유지된다는 이점이 있다. Axia 콘솔은 필요한 장치에 대한 백피드를 자동으로 생성하여 To:sourcename 형식으로 이러한 장치에 대한 텍스트 이름을 생성한다. 예를 들어,

Hybrid 1이라는 소스가 있는 경우, 믹서는 To:Hybrid 1이라는 오디오 스트림을 생성한다.이 오디오는 네트워크의 다른 오디오와 유사하며 필요한 모든 장치에서 액세스할 수 있다.
그러나 일반적으로 원본 소스 오디오가 생성된 장치에서 사용된다. 이는 스튜디오 오디오에 대한 Livewire 접근 방식의 간단한 이점 중 하나이다. AES 또는 아날로그를 사용할 경우 두 개의 연결이 필요하며 연결을 독립적으로 유지해야한다. 이 아이디어를 사용하여 아나운서의 헤드폰에 피드를 연결해서 마이크와 연결된 채널에 연결할 수도 있다. Livewire는 양방향 오디오가 표준인 인터콤 시스템 응용프로그램을 위해 자연스럽게 준비된다.

4.4.5 GPIO

GPIO 채널은 일반적으로 오디오 소스와 동일한 채널 번호를 공유하며 GPIO는 자동으로 오디오 소스를 따른다. 일반적으로 혼합 콘솔에서 제어를 시작해야 하는 CD 플레이어가 있는 경우이다. 콘솔은 자동으로 시작 명령을 생성하여 사용자가 오디오 소스에 할당한 채널 번호에 저장한다. 특정 하드웨어 GPIO가 이 명령을 contact-closure 펄스로 출력하도록 하려면, GPIO 장치가 이 채널을 수신하도록 구성한다.
백피드 오디오와 마찬가지로, 컨트롤은 오디오 소스를 따라 사용 중인 페이더 중 하나를 따른다. 반대로, 믹싱 콘솔은 페이더에 할당된 채널에서 GPIO 메시지를 자동으로 찾는다(그림 4.23 참조). Livewire 장치의 물리적 커넥터는 DB-15이다. 5개의 입력과 5개의 출력을 연결한다. 그러한 입력과 출력의 의미는 소스 유형에 따라 다르다. (CR 호스트 마이크, 스튜디오 마이크, 제어실 모니터, 라인, 전화/코덱 등, 각각 기능에 맞는 GPIO 할당이 있다.)
*http://www.axiaaudio.com/manuals/files/axia_gpio_v2.2_12-2008.pdf*의 부록 A에 설명이 있다.
표 4.1은 제어실 모니터와 관련된 GPIO의 예를 보여준다.
GPIO는 대개 오디오 소스와 연결되어 있지만 독립적일 수도 있다. 이 경우 Livewire 시스템은 출력이 GPIO 분배 앰프와 같은 입력을 따르는 통과 기능을 제공한다.대규모 시스템에서는 사용자 정의 GPIO 신호에 대한 제어 경로가 필요할 수 있다. 이 경우 오디오가 연결되어 있지 않고 콘솔이 연결되지 않은 상태에서 한 GPIO 포트에서 다른 GPIO 포트로 제어를 라우팅할 수 있다. 우리는 이것을 GPIO 스네이크라고 부른다. 일반적인 응용프로그램 예로 무선 네트워크 전파 중계소에서 제휴 방송국에 신호를 보내는 것이다.

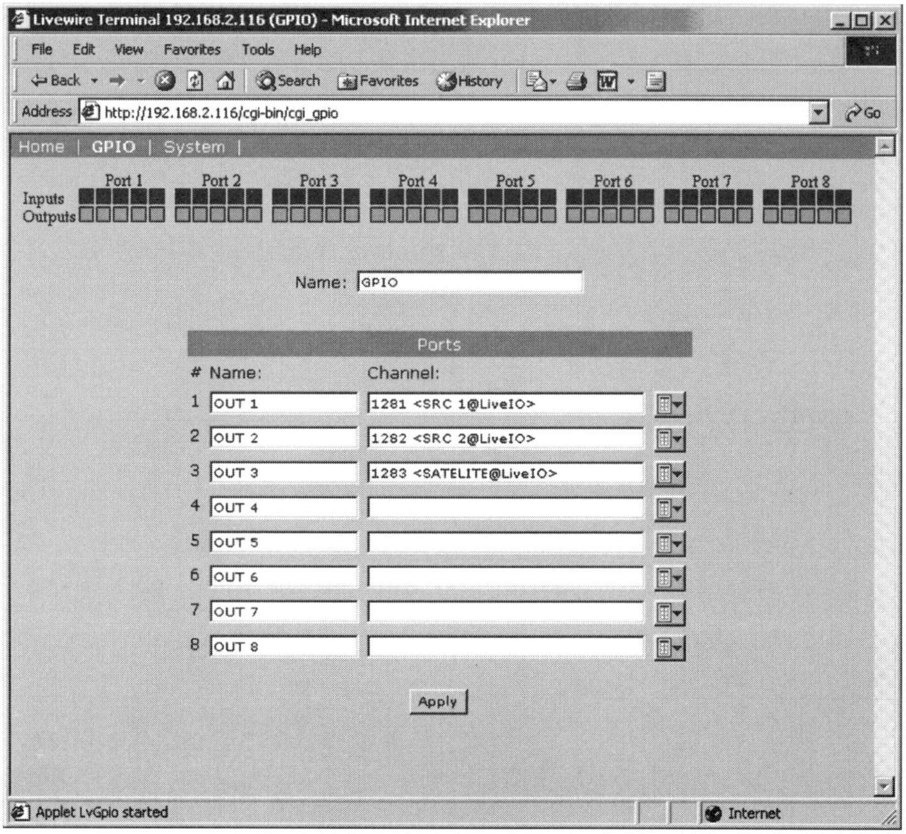

FIGURE 4.23

GPIO configuration and state monitoring. This web page is available on any device that supports GPIO, including dedicated GPIO nodes and console-associated integrated power supply/CPU/engine/GPIO rack units.

Table 4.1 Control Room Monitor GPIO Logic and DB-15 Pin Assignments

Name	Pin	Type	Notes
		Inputs	
Mute CR command	11	Active low input	Mutes CR speakers and PREVIEW speakers
Dim CR command	12	Active low input	Allows external dimming of CR monitor speakers
Enable EXT PREVIEW command	13	Active low input	Feeds external audio input to PREVIEW
Not used	14	Active low input	
Talk to EXT command	15	Active low input	Turns on Talk to External Audio
		Outputs	
CR on-air lamp	1	Open-collector to logic common return	Illuminates when CR monitors are muted
DIM CR lamp	2	Open-collector to logic common return	Illuminates when CR monitors are dimmed
PREVIEW lamp	3	Open-collector to logic common return	Illuminates when PREVIEW is active
Not used	4		
Talk (to CR) active lamp	5	Open-collector to logic common return	Active when a source has activated Talk (to CR)
		Power and Common	
Source common	7	Logic common	Connect to ground of source device or to pin 8
Logic common	8	Internal 5-volt return	Can be connected to pin 7 if Source is not providing common
Logic plus 5-volt supply	9	Logic supply, individually fused	Can be connected to pin 10 if source is not providing voltage; active only when source has been assigned to channel
Source supply	10	Common for all five inputs	Connect to power supply of source device or to pin 9
Not used	6		

CUE TIP As a provider of programs to affiliate stations, WOR/NY has more than 100 GPIO channels not associated with audio sources that are used for "network cues." A number of network cue switches are installed in every studio. The studio that is actually on-air sends signals to a GPIO node that provides GPIO to a satellite encoder. Pathfinder PC is aware which studio is on-air and makes sure the custom GPIO channel follows the air-chain audio. The GPIO snake channel is associated with audio, but not in the usual way; audio and GPIO routing are controlled in parallel by Pathfinder PC.

GPIO를 하드웨어 커넥터에 연결할 필요는 없다. 이더넷 이외의 연결 없이 PC 응용프로그램으로 오디오가 흐르듯, 네트워크와 소프트웨어만으로 GPIO를 연결할 수 있다. 자동화 시스템은 이 기능을 사용하여 어색한 물리적 GPIO 카드와 배선을 사용하지 않아도된다. 이 항목에 대한 자세한 내용은 섹션 4.8을 참조하십시오.

4.4.6 V-Mix와 V-Mode

Element 콘솔의 백엔드 및 Omnia 8x 및 iPort 플랫폼으로 사용되는 것과 같은 Axia 엔진에는 "가상 믹서(V-mix)" 기능이 포함된다. 기존 스트림을 혼합하여 새 스트림을 만드는 데 사용할 수 있다. 8개의 믹서가 있는데, 각각 5개의 입력이 있다. 마스터 합계 출력도 사용할 수 있다. 8개의 독립적인 V 모드 (가상 모드) 채널이 있다. V-모드는 일반적으로 콘솔 입력에 있는 왼쪽/오른쪽/섬 선택 항목을 제공한다. (그림 4.24 참조) 제어는 웹 페이지와 네트워크를 통해 전송되는 Livewire Control Protocol 명령을 통해 수행된다. 예를 들어, Pathfinder 응용 프로그램은 믹싱과 모드 선택을 수동이나 자동으로 조정할 수 있다. 뉴욕시의 뉴스 방송국인, WINS는 배경음을 아나운서 마이크와 자동으로 섞기 위해 사용한다. 프라하의 자유 유럽 방송은 프로그램 피드 제작에 이 기능을 광범위하게 사용한다. 일반적으로, 이미 배치된 엔진은 보조 기능으로 믹싱을 제공한다. 그러나 적합한 엔진이 없는 경우, 특별히 용도에 맞게 한 엔진을 장착할 수 있다.

4.5 | 딜레이(지연)

패킷 기반 시스템에서는 딜레이는 중요한 문제이며, 수용할 수 있을 정도로 가능한 낮게 유지하는 것이 IP 스튜디오 오디오 시스템 설계의 필수적인 측면이다. 네트워크 전송을 위해 오디오를 패키징하면 반드시 딜레이가 발생하며, 이를 허용 가능한 수준으로 줄이기 위한 신중한 전략이 필요하다. 수신 PC는 네트워크 문제를 해결하기 위해 긴 버퍼가 필요하고 다중 홉 라우터 경로에 내재된 지연이 필요하기 때문에 인터넷 오디오 딜레이는 보통 몇 초 정도다. 그러나 로컬 네트워크에서 빠른 이더넷 스위치를 사용하면딜레이를 매우 낮게 할 수 있다. 이렇게 하려면 네트워크 전체에 동기화 시스템이 있어야한다.

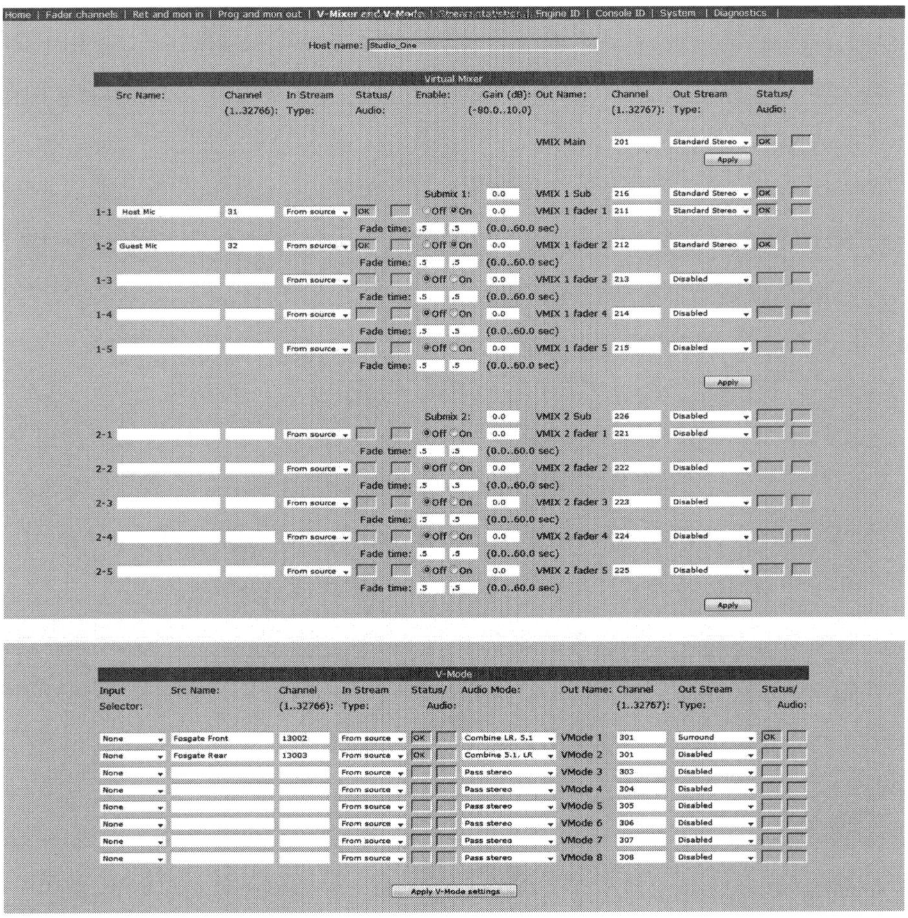

FIGURE 4.24

V-mix and V-mode are available as auxiliary functions inside Livewire engines. This screenshot of the web interface control is used for testing. The actual control would usually be from a software application such as Pathfinder.

이는 오디오 드롭아웃을 유발하는 샘플이나 패킷 슬립도 방지한다. 인터넷 스트리밍은 이 기술을 사용하지 않기 때문에, 신뢰할 수 있는 대역폭을 보장한다고 해도, 전문 스튜디오 응용프로그램에 필요한 지연 시간을 크게 단축할 수 없다. Livewire의 경우 모든 노드에서 사용되는 시스템 전체 동기화 클럭을 생성한다. 각 노드 내에서 신중하게 설계된 PLL(상호 잠금 루프) 시스템은 네트워크 정체 상태에서도 동기화를 안정적으로 복구한다. 하드웨어 노드가 이 클럭를 제공하며, 각 시스템에는 클럭 신호를 네트워크로 전송하는 한 개의 마스터 노드가 있다. 연결이 끊기거나, 어떤 이유로든 클럭를 보내지 않으면, 다른 노드가 자동으로 원활하게 인계한다. (이 주제에 대한 자세한 내용은 섹션 4.7.3을 참조하십시오.)

방송 스튜디오에서는 생방송 아나운서들을 위한 마이크-헤드폰 경로의 오디오 딜레이에 대해 매우 신경 쓰고 있다. 최대 딜레이 시간은 약 10 ms로 유지되어야 하고, 그렇지 않으면 아나운서들은 콤필터나 에코 문제에 대해 불평하기 시작할 것이다. 우리는 이것이 총 "딜레이 규격"이며, 복수의 링크와 일부 처리가 종종 그 경로에 있을 것이라는 점을 고려해야한다. 따라서 이 경로에 있는 모든 항목에 대해 약 1ms의 단대단(end-to-end) 링크 딜레이를 수행하기로 결정했고, 몇 개의 링크와 프로세서를 사용할 수 있다.

우리의 경험상, 약 10 ms까지의 지연은 문제가 되지 않는다. 10~25ms의 지연에 있어서는 아나운서가 짜증을 내지만, 생방송으로 작업할 수 있다; 25~30ms 이상의 지연에서는 아나운서가 허용하지 않는다. 여기 딜레이에 대해 생각하는 다른 방법이 있다: 1피트(0.3m) 상공에서 이동하는 오디오는 이 거리를 가는데 약 1ms가 걸린다. 또 다른 데이터 포인트: 일반적인 전문 (아날로그디지털) 또는 (디지털아날로그) 변환기의 딜레이 시간은 약 0.75ms이다. 공학 기술에서 일반적으로 그렇듯이, "무지개를 원한다면, 비를 참아야 한다"라고 알려진 트레이드오프가 있다. 패킷 네트워크에서, 딜레이가 낮기 위해서는, 각각 몇 개의 누적 샘플만 포함하는 작은 패킷으로 스트림을 전송하고, 빠른 속도로 전송해야한다. 적은 수의 패킷은 수가 적고 속도가 느리지만, 버퍼가 길어져 더 많은 딜레이를 초래하기 때문에 패킷이 클수록 더 효율적일 수 있다. 또한, 빅 패킷은 필요한 패킷 헤더 오버헤드를 더 많은 샘플에 적용하여, 네트워크 대역폭을 더 효과적으로 사용할 수 있다는 이점을 얻을 수 있다. Livewire를 사용하면 다양한 스트림 유형을 사용할 수 있습니다: 라이브스트림에서는 작고 빠른 패킷을 사용하는 반면, 표준 스트림에서는 더 크고 느린 패킷을 사용한다.

라이브스트림에는 전용 하드웨어가 필요하며 마이크-헤드폰 간 경로에 필요한 매우 낮은 지연 시간을 달성한다. 다목적 운영 체제가 설치된 PC는 이러한 작은 패킷을 너무 빨리 처리할 수 없기 때문에 표준 스트림을 사용한다. 이 경우 네트워크 지연은 약 5ms이며 PC의 지연 시간은 약 50~100ms를 더 추가할 수 있다. PC가 파일을 재생하고 있고 실시간 마이크-헤드폰 경로가 아니기 때문에 문제가 되지 않는다. 유일한 문제는 켜기 버튼을 누른 후, 오디오를 시작하는 데 걸리는 시간이며, 이 경우 표준 스트림 범위의 지연이 허용된다. 표준 스트림도 네트워크에서 PC로 전송하여 듣고 녹화할 수 있다. PC 미디어 플레이어에는 여러 초의 버퍼링이 있으므로 특히 이 작은 지연은 문제가 되지 않는다. 모든 Axia 하드웨어 Livewire 노드는 구성 옵션에 따라, 두 가지 스트림 유형을 모두 전송 및 수신할 수 있다.

또한 Livewire의 스트림에는, 시스템 크기나 다른 모든 것에 관계없이 고정되고 지속적인 지연이 있다. 실제로, 여러 노드에서 수신되는 소스의 차등 지연은 5μs 미만으로, Livewire의 48kHz 속도에서 1/4 샘플보다 작다.

4.6 | 레벨과 미터링

Livewire는 24비트 오디오 단어를 투명하게 전달하며 이 동적 범위를 가진 다른 디지털 오디오 시스템과 다르지 않다. 그럼에도 불구하고, 디지털 오디오 레벨 설정 및 측정과 관련하여 업계 전반에 걸쳐 많은 혼란이 발생하고 있으며, Livewire는 다소 깨끗한 슬레이트이기 때문에, 이 중 일부를 해결할 수 있는 기회가 있다. 물고기는 물의 본질을 이해할 기회가 없다고한다. 아마도 미국 방송 엔지니어들도 마찬가지일 것이다. 이들은 대부분 VU에 평생 몰두해 왔다(그림 4.25).

4.6.1 Headroom

볼륨 유닛(VU)은 원래 1939년 벨 연구소와 방송사 CBS와 NBC가 전화선의 수준을 측정하고 표준화하기 위해 개발한 것이다. VU를 측정하는 데 사용되는 계측기를 VI(볼륨 표시기) 계측기라고 불렀다. 물론 모두가 이를 무시하고 VU 계측기라고 부른다.

VU 계측기의 거동은 공식 표준으로, 원래 ANSI C16.5-1942 및 이후 국제 표준 IEC 60268-17에서 정의된다. 진폭 0VU의 일정한 사인파가 처음 적용될 때 계측기가 0dB로 20dB 상승하는 데 300ms가 소요되어야 함을 지정한다. 또한 신호음이 제거될 때 -20dB로 다시 떨어지는 데 300ms가 소요된다. 이 통합 시간은 오디오 파장에 비해 상당히 길기 때문에 계측기는 장기적인 평균값을 나타내기 위해 피크를 제거하는 필터를 효과적으로 통합한다.

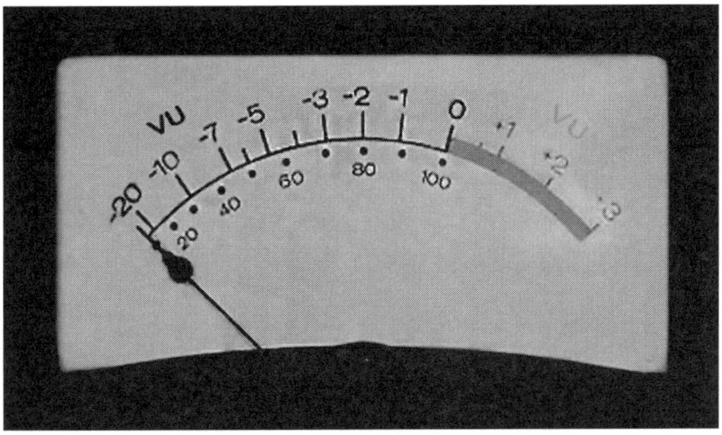

FIGURE 4.25

Classic VU meter. It’s ubiquitous, but do we really understand it?

사인파의 피크 대 루트 평균 제곱(RMS) 비율은 1.414 또는 약 3dB이다. 이 비율을 파고율이라고 한다. 음성, 음향 효과 및 음악은 사인파보다 훨씬 큰 파고율을 가지며, 약 5-20dB이며 14dB가 일반적이다. 이 부분은 VU 계측기에 의해 "숨겨진" 오디오 부분이다. 즉, 계측기는 절대 파형 피크 값보다 파고율의 양만큼 적게 표시된다. 그렇기 때문에 VU 계측기가 있는 콘솔에는 20dB의 헤드룸이 필요하다. 일반적으로 보이지 않는 피크를 처리하는데 약 14dB가 사용되며, 나머지 6dB는 "진정한 헤드룸"으로, 스포츠 캐스터가 갑자기 흥분하여 ("GOOOOOAAALLL!") 이라는 받는 소리를 예비로 보관할 수 있도록 생각하면 된다. 그렇다면 그냥 피크를 읽는 계측기만 있으면 어떨까? 아마도 전통을 유지하는 것은 역사의 우연일 것이다. VU 계측기는 기계적인 d'Arsonval 동작의 시대에 설계되었고 물리 법칙을 따라야 했다. 오래된 금속 포인터가 오디오 피크를 추적할 수 있는 방법은 없다.

우리는 그들이 그렇게 하기를 원하지도 않는다. 알고보니 미친 듯이 날뛰는 것은 정말 보기 힘들다. 하지만 사실 VU 계측기가 부진한 데는 또 다른 이유가 있다; 이는 인간의 귀가 소리 세기의 느낌을 상당히 잘 평가해 준다. 오늘날에는 공격적인 프로그램 오디오 프로세싱을 사용하기 훨씬 전에, 이는 생방송에서 수동적인 이득을 얻는 운영자에게 큰 의미가 있었으며, 오늘날에도 여전히 마찬가지다(몇 가지 주의사항의해). 하지만 PC 기반 오디오 편집기와 같은 디지털 기기에는 대개 피크 판독 계측기가 있다는 사실을 알고있는가? 파형 디스플레이는 피크를 정확하게 표시할 수 있는 스토리지 오실로스코프와 유사하며 계측기는 이러한 편집 디스플레이에 의해 추적되는 레벨에 따라 만들어진다. 일반적으로 dBfs(최대 크기에서 dB 다운)로 표시된다.

그리고 이것이 우리가 디지털 컨텍스트의 오디오 수준에 대해 생각하는 방법이다. 아날로그의 경우 계측기의 숫자는 연결 회로의 전압 레벨에 대해 선택한 값에 비례하다. 데시벨을 마치 전압인 것처럼 태연하게 남용한다. 사실 데시벨은 두 개의 전력 수준의 로그 비이다. VU 계측는 사실 이상한 표시가 있는 AC 계측기이다. 0dBu(0VU 아님)는 0.775 VRMS에 해당하며, 계측기의 다른 dB 값은 이를 참조한다. 이 전압이 특이한 선택으로 보일 수도 있지만, 빈티지 장비에서 사용되는 600Ω 로드에 적용될 경우 전원 소멸은 1mW로 멋지고 깨끗한 기준점이다.

VU 계측기의 0 VU 마크는 +4 dBu, 즉 1.228 VRMS에 해당된다(dBu 단위의 u는 Unloaded를 의미한다. 이는 600Ω 로드를 가정하는 dBm과는 대조적이며, 따라서 dB의 원래 파생에 대한 전력 기준인 1mW를 참조한다. 그러나 얼마 전에는 +8 dBm이 미국 방송 및 통신 산업의 표준이었고, 오늘날에도 다른 나라들은 다양한 값을 사용하고 있는데, 4.6.3절에서 더 많이 논의한다.). 디지털 시스템을 사용하면 최대 절대 클리핑 포인트로 명확하고 보편적인 앵커인 0dBfs를 갖게 된다.

그래서 DAT 테이프 레코더들은 dBfs로 표시된 Bar그래프 계측기용 아날로그 테이프 기계와 그 이후, 다른 디지털 레코딩 시스템에서 흔히 볼 수 있던 VU 계측를 폐기했다. 헤드룸을 논의로 다시 돌아가서, 먼저 아날로그 사례를 생각해보자 가장 현대적인 스튜디오 장비의 클립 포인트는 +24dBu이다. +4dBu 공칭 작동 레벨을 통해 헤드룸의 경우 20dB에 도달한다. 디지털 시스템에서 동일한 헤드룸을 사용하려면 명목상 작동 레벨을 −20dBfs로 설정해야한다. 이것은 SMPTE의 추천 RP155에 따라 미국 TV와 영화인들이 주로 하는 일이다. 이 모든 것을 배경으로, 우리는 세련된 억양과 밀크티로 우리의 즐거운 점심 동반자들과 다시 만날 준비가 되어있다.

미국인들은 느린 계측기를 좋아하지만, 영국인들은 VU가 사실상 쓸모 없다는 것을 의미하며, 일가견을 가지고 있다고 말한다. 미국 방송사들이 VU 계측기를 응시하는 동안, 우리의 영국 사촌들은 그들이 아끼는 BBC 스타일의 피크 프로그램 계측기(PPM)를 응시해 왔다. 이것은 VU 계측기보다 30배 빠른 상승 시간과 2.8초의 하강 시간을 가지고 있다. 지연 시간이 느리기 때문에 VU보다 더 게을러 보이지만 실제로는 훨씬 정확하게 피크를 등록하고 있다. (느린 릴리즈는 사람의 눈이 계측기에 표시되는 피크 값을 쉽게 등록할 수 있도록 설계되었다.) (그림 4.26 참조)

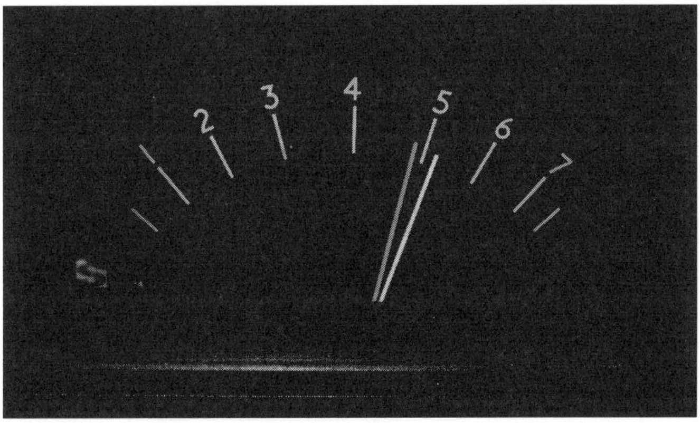

FIGURE 4.26

BBC PPM (dual-pointer version, for stereo display on a single meter). (Photo by Spencer Doane/ iStockphoto LP.)

이제 세심한 유럽 기술자들은 절대 피크를 나타내지 않는다는 점에 유의하기 위해 계측기를 준 PPM(quasi-PPM) 이라고 부를 것이다. 10ms의 상승 시간 필터를 통해, PPM은 계속해서 가장 높은 파고율을 가진 사운드를 위한 "숨겨진" 모멘터리(momentary) 오디오 전송에서 약 3dB를 놓치게된다. 따라서, 영국 엔지니어들은 디지털 시스템에서 최대 작동 레벨을 -9dBfs로 설정하여, 흥분한 스포츠 방송 진행자의 예비 용량을 위해 6dB를 사용한다.

음... 그건 VU대표단의 경우와 같지 않은가?

그렇다.

오디오 엔지니어로 잘 알려진 Led Zeppelin은 한 때 우리에게 현명하게 알려 주었듯이, 때때로 단어들은 두 가지 의미를 가지고 있다. 문맥이 중요하다. 미국인들이 20-dB의 헤드룸에 대해 이야기할 때, 이는 느린 공격 시간 VU 계측기(피크에서 최대 14dB까지 무시함)와 관련이 있다. 영국인들은 "완벽하게 적절한" 9-dB의 헤드룸에서 발음할 때, 빠른 공격 시간 PPM 표시기가 있는 시스템을 말한다(피크 수가 약 3dB를 초과함). 두 가지 모두 거의 동일한 결과(즉, 실제 운영 헤드룸의 6dB)를 대부분 달성한다. 그래서 "언어"는 유동적이다. 벤치에서 시스템으로 설계하는 기본 설정은 실제 오디오와 다소 기만적인 레벨 미터를 사용하는 운영자에 의해 조정 되어야한다. 따라서 20dB의 설계자의 헤드 룸과 6dB의 오디오 믹서 헤드 룸은 실제적 관행에서 왜곡으로부터 동일한 양의 보호를 위해 본질적으로 다른 측정 기준이다.

이러한 차이를 감안할 때, 절대 피크 미터를 사용하여 해결하는 것은 어떨까? 적어도 유럽 방송인들(전통적으로 이 점에 더 가까운)은 이러한 옵션을 고려할 수 있지만, 그렇지 않다. 다음은 독일 공영방송 서비스에 소속된 연구기관인 IRT가 작성한 프로그램 계측기에 대한 논문은 다음과 같다:

> 빠른 디지털 "샘플 프로그램 계측기"(SPPM)에 대해서는 이론적으로 헤드룸이 필요하지 않다.
> 이러한 계측기는 클리핑과 관련하여 신호 피크를 제어하는 데 적합하지만 적절한 프로그램 레벨링에 대해서는 QPPM만큼 적합하지 않다.
> 예를 들어, 피크의 비율이 높은 신호는 낮은 레벨인 반면, 제한된 피크로 강하게 압축된 신호는 오버 레벨인 경향이 있다.
> 이로 인해 심각한 소음 비약이 발생할 수 있으며, 이는 QPPM을 사용하는 것보다 더 집중적인 것으로 보인다.

따라서 PPM은 절대적 오디오 파형 피크를 표시하는 것과 일관된 작동 레벨 제어 간에 적절한 타협점을 제공하는 것으로 보인다.

4.6.2 Alignment[얼라이먼트(정렬)]

두 계측기 사이의 또 다른 중요한 차이점 중 하나는 전기 오디오 레벨의 정렬과 장치 간의 게인 구조를 관련시키는 것이다. 디지털 시대에는 아날로그 오디오 시대보다 덜 사실적이지만, 오디오 시스템의 모든 장치가 동일한 동적 범위 특성을 갖는 것은 아니다. 따라서 시스템의 모든 장치를 최적의 이점을 위해 작동 레벨 기준점 주위에 최적으로 정렬하여, 개별 장치가 다른 장치보다 먼저 동적 범위(예: 클립)를 초과하지 않도록 하는 것이 중요하다. 물론 이것은 연결된 장치 간에 오디오 기준 레벨을 설정하는 데 정상적인 톤이 사용되는 이유이다.VU 계측기의 경우, 0-VU 지점은 이러한 사인파 작동 기준 톤의 설정과 최대 오디오 신호 레벨에 대한 일반적인 연산자 대상으로 사용된다. 반면에, PPM의 피크에 대한 민감도가 높을수록 사인파의 파고율이 일반 오디오 신호만큼 계측기를 편향시키지 않는다. 따라서 사인파의 정렬 기준 톤은 일반적으로 계측기의 최대 레벨보다 14 ~ 18dB 낮은 PPM의 일반적인 오디오 게인 대상보다 낮은 레벨에서 설정된다. (이 레벨은 PPM에서 "TEST"로 분류하여 지정되기도 한다)따라서 VU 계측기는 "공칭 레벨"과 "기준 레벨"을 동일한 값(0VU)을 갖는 유일한 장점을 유지하며 검은색 라인에서 큰 빨간색 막대로 확연히 스케일이 변경된다. 이는 운영자의 사용 편의성을 높여준다.

4.6.3 국제적 변수

또한 PPM의 탄도 및 시각적 모양(검은색 면에 쉽게 읽을 수 있는 흰색 포인터 및 흰색 표시가 아날로그 형태로 표시됨)은 전 세계적으로 표준화되어 있지만, 계측기 면의 레이블링은 표준화되어 있지 않다. BBC 스타일의 PPM은 계측기 표시에 1부터 7까지의 숫자(단위 없음)만 포함하며, 일반 작동 수준이나 최대 수준을 운영자에게 알리기 위한 다른 레이블링은 없다. 운영자는 단순히 사인파의 정렬 톤을 4로 설정하고, 오디오 레벨이 6마크를 초과하지 않도록 음량을 조절하도록 교육받는다. (초보 운영자를 돕기 위해 "Nation shall speak peace unto nation"라는 BBC의 좌우명이 "Nation shall peak six unto nation"로 수정되었다.)유럽 방송 연합(EBU)은 보다 명백한 접근법을 선택했다. EBU 디지털 PPM은 dBfs 값으로 라벨이 지정되고 −18dBfs에서 시스템 정렬에 대한 "기준 레벨" 표시가 있으며, −9dBfs에서 허용되는 최대 수준을 나타내는 색상 전환이 있다. 한편, EBU는 아날로그 시대에 (다른 유럽 표준기구 인 DIN과 마찬가지로) 다른 표준 PPM 레이블링 방법을 보유하고 있었으며, 이 모든 방법은 점차적으로 선호되는 EBU 디지털 스케일로 대체되고 있다. 새로운 독일 IRT 계측기는 EBU 디지털 계측기와 동일하지만, −9dBfs에서 0-dB 표시와 녹색/적색 전환이 있는 VU와 −18dBfs에서는 해당하는 −9dB의 기준 레벨 표시와 다소 비슷하다. 그러나 또 다른 변종은 북유럽 N9 계측기인데, "TEST"는 −9 dBfs로 표시되며 이 지점 위로 압축된 척도가 표시된다.

다른 기타 국가들은 어떨까? 대부분 라틴 아메리카와 아시아인들은 미국의 VU 계측기 방식을 따랐다. 유럽에서도 프랑스, 스페인, 이탈리아 국영 방송국과 대륙 전역의 대부분의 상업 방송사들은 예적의 VU를 선호한다(대개 +4 dBu보다는 0 dBu에 해당하는 계측기의 0 VU 참조) 또한 PPM과 달리 VU의 표시는 보편적이며, 다른 지역 간에 이동할 수 있는 운영자에게도 사용이 간편하다. 표 4.2는 현재 전 세계에서 사용되는 가장 일반적인 오디오 레벨 측정 표준을 비교한 것이다. 북유럽 국가의EBU 디지털, IRT 계측기는 보통 오늘날 막대 그래프로 표시된다. IEC IIa와 IIb 계측기는 모두 스케일 표시를 제외한 아날로그 계측기와 같다. IRT 미터는 스케일 표시를 제외하고 EBU 디지털 미터와 동일하다. 이러한 모든 접근 방식은 공통 목표에 대한 경로이다: 즉, 왜곡을 피하면서 전송 링크 및 레코더에서 신호 대 잡음비 (SNR)를 최대화하는 것이다. 유럽 엔지니어들은 운영자가 피크를 볼 수 있기 때문에 PPM이 가장 잘 수행하므로 클리핑 문제를 일으키지 않고 한계에 더 가깝게 도달할 수 있다고 주장한다. 이것은 사실이지만, 실제 적용에서는 그다지 큰 문제가 되지 않는 것 같다. 24비트 디지털 경로와 100-dB 이상 동적 범위 아날로그 컨버터가 표준이 되면서 PPM이 허용하는 수준 설정의 몇 가지 추가 dB 정확도가 모든 결과를 초래하는 것은 아니다.

Table 4.2 Some Standard Audio Program Meter Types Currently in Use Around the World

Specification	A.k.a.	Scale Marks	Reference Level[a]	100% Mark[b]	Attack Time	Decay Time
IEC 60268-10/I	Nordic N9	-36, -30, -24, -18, -12, -6, TEST, 6, 9	TEST 1/4 0 dBu	6dBr	80% in 5ms	20 dB in 1.5 sec (13 dB/sec)
IEC 60268-10/IIa	BBC	1, 2, 3, 4, 5, 6, 7	4 1/4 0 dBu	6	80% in 10ms	24 dB in 2.8 sec (8.6 dB/sec)
IEC 60268-10/IIb	EBU	-12, -8, -4, TEST, 4, 8, (unlabeled mark at 9), 12	TEST 1/4 0 dBu	-9dBr	80% in 10ms	24 dB in 2.8 sec (8.6 dB/sec)
IEC 60268-18	EBU digital	-60 to 0 dB	-18 dBfs	-9dBfs	80% in 5ms	20 dB in 1.7 sec (12 dB/sec)
IEC 60268-18, IRT proposal	IRT digital PPM	-50 to 10 dBr	-9 dBr	0dBr	80% in 5ms	20 dB in 1.7 sec (12 dB/sec)
ANSI C 16.5 (IEC 60268-17)	VU meter	-20 to 3 dB	0 VU 1/4 4 dBu	0VU	99% in 300ms	20 dB in 300 ms (67 dB/sec)

[a] *Reference level is the alignment point for tones. dBr dB relative to reference level.*

[b] *100% mark is the gain-riding target for program audio (also called* permitted maximum level or nominal level in various locales).

한편, 방송 프로그램 프로세서가 자동으로 폭넓은 범위의 이득을 조정하면서, VU의 장점도 크게 느껴질 수 있다는 점에서 VU의 장점도 무의미해지고 있다(이 때문에 스튜디오 녹화 및 라이브 사운드 믹싱 보드에 유용하게 남아 있을 수 있다)

4.6.4 오디오 레벨 측정 용어

이러한 차이를 감안할 때, 정의를 모으기 위해 잠시 멈춰보자. 항상 그렇듯이, 단어의 의미에 동의하는 것은 이해를 돕기 위한 유용한 단계이다. 정렬 레벨 또는 기준 레벨은 시스템 또는 방송 체인 전체에 존재하는 앵커 미터링 레벨(및 해당 전기 전압)이며, 최적의 시스템 작동을 위해 장비 게인 제어 조정을 위한 가이드로 사용할 수 있다. 미국에서는 정렬과 기준 레벨이 동일하다: VU 계측기에서 0dB로, 일반적으로 +4dBu(1.23 VRMS = 3.47 V 피크 대 피크[p-p])의 아날로그 사인파 전압에 해당한다. 아날로그 시스템의 클리핑 레벨은 일반적으로 +24dBu이므로 20dB의 헤드가 발생한다. 디지털 시스템으로 전달되는 정렬/기준 레벨은 −20dBfs이며, SMPTE RP155에서 표준화되었다. EBU/IEC PPM의 경우 선형 및 피크 작동 수준이 동일하지 않다. 아날로그 신호의 경우 미터의 "100%" 표시가 0-dBu 공칭 레벨(0.775 VRMS = 1.1 Vp-p)에 해당한다. 디지털 도메인에서 기준 레벨은 −9dBfs이고 정렬 레벨은 −18dBfs이다. EBU는 PML(아래 참조)을 −9dBfs로 지정하여 9−dB의 헤드룸을 제공한다. 공칭 레벨은 VU 미터에만 의미가 있다. 이는 운전자가 최대 오디오 레벨에 대한 대상으로 사용하는 계측기의 "100%" 표시에 해당한다. 기준 수준이라는 문구는 VU 미터가 값이 "실제"가 아니라 필터링된 절충안과 근사값임을 제안하기 위해 고안되었다. 허용되는 최대 레벨(PML)은 PPM의 맥락에서 의미를 가진다. 이 레벨은 프로그램 오디오를 사용하여 운영자가 피크에 도달해야 하는 레벨이다. 스케일에서 색 전환이 발생하는 경우가 종종 있다. 파고율은 파형의 RMS 값에 대한 피크(크레스트) 값의 비율이다. 비율이기 때문에 차원 없는 수량이지만, 흔히 일반적으로 이해되는 오디오 수준과 측정값에 해당하는 RMS 값 이상의 피크 편차를 나타내는 데시벨 값과 관련이 있다.
(단순하고 운영상의 명확성을 위해 파고율은 종종 dB 형태로만 인용) 사인파의 파고율은 ~1.4이고(파형의 피크 값은 RMS 값의 1.414배임), 이는 RMS보다 3dB 높은 피크에 해당한다. 음악 및 음향 효과는 4 ~ 10(또는 12 ~ 20 dB)까지 다양한 파고율 범위를 가질 수 있다. 사람의 음성 신호에는 최대 1.5 ~ 3(또는 4~10dB)의 파고율이 나타날 수 있다. 헤드룸은 VU 계측기의 공칭 레벨이나 PPM의 허용되는 최대 레벨과 아날로그 클립 포인트 또는 디지털 전체 스케일 간의 차이(dB)이다. 시스템의 효과적인 헤드룸은 계측기 스케일, 미터 탄도 및 아날로그 기준 전압의 상호작용이다. 언급했듯이, VU 미터는 오디오 파고율을 수용하기 위해 최대 18dB의 헤드룸이 필요한 반면, PPM은 9dB만 필요하다. 두 경우 모두 미터 필터링에 의해 마스킹되는 "보이지 않는 피크"가 있지만 VU 미터에는 보이지 않는 피크가 13~16dB인 반면 PPM은 3~4dB에 불과하다. 자세한 내용은 VU 계측기와 PPM을 비교하여 디지털 사례와 아날로그 사례를 모두 분석하겠다:

- 디지털.
  거의 항상 PML 값은 PPM의 −9dBfs이다. 이는 계측기의 녹색/적색 경계 또는 연산자가 피크 한계로 사용해야하는 "100%" 표시다. 그러나 일반적인 프로그램 오디오의 VU보다 10~12dB 더 높은 QPPM을 사용하여 이 값을 읽고 있다. 따라서 이것은 VU에서 읽은 −21 ~ 19dBf와 같다. − VU의 일반적인 20−dBf 공칭 피크 레벨과 거의 같다.
- 아날로그.
  VU의 경우 20dB의 헤드룸(+24 − +4 = 20)이 있다. 유럽 PPM의 경우 −18dBfs = 0dBu가 되도록 Livewire 아날로그 노드 오디오 게인을 조정해야한다. (기본 설정인 −20dBfs = +4dBu 설정의 입력에서 +6, 출력에서 −6 오프셋) 이는 주어진 디지털 값에 대한 아날로그 회로의 6dB 낮은 레벨로 즉, VU 아날로그 클립 지점에 비해 6dB 더 많은 헤드룸을 의미한다. 단, 디지털 한계가 +18dBu이기 때문에 문제가 되지 않는다. 따라서 유럽 운영 수준이 0dBu이기 때문에 VU보다 2dB 적은 18dB의 헤드룸이 있다.

두 경우, 모두 유럽인들은 피크 검출에 관해 보다 정확하게 계측하고 있어, 실제 운영에 있어서 더 많은 헤드룸을 가지고 있을 것이다. PPM을 사용하면, VU 계측기를 사용하는 운영자가 있을 수 있어, 파고율이 높은 프로그램 오디오를 통해 " fooled "할 수 없다. 그럼에도 불구하고, 대부분의 경우, 필터링과 지정된 운영 레벨을 모두 고려했을 때, VU 계측기와 PPM의 효율적인 헤드룸은 거의 동일하다. 계측기 통합 시간은 CCIF에 의해 "연속 신호에서 얻었을 변형의 2dB 이내에 포인터가 도달할 수 있도록 계측기에 사인 전압을 적용해야 하는 최소 기간" 으로 정의된다. 이는 어택 타임과 거의 같다. dBu는 특정 로드를 참조하지 않고 RMS 전압 레벨을 나타냅니다(dBu의 u는 언로드를 의미한다). 일반적인 현대적 관행에서, 이는 높은 임피던스 로드에 연결된 낮은 임피던스 출력에 적용된 것이다. 0dBu는 0.775 VRMS를 참조한다. 역사적인 이유로 선택된, 이 전압 레벨은 전문 오디오 회로의 표준 참조 임피던스였던 600Ω 저항에서 1mW의 전력을 얻는 전압 레벨이다. dBfs(또는 dBFS)는 디지털 시스템의 전체 크기 값을 참조하는 오디오 레벨에 쓴다. 레벨은 0-dBfs 클립 포인트를 기준으로 음(-)의 값으로 표시된다. dBm은 600Ω 로드에 의해 모든 오디오 출력이 종료된 시대의거의 쓰지 않는 용어다. 0dBm은 1mW를 참조한다.

4.6.5 Livewire 레벨

지금까지 살펴본 것처럼, 레벨은 계측기 기준 표시와 탄도 특성에 따라 달라진다. 이는 실제 오디오 콘텐츠로 특정 값에 맞게 조정하기 위한 가이드 운영자이기 때문이다. 아날로그 레벨은 노드 레벨 조정에도 따라 달라진다. Axia Livewire 아날로그 노드에는 디지털 값과 아날로그 전압 레벨 간의 대응 관계를 변경하는 데 사용할 수 있는 입력과 출력 레벨 조정이 dB 단위로 보정되어 있다. 표준 미국 운영의 경우 −20dBfs = +4dBu로 설정해야한다. 표준 유럽의 운영인 경우, 입력에서 +6dB의 오프셋과 기본 미국 설정의 출력에서 −6dB의 오프셋이 필요한 −18dBfs = 0dBu가 되도록 설정해야 한다. (결국 미국의 구성은 SNR의 2dB를 대부분의 유럽 시설에 비해 클리핑으로부터 더 큰 보호를 위해 교환하는 것으로, 이는 각 현장에서 일반적으로 사용되는 다른 측정값을 고려할 때 좋은 생각일 것이다.) 측정은 네트워크의 디지털 레벨을 결정하는 것이고 소프트웨어는 다양한 표준과 기본 설정에 대한 옵션을 제공할 수 있기 때문에 소프트 디스플레이 기능이 있는 Axia 콘솔로 수행할 수 있다. 아직 코일을 움직이는 중이라면, 물리적인 계측기로 바꿔서 현지 요청을 만족시켜야 할 것이다. 그리고 PPM은 빠른 어택 시간을 달성하기 위해, 전기적 도움을 필요로 했기 때문에 더 많은 물리적인 변화가 더 많았을 것이다.

하지만 소프트웨어와 LCD 화면은 옵션을 쉽게 만든다. 이제 다양한 형태로 VU, PPM 또는 절대 피크 중 하나를 쉽게 보여드릴 수 있다. 막대 그래프와 피크 라인 접근 방식을 사용하면 VU나 PPM 평균 레벨과 절대 피크 값을 동시에 표시할 수도 있다.

Axia Element Mixing Console을 사용하면 원하는 계측기 스타일을 선택할 수 있다:

- U.S.-style VU (with extended range)
- EBU digital
- IRT digital PPM
- Nordic N9
- BBC PPM

이 모든 것을 통해 PC 오디오 편집기에서 흔히 볼 수 있는 최대 디지털 값을 보유하고 표시하는 선택적 true-peak bar가 있다. 이 시스템은 즉각적인 어택 시간과 3초 동안 변경 없이 새로운 피크 값을 유지한 후, 20dB/1.5초 속도로 릴리스하는 비선형 릴리스 시간을 갖는다.

4.6.6 PC 오디오 응용 프로그램에 콘솔 정렬

방송용 콘솔과 달리 PC 오디오 편집기에는 일반적으로 정확한 피크 판독 계측기가 있다. 그럼에도 불구하고, 사인파 기준 톤에 의해 두 가지로 정렬하는 것은 간단하다.

- 앞서 논의한 파고율로 인한, 콘솔 VU 계측기의 사인파 톤 레벨은 PC의 계측기가 표시하는 것보다 약 3dB 낮다.
  이는 VU 필터로 인해, 피크보다 약 3dB 낮은 RMS와 가까운 값이 표시된다.
  콘솔에 실제 피크 판독 막대 그래프 계측기가 있는 경우, 사인파 기준 레벨 톤의 PC 계측기와 일치해야 한다.
- 모든 PPM 유형은 3-dB 차이가 없는 PC의 계측기에 해당한다.
  (PPM의 5~10ms 어택 필터는 VU 계측기와 같이 낮은 값으로 피크를 반올림한다고 생각할 수 있지만, 이는 파형의 특성과 미터의 어택 및 해제 시간 간의 상호 작용으로 인해 사인파 신호에서는 발생하지 않는다.)
  물론 PPM의 "TEST" 수준은 모든 기준 정렬에 사용해야 하며, PC 계측기가 동일한 값(일반적으로 -18dBfs)으로 판독되도록 PC 수준을 설정해야한다.

설명되지 않은 차이를 경험할 경우, Axia PC 드라이버의 레벨 설정 및 Windows 믹서와 같은 신호 경로에 있을 수 있는 기타 모든 게인 컨트롤을 확인해야 한다.

4.7 | Livewire 기술이 어떻게 작동하는지

4.7.1 서비스 품질

보셨듯이, 라이브 미디어 응용프로그램용 통합 네트워크에서 중요한 개념은 QoS(서비스 품질)이다. 일반적인 데이터가 네트워크상의 유일한 트래픽일 때, 우리는 사용 가능한 대역폭이 사용자 간에 상당히 공유되고 최종적으로 데이터가 통과된다는 점에만 신경을 쓰게 된다. 하지만 스튜디오 오디오와 일반 데이터가 동일한 네트워크를 공유하는 경우, 우리는 오디오가 안정적으로 흐르도록 필요한 모든 단계를 밟아야한다. QoS를 달성하기 위한 Livewire의 방법은 시스템 전체에 걸쳐 있으며, 각 관련 구성요소가 전체의 일부에 기여한다:

- 이더넷 스위치.
  각 노드에서 전체 링크를 소유할 수 있다.
  포트별로 트래픽을 분리한다.
- 전이중 링크.
  스위칭과 함께 이더넷의 충돌 메커니즘이 필요하지 않으며, 각 방향으로 전체 대역폭을 허용한다.
- 이더넷 우선 순위 할당.
  오디오가 아닌 다른 대용량 트래픽이 있더라도 오디오는 항상 링크에서 우선 순위가 부여된다.
- 인터넷 그룹 관리 프로토콜(IGMP)
  특정 스트림에 가입된 장치에 연결된 이더넷 스위치 포트에만 멀티캐스트(오디오 스트림)가 전파되도록한다.
- 링크의 스트림 수 제한.
  Livewire 장치는 전송되는 오디오와 수신되는 오디오를 모두 제어할 수 있으므로, 카운트를 유지하고 링크에서 안전하게 처리할 수 있는 숫자로 스트림 수를 제한할 수 있다.

그 결과, 공통 네트워크에서 오디오와 데이터를 안전하게 공유할 수 있는 기능을 제공하는 튼튼한 QoS가 실현된다.

4.7.2 소스 광고

이 프로세스를 통해 Livewire 장치는 네트워크에서 사용할 수 있는 오디오 소스 목록을 다이나믹하게 채울 수 있다. 오디오 소스 장치는 특정 멀티캐스트 주소를 통해 해당 스트림을 네트워크에 광고한다. 장치를 수신하여 이러한 광고를 수신하고 사용 가능한 스트림의 로컬 디렉토리를 유지한다. 광고는 스트림이 처음 사용 가능하게 될 때 전송되며, 그 후 10 초 간격으로 전송된다. (실제로 데이터 버전 번호만 10초마다 전송된다. 전체 데이터는 시스템에 처음 진입할 때만, 변경 사항이 있을 때만, 또는 데이터 버전 번호 증가를 감지한 사용자의 명시적 요청이 있을 때만 보급된다.) 노드의 광고를 3회 연속 수신하지 않으면 해당 노드의 광고를 서비스에서 삭제한 것으로 가정한다. 또한 오디오 소스를 끌 때 장치에서 보다 빠르게 뉴스를 수신할 수 있도록 명백한 "스트리밍 사용 불가" 알림도 제공한다. 수신 장치는 사용 가능한 스트림과 그 특성에 대한 로컬 테이블을 유지하며, 새로운 정보가 도착할 때 업데이트된다. 스트림을 더 이상 사용할 수 없다는 명시적 메시지가 수신되거나 3개의 연속적인 광고가 누락된 경우 소스는 로컬 테이블에서 지워진다. 수신 장치는 특정 멀티캐스트 스트림에 영구적으로 연결되도록 구성되거나 사용자가 목록에서 오디오 소스를 선택할 수 있다. 구성 옵션은 목록에 사용 가능한 모든 소스가 표시되는지 또는 필터링된 하위 집합만 표시되는지 결정한다.

4.7.3 동기화

Livewire는 대기 시간이 짧은 성능에 필요한 작은 버퍼를 사용할 수 있도록 시스템 전체에 대한 세심한 동기화가 필요하다. Livewire에 비트 클럭을 얻는 분산된 방법이 없는 경우, 입력 및 출력 클럭이 정확하게 동일한 주파수를 유지하지 못하여 결국 버퍼 오버플로우 또는 언더플로우가 발생할 수 있다. 또한 이 동기화는 여러 오디오 소스를 서로 정확한 시간 관계로 유지한다. 그렇지 않은 경우, 예를 들어 다중 마이크로폰 설정에서 위상 취소 문제가 발생할 수 있다.각 Livewire 장치의 위상 잠금 루프(phase lock loop – PLL)는 정기적으로 전송되는 멀티캐스트 클럭 패킷에서 시스템 클럭을 복구한다. 지정된 시간에 하나의 Livewire 하드웨어 장치가 엑티브 시스템 클럭 마스터이다. 마스터가 고장을 일으키거나 서비스를 중단할 경우, 노드의 로컬 PLL은 새로운 클럭 마스터가 설정될 때까지 간단한 중단을 "ride on" 할 수 있으며 그 기간 동안 오디오의 흐름이 원할하게 유지된다. 일반적으로 이 PLL 및 Livewire 동기화는 시스템이 실제 네트워크에서 발생하는 조건 범위에서 작동할 수 있도록 하는 필수 구성 요소이다. PLL은 변환기에 클럭의 정확한 흐름을 방해하지 않고 패킷 지터와 손실을 수용하는 하드웨어와 소프트웨어의 조합이다. 이는 패킷 디텍터, 스마트 필터 및 디지털 제어 오실레이터로 구성된다. 그 결과 5μs 미만의 네트워크 전체 또는 Livewire의 48kHz 속도에서 1/4 샘플 미만의 차등 지연이 발생한다. 모든 하드웨어 노드는 클럭 소스가 될 수 있으며, 중재 구성은 클럭 마스터 우선 순위가 가장 높은 단위가 하나만 활성화되도록한다. 클럭이 연속적인 주기로 3번 사라지면 모든 노드가 클럭 마스터 우선 순위 상태에 의해 편향된 딜레이 후 클럭 패킷을 전송하기 시작한다. 노드는 네트워크에서 우선 순위가 높은 노드에서 클럭 패킷을 볼 때 클럭 패킷의 자체 전송을 중지한다. 클럭 마스터 우선 순위 동작을 지정하여 예측 가능하도록 할 수 있다(그림 4.27).
예를 들어 다른 노드를 백업으로 설정한 상태에서 특정 노드를 항상 마스터로 만들 수 있다. 각 노드의 클럭 마스터 구성 설정은 0부터 7까지다.

- 0 = never (slave only)
- 7 = always (forced master)

공장 출고 시 기본값은 3이다.따라서 모든 유닛은 특별한 동일 우선순위를 가지며, 다음은 관계를 끊는 데 사용된다(내림차순).

- 최저 Livewire 오디오 전송 기본 채널
- 최저 IP 주소
- 최저 이더넷 주소

Livewire 노드의 전면 패널에는 LED 레이블 마스터가 있으며, 이 마스터는 장치가 클럭 마스터일 때 켜진다. 빠른 잠금을 위해, 클럭 스트림은 일반적으로 높은 데이터 속도로 전송된다.
LAN의 경우, 이는 좋은 전략이지만, 때때로 대역폭 제약이 있는 채널을 통해 Livewire가 수행되기도한다. 이 경우, 저속 모드를 선택하여 데이터 속도를 약 10 배 감소시킨다.

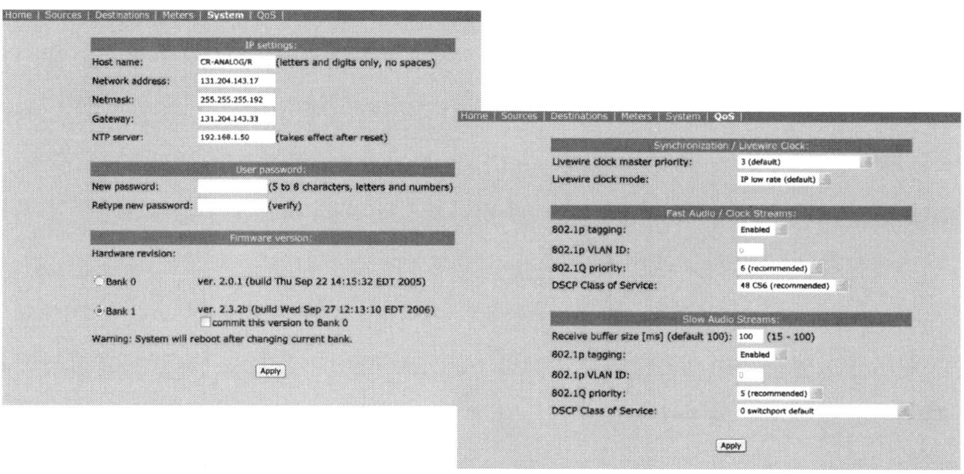

FIGURE 4.27

Web page for configuring the clock master priority in Livewire nodes. This page includes options for Ethernet priority tagging, IP class of service, and other maintenance functions.

클럭 소스를 제공하려면 시스템에 하드웨어 노드가 하나 이상 있어야한다. 중복을 하려면 두 개가 더좋다. 짐작할 수 있듯이, 시스템에 둘 이상의 우선 순위 7(forced master) 노드가 있는 것은 좋지 않다. 샘플 속도 변환기를 통해, 오디오를 전달하지 않도록 하려면 Livewire 네트워크를

AES 마스터 클럭(있는 경우)과 동기화해야 한다. Livewire AES 노드는 이 기능을 제공하여, 연결된 AES 입력에서 클럭을 복구하고 Livewire 동기화 패킷을 생성한다. 이렇게 하면 AES 노드의 샘플링 속도 변환기가 꺼지고 두 시스템 간에 비트-대-비트 투명성이 유지된다. (정말, Livewire는 AES-over-IP 전송 시스템으로 사용될 수 있다.) 이렇게 하려면, AES 노드가 활성 클럭 마스터여야한다.

4.7.4 멀티캐스트 이더넷과 IP주소의 Livewire 사용

Livewire는 IANA(인터넷 할당 번호 기관)에서 사용하는 "조직 로컬 범위"에 지정된 범위 내의 주소를 사용한다. 라우터는 이러한 주소의 트래픽을 인터넷으로 전파하지 않으므로 LAN에 포함된 상태로 유지된다. (또한 스트림이 로컬로 유지되도록 IP 헤더에 "link local" 비트와 TTL = 1을 설정한다.) AoIP는 단일 스위치 LAN의 단일 기능 내에서 사용되므로 이 범위가 적절하다. 이 범위는 Livewire의 32k 채널을 지원하며 채널당 최대 120개의 스트림 유형을 지원한다. Livewire는 현재 4종류만 사용하고 있어 성장할 가능성이 충분하다. 각 유형을 연속 블록에 매핑하는 이유는, 주소 범위를 지정하여 유형별로 스위치와 라우터를 구성할 수 있도록 하기 위함이다. 이와 같이 채널을 주소에 직접 매핑하면 스니핑이 더 쉬워진다: 특정 오디오 스트림을 어디에서 찾아야 하는지, 아는 것은 간단하다. Livewire 채널 범위는 0부터 32,767까지다. 오디오 스트림은 표 4.3과 같이 하위 15비트에 대한 채널 번호를 사용하여 IP 멀티캐스트 주소로 매핑된다. 표 4.4의 멀티캐스트 주소는 시스템 기능에 사용된다. Livewire 스트림은 2계층과 3계층 모두에서 멀티캐스트다. Livewire 채널 번호는 내부 두 계층에서 자동으로 해당 주소로 변환된다. 사용자나 네트워크 엔지니어가 "sniffer" 또는 이더넷 스위치 진단을 사용하여 패킷을 확인해야 할 수 있으므로 변환 알고리즘을 알고 싶을 수 있다. 이 절차에 대한 사실상의 표준 프로세스에 따라 IP 주소가 이더넷 MAC 계층 멀티캐스트에 매핑된다. 이 프로세스는 다음과 같다:

- D 클래스 IP 주소의 낮은 순서 23 비트를 식별한다.
- 이러한 23비트를 01-00-5E로 접두사를 맞춘 IEEE 멀티캐스트 주소 지정 공간의 고정된 고차(high-order) 25비트로 MAC 주소의 저차(low-order) 23비트에 매핑한다.

예:

- Assume: channel = 80
- Assume: stream type is standard stereo stream
- Then: IP address = 239.192.0.80 (dotted decimal)
- Then: Ethernet MAC Address = 01-00-5e-00-00-50 (dashed hex)

Table 4.3 Multicast Address Mapping for Audio Streams

IP Address	Type
239.192.000.0/15	Livestream and Standard Stereo Streams
239.192.128.0/15	Four addresses are for system functions, others are reserved
239.193.000.0/15	Backfeeds for Standard Stereo Streams
239.193.128.0/15	Reserved
239.194.000.0/15	Reserved
239.194.128.0/15	Reserved
239.195.000.0/15	Backfeeds for Livestreams
239.195.128.0/15	Reserved
239.196.128.0/15	Surround streams
239.251.000.0/15	Reserved
239.251.128.0/15	Reserved

Table 4.4 Multicast Addresses for System Functions

IP Address	Function
239.192.255.1	Livestream clock
239.192.255.2	Standard Stream clock
239.193.255.3	Advertisement channel
239.193.255.4	GPIO (UDP port 2060)

이더넷 주소는 가장 중요한 바이트를 먼저 전송하지만, 바이트 내에서 가장 중요하지 않은 비트가 먼저 전송되므로, 예제에서 멀티캐스트 주소를 나타내는 가장 왼쪽 MAC주소 바이트 01의 1이다.

4.7.5 Livewire 패킷 형식

앞에서 언급한 바와 같이, 오디오 패킷 구조에 대해 설계자가 선택해야 하는 선택에는 기본적인 균형이 있다. 0패킷 당 샘플이 더 많을 경우, 더 많은 효율성을 가지며 더 많은 링크 용량과 필요한 처리 능력이 적지만, 지연이 길어진다. 좋은 설계는 최상의 타협점을 찾는 것을 의미한다. 이미 Livewire가 다양한 요구 사항을 충족할 수 있는 두 가지 변형 모델을 제공한다는 사실을 확인했다.

표준 스트림과 라이브스트림. 이러한 두 스트림 모드의 패킷 구조는 서로 다르기 때문에 고효율

또는 저지연 중 하나에 최적화될 수 있다. 두 스트림 유형의 패킷 구조에 대한 설명이 뒤따르지만, 먼저, 모든 스트림에 공통되는 몇 가지 기본 딜레이 문제를 검토하겠다. 먼저 오디오 샘플링 속도와 패킷으로 결합된 샘플의 수인 "패킷 타임"으로 시작하고 다음과 같이 다른 요인을 고려한다.

- Packet time = 1/sampling rate x samples per packet
  Livewire는 전송 측에서 1패킷 버퍼를 사용하고 수신 엔드에서 3패킷 버퍼를 사용한다. 따라서 이를 스위치 딜레이 시간에 추가하면 총 링크 지연 시간이 다음과 같이 정의된다.
- Link delay = packet time x 4 + switch latency

Standard Streams [표준 스트림]

표준 스트림은 표 4.5와 같이 컴퓨터 리소스와 네트워크 대역폭 모두에서 효율적이기 위해 큰 패킷을 사용한다. 일반적으로 PC가 오디오 장치일 때 선택된다. 표준 스트림도 표 4.5의 마지막 행에 표시된 절반 크기의 "변형" 형식을 제공한다. 이더넷 프레임의 최대 데이터 길이는 1500바이트이므로, 이더넷 프레임을 최대한으로 포장하도록 선택했음을 알 수 있다.
여기에는 두 가지 이유가 있다.

1. 프레임 속도는 PC 수신기에 가장 적은 부담을 줄 수 있는 가장 낮은 속도이다.
2. 헤더 오버헤드는 가장 많은 데이터에 적용되므로 오디오에 할당된 용량 대 오버헤드의 비율이 가장 높다.

Table 4.5 Standard Stereo Stream Packet Format Function Bytes

Function	Bytes	Notes
Interpacket delay	12	This is not actually transmitted, but is an Ethernet requirement and must be taken into account for bandwidth calculations
Ethernet header	26	Includes the VLAN/priority fields
IP header	20	Standard
UDP header	8	Standard
RTP header	12	Standard
Audio	1440	240 samples at 48 kHz, 24 bits, stereo
Audio (variant)	720	120 samples at 48 kHz, 24 bits, stereo

Note: Total bytes per packet = 1440, with core delay = 5 ms (respective values of 720 bytes and 2.5 ms using the variant format).

Livestreams [라이브스트림]

라이브스트림은 낮은 지연을 위해 특수화되어 있으므로, 표 4.6과 같이, 각 패킷에 몇 개의 오디오 샘플만 포장한다. 크기가 작기 때문에 버퍼링이 덜 필요하며, 이는 대기 시간이 더 낮다는 것을 의미한다. 이러한 기능은 대부분 실시간 DJ 마이크-헤드폰 경로에 있는 모든 용도로 선택된다. RTP / UDP / IP의 헤더로드는 패킷 당 40 바이트이며, 오디오 페이로드가 72 바이트에 불과하므로, 네트워크 대역폭의 중요한 부분을 차지한다. 다행히도, 현대 LAN에는 많은 대역폭이 있기 때문에, 이것은 보통 중요하지 않다.

2 + 5.1 Surround Streams [2 + 5.1 서라운드 스트림]

Livewire는 기본적으로 여러 오디오 스트림을 전달하며, 서라운드 믹싱은 Axia Element 콘솔과 엔진의 내장 기능이므로, 라디오 및 TV 서라운드를 사용할 수 있다(표 4.7 참조).

Table 4.6 Livestream Packet Format

Function	Bytes	Notes
Interpacket delay	12	This is not actually transmitted, but is an Ethernet requirement and must be taken into account for bandwidth calculations
Ethernet header	26	Includes the VLAN/priority fields
IP header	20	Standard
UDP header	8	Standard
RTP header	12	Standard
Audio	72	12 samples at 48 kHz, 24 bit, stereo

Note: Total bytes per packet = 72, with core delay = 0.25 ms.

Table 4.7 Surround Stream Packet Format

Function	Bytes	Notes
Interpacket delay	12	This is not actually transmitted, but is an Ethernet requirement and must be taken into account for bandwidth calculations
Ethernet header	26	Includes the VLAN/priority fields
IP header	20	Standard
UDP header	8	Standard
RTP header	12	Standard
Audio	1440	60 samples at 48 kHz, 24 bit, stereo + 5.1 (eight channels)

Note: Total bytes per packet = 1440, with core delay = 1.25 ms.

서라운드 스트림은 8개의 채널을 수용하여 5.1 멀티채널과 스테레오 믹스 버전을 동시에 전송한다. 서라운드 스트림은 이 8개의 채널을 전면 좌측, 전면 우측, 중앙, 저주파 증대(LFE), 후면 좌측, 후면 우측, 스테레오 좌측 및 스테레오 우측 순서로 전송한다.

4.7.6 링크 수용

링크의 속도, 헤더 및 페이로드의 크기, 패킷으로 결합된 샘플의 수에 따라 링크 용량이 결정된다.패킷으로 결합되는 샘플이 많을수록 헤더 오버헤드가 낮아져 효율성과 링크 용량이 증가한다. 각 표준 스테레오 스트림에는 2.304 Mbps의 비트 전송률이 있다. 따라서 100Mbps 링크는 43개의 채널을 최대 용량으로, 1000Mbps 링크는 430개의 채널을 전송할 수 있다.각 라이브스트림에는 3.776Mbps의 비트 전송률이 있다. 따라서 100Mbps 링크는 이러한 26개의 채널을 최대 용량으로 전달할 수 있으며, 1000Mbps 링크는 260개의 채널을 전송할 수 있다.실제로 하드웨어 노드로의 링크에는 일반적으로 표준 스테레오 스트림, 라이브스트림, 서라운드 스트림 및 제어 데이터가 혼합되어 있다. 가장 큰 노드는 채널이 8개이므로 모든 스트림을 수용할 수 있는 링크 용량이 충분하다. PC는 보다 효율적인 표준 스테레오 스트림를 사용하며 최대 6개만 사용할 수 있으므로 오디오와 동시 파일 전송 모두를 처리할 수 있는 용량이 충분하다. Livewire 콘솔 믹스 엔진은 1000Mbps 링크에 연결되므로 이 링크에서는 한계가 있다. 위의 모든 내용은 링크 당 대역폭과 관련이 있다. 적절한 이더넷 스위치를 사용하면 전체 시스템 용량이 사실상 무제한이다.

4.7.7 네트워크 타임 프로토콜

NTP(Network Time Protocol)는 시간 전달을 위한 인터넷의 표준이다. 인터넷에는 사용자가 정확한 시간을 검색하기 위해 연결할 수 있는 여러 서버가 있다. 또한 EXE와 같은 제조업체에서 라디오 타임 신호를 수신하여 NTP 패킷으로 변환하는 박스도 있다. Livewire는 NTP를 필요로 하지 않지만 일부 주변 장치는 NTP를 필요로한다. 예를 들어, Livewire 스튜디오 믹싱 표면과 옴니아 프로세서는 NTP를 사용하여 자동으로 올바른 시간으로 동기화한다.

4.7.8 네트워크 표준 및 리소스

Livewire는 이더넷 및 IP 네트워크 계층 모두에서 작동하며 각 계층에서 적절한 표준 기반 리소스를 활용한다. 다음은 다양한 계층에서 사용 중인 리소스이다:

Layer 1

- IEEE Ethernet physical

Layer 2

- IEEE Ethernet switching
- IEEE 802.1p/Q prioritization
- IEEE 802.1p multicast management

Layer 3

- IETF IP (Internet Protocol)

Layer 4

- IETF RTP (Real–Time Protocol)
- IETF UDP (User Datagram Protocol)
- IETF TCP (Transport Control Protocol)
- IETF IGMP (Internet Group Management Protocol)

Layer 5

- IETF NTP (Network Time Protocol)
- IETF DNS (Domain Name Service)
- IETF HTTP/WebIETF ICMP Ping
- IETF SAP/SDP (Session Announcement Protocol/Session Description Protocol) (in the Windows PC Livewire Suite application)

4.8 | Livewire 라우팅 컨트롤 프로토콜

이름에서 알 수 있듯이, LWRP(Livewire Routing Control Protocol)의 주요 목적은 오디오 경로를 변경하는 것이다. 이는 네트워크를 통해 이 주소를 사용하여 노드 대상 오디오 포트에 수신 주소를 지정함으로써 이루어진다. GPIO 채널에서도 작동할 수 있다. LWCP는 사용자가 읽을 수 있는 간단한 ASCII 프로토콜이다. 이를 설명하는 문서는 Axia에서 무료로 제공한다. LWRP는 TCP 포트 93의 모든 Livewire 장치에서 일반적으로 지원한다. 명령은 오디오 노드, GPIO 노드, 요소 콘솔 및 Axia PC 드라이버에서 동일하다. 자동화 시스템은 대개 단일 인터페이스 포인트로 Axia 드라이버에 연결된다. 드라이버 내부에는 제어해야 하는 시스템의 모든 장치에 연결되는 "LWRP 서버"가 있다. 이 서버에는 네트워크에서 다른 장치를 찾을 수 있는 자동 검색 메커니즘이 있다. 자동화 시스템은 일반적으로 TCP를 통해 GPIO를 구성하는 일반적인 방법을 제공한다. 이 구성에는 GPIO 신호 소스(IP:port)의 주소를 입력해야한다. 작업을 수행하는 동안, 자동화 시스템은 명령 텍스트 문자열을 보내고 응답을 찾는다. Livewire의 경우, 자동화 시스템은 Axia PC 드라이버의 LWRP 인터페이스에 액세스하는 localhost:93(로컬 PC의 TCP 인터페이스의 포트 93)에 연결한다. 그런 다음 GPI 1 L를 START 트리거로, GPI 1 H를 STOP 트리거로 등의 명령을 찾는다.

> **AUTOMATION INTEGRATION RESOURCES** Real examples of LWRP applications are the Axia automation integration manuals for BE AudioVault and ENCO DAD, which are available, respectively, at http://www.axiaaudio.com/manuals/files/Controlling_AudioVAULT_using_Axia_GPIO.pdf and http://www.axiaaudio.com/manuals/files/Controlling_DAD_using_Axia_ GPIO.pdf.
> Some partners provide a GUI for GPIO configuration that is dedicated to Livewire support.
> One example is from RCS/Prophet NextGen, available at http://www.axiaaudio.com/manuals/files/Controlling_NexGen_using_Axia_GPIO.pdf.

IP 드라이버 또는 GPIO 노드에서 제공하는 GPIO 포트는 번호 1에서 N으로 인덱스되며, 각각은 모든 Livewire 채널과 연결할 수 있다. 또는 IP: 포트 GPIO 스네이크 구성으로, 식별된 원격 GPIO 끝점으로 라우팅할 수 있다. 이러한 추상화 덕분에 자동화 시스템은 로컬로 인덱스된 GPIO 포트를 사용하도록 정적으로 구성할 수 있고, Pathfinder PC는 GPIO 경로(채널/단말 장치 할당)를 자유롭게 변경할 수 있다. 이러한 방식으로 자동화 시스템은 GPIO 제어의 출처를 알 필요가 없다. 일반적으로 자동화 시스템은 전체 자동화에서 사용하는 것과 달리 라이브 어시스트 작업 중에 다른 GPIO 경로를 사용하기 때문에 이 GPIO 라우팅의 필요성은 일상적이다. LWRP

는 또한 GPIO 채널을 통해 사용자 정의 메시지를 명백하게 전달하여, AES3의 보조 데이터 전송 기능과 유사한 기능을 제공한다. 예를 들어, 응용 프로그램은 오디오 채널과 함께 노래 제목 텍스트를 보내는 것이다. 단일 채널 번호를 사용하여 오디오와 관련 데이터를 모두 참조할 수 있으므로, 두 채널은 라우팅 변경 사항에 관계없이 함께 잠겨 있다.

이 내용은 http://www.axiaaudio.com/manuals/files/Using_Windows_Driver_GPIO.pdf에 설명되어 있다(마지막 페이지 참조)노드 간 GPIO 신호는 TCP 연결을 통해 전송되므로, GPIO 스네이크 응용프로그램과 같이, 로컬 네트워크 이상으로 확장할 수 있다. 콘솔과 GPIO 간 통신은 멀티캐스트와 UDP이다. 오디오 스트림처럼 채널 번호를 주소로 사용한다. 이를 위해서는 멀티캐스팅을 사용하도록 설정된 신뢰할 수 있는 네트워크가 필요하다. LWRP는 또한 오디오 측정 및 silence/peak detector를 제공한다. 이것이 Pathfinder가 오디오 레벨을 표시하고 silence-detect 이벤트에 대응할 수 있는 방법이다.

4.9 | Livewire 컨트롤 프로토콜

LWRP가 제공하는 것보다 더 세밀한 제어가 필요한 경우 LWCP(Livewire Control Protocol)가 사용된다. 예를 들어, LWCP Axia 콘솔을 통해 채널 켜기/끄기, 모터 구동식 페이더 위치, 프로그램 할당, 프로필 선택 및 기타 많은 특성을 원격으로 제어할 수 있다. 주변 장치 인터페이스의 예로는 전화선 선택, 전화 걸기 등을 완전히 제어할 수 있는 LWCP를 제공하는 Telos VX 멀티스튜디오 전화 시스템이 있다. Axia는 XML을 지원하는 제품에 대한 자체 제어 인터페이스를 개발하려는 사용자를 위해 이 XML과 유사한 프로토콜에 대한 문서를 제공한다.

LWCP의 모양과 작동 방식을 알기 위해, 다음은 Livewire 콘솔 전화 컨트롤러와 Telos VX IP 전화 시스템 간의 트랜잭션에서 발췌한 것이다:

```
# accepting RINGING_IN call and taking it on air
take studio.line#1
event studio next = 0
event studio.line#1 state = ON_AIR, callstate = ACCEPTED, time =
   169040
event studio.line#1 state = ON_AIR, callstate = ESTABLISHED, time = 0

# comment for the line
set studio.line#1 comment = "This is very interesting"
event studio.line#1 comment = "This is very interesting"
get studio.line#1 comment
indi studio.line#1 comment = "This is very interesting"
```

```
# seizes line
seize studio.line#2
event studio.line#2 state = SEIZED, callstate = IDLE, hybrid = 0,
   time = null

# calling from line 2 to line 5 placing call on line 2 on-air, hybrid 5
call studio.line#2 number="sip:24@192.168.0.24" hybrid=2
event studio.line#2 state = SEIZED, callstate = CALLING, hybrid = 5,
   time = 0
event studio next = 5
event studio.line#5 state = IDLE, callstate = RINGING_IN, hybrid = 0,
   time = 0
event studio.line#2 state = SEIZED, callstate = RINGING_OUT, hybrid
   = 5, time = 290

# take next call on air
take studio.next
event studio.line#5 state = ON_AIR, callstate = ACCEPTED, hybrid = 5,
   time = 295969
event studio next = 0
event studio.line#2 state = ON_AIR, callstate = ESTABLISHED, hybrid
   = 5, time = 0
event studio.line#5 state = ON_AIR, callstate = ESTABLISHED,
   hybrid = 5, time = 0

p studio.line#5
nt studio.line#5 state = IDLE, callstate = IDLE, hybrid = 0, time
= null
```

A NOTE ABOUT PROTOCOL DESIGN There is no question that among network protocols, the Internet has been an impressive success. One of the reasons for this was the approach its designers tookand still use todaywhen inventing its protocols. These principles are outlined in the IETF RFC 1958 document, and were taken to heart in the design of Livewire.

We repeat some of them here in summary form, and in priority order, with comments from Livewire's designers added parenthetically:

- Make sure it works. Make prototypes early and test them in the real world before writing a 1000-page standard, finding flaws, then writing version 1.1 of the standard. (Telos and Axia are practical, commercial companies, not academic or governmental organizations. We had two years of extensive lab tests of prototypes in two locations and then real-world field tests at radio stations before locking the core tech down.)
- Keep it simple. When in doubt, use the simplest solution. William of Occam stated this principle (Occam's razor) in the 14th century. In modern terms, this means: fight feature creep. If a feature is not absolutely essential, leave it out, especially if the same effect can be achieved by combining other features. (We believe firmly in this principle. We tried very carefully to add nothing unnecessary.)

- Make clear choices. If there are several ways of doing the same thing, choose one. Having multiple ways to do something is asking for trouble. Standards often have multiple options or modes or parameters because several powerful parties insist their way is best. Designers should resist this tendency. Just say no. (It was just usand we did say no. No committees or politics to cause bloating.)
- Exploit modularity. This principle leads directly to the idea of having protocol stacks, each of the layers of which is independent of all the other ones. In this way, if circumstances require one module to be changed, the other ones will not be affected. (We built Livewire on all of the available, off-the-shelf lower layers.)
- Expect heterogeneity. Different types of hardware, transmission facilities, and applications will occur on any large network. To handle them, the network design must be simple, general, and flexible. (We accommodate both dedicated hardware audio nodes and general-purpose PCs as audio nodes.)
- Avoid static options and parameters. If parameters are unavoidable, it is best to have the sender and receiver negotiate a value than defining fixed values. (These were avoidablewe don't have any such negotiated parameters. We do have the receiver selection of stream types, but this is simple one-ended selection.)

A NOTE ABOUT PROTOCOL DESIGNcont'd

- Look for a good design, not a perfect one. Often designers have a good design but it cannot handle some weird special case. Rather than messing up the design, the designers should go with the good design and put the burden of working around it on the people with the strange requirements. (This is our mantra! Make it work, make it solid, build just enough flexibility to get the job doneand no more.)
- Be strict when sending and tolerant when receiving. In other words, send only packets that rigorously comply with the standards, but expect incoming packets that may not be fully conformant and try to deal with them. (We always tell our software design engineers to do this. Hopefully they listened.)
- Think about scalability. No centralized databases are tolerable. Functions must be distributed as close to the endpoint as possible and load must be spread evenly over the possible resources. (We kept very close to this idea, which is in the fundamental spirit of the Internet. We don't have any central databases or other pieces along these lines. We have a fully distributed system. If one part fails, the others keep going.)
- Consider performance and cost. If a network has high costs and there are cheaper variants that get the job done, why gold-plate? (Compare the power and cost of our solution with others. Using simple, off-the-shelf, commodity parts was a guiding principle for our work.)

CHAPTER 05

Designing and Building with AoIP

이번 장에서는, 실험실에서 현실로 대담하게 나아갈 것이다. 즉, 케이블링, 커넥터 등과 같은 핵심적인 너트와 볼트에 의해 시작한다는 의미이다. 아날로그 오디오와 마찬가지로 간단한 AoIP 설정을 수행하기 위해 알아야할 모든 것이 될 수 있다. 준비된 RJ 케이블 봉지를 들고, 오른쪽 소켓에 플러그를 꽂고, 약간의 구성을 한 다음 점심 먹으러 가십시오. 하지만 대형 시스템을 구축하는 것은 큰 그림의 건축 디자인 선택을 하는 것과 관련이 있다. AoIP는 일반적인 데이터 네트워킹을 기반으로 하기 때문에 AoIP 시설 설계 시 AoIP의 모든 가능성을 열어 둘 수 있다. 앞 장에서는 이미 많이 알고 계시겠지만, 여기에서는 간단한 오디오 뱀부터 작은 라디오 방송국 스튜디오, 아주 큰 오디오 제작 시설까지 오디오 식물을 어떻게 만들 수 있는지에 대한 구체적인 예를 보여주겠다.

5.1 | AoIP 설비 배선

5.1.1 케이블을 통한 단순화

AoIP의 중요한 목표는 오디오 라우팅 및 전송에 대한 새로운 기술이 등장함에 따라 수년에 걸쳐 급증한 다양한 케이블, 커넥터 및 배선 스타일의 복잡성에 부담을 줄 수 있는 설치를 단순화하는 것이다. 공장의 모든 부분에 공통적이고 표준적인 케이블 및 플러그 접근 방식을 사용하는 방법을 보여주겠다. 이 목표는 아날로그 및 AES3 구성 요소가 AoIP 설치에 포함된 경우에도 달성할 수 있다.

5.1.2 구조가 있는 배선

큰 공장을 지어야 할 때는 이렇게 해야 한다. 예전에는, 배선이 작업에 한정되었고 공급업체에 한정되는 경우가 많았다. 각 전화, 네트워크 및 오디오에는 고유한 케이블 유형과 배선 프로토콜이 있었다. 오늘날 상황은 다르다. TIA(Telecommunications Industry Association) 및

EIA(Electronic Industries Association)와 같은 표준 기구의 아이디어는 해당 클래스에 지정된 모든 애플리케이션에 사용할 수 있는 케이블 및 부속품의 클래스 또는 범주를 정의하는 것이다. 이 접근법을 사용하면 건물과 시설을 연결하는 공급 업체에 구애받지 않고 사용할 수 있으므로, 케이블 링 및 커넥터를 교체하지 않고 많은 공급 업체의 서비스를 시간이 지남에 따라 지원받을 수 있다. 이 개념의 이름은 구조화된 배선(structured wiring)이다. 이 모델은 케이블 구성 요소의 사양과 설치 방법을 모두 포함한다. 구조화된 데이터 네트워크 케이블링이 표준화되고 널리 배치되기 때문에 외부 계약자는 방송 또는 프로 오디오에 대한 전문 지식없이 케이블 링을 설치하고 테스트할 수 있다.

5.1.3 AoIP 시스템을 위한 이더넷

AoIP 시스템은 주로 구리 케이블을 사용한다. 단연코, 구리 AoIP에 대한 가장 일반적인 두 가지 이더넷 전송 기술은 100BASE-T와 1000BASE-T이다(흔히 "기가비트 이더넷"이라고 함).

100BASE-TX

흔히 100BASE-T라고 하지만, 100Mbps 이더넷의 현재 공식 이름은 100BASE-TX이다. 이것은 RJ-45 스타일의 플러그와 잭이 있는 구리 케이블을 사용하는 AoIP의 기준이다. 100Mbps 대역폭은 최대 25개의 스테레오 오디오 채널을 주고받기에 충분하므로, Livewire 오디오 노드에서 스위치로의 연결과 잘 일치한다. 100BASE-TX 이더넷은 밸런스 조절과 변압기가 결합되어 있어 간섭에 대한 내성이 매우 우수하며, 접지 루프에도 문제가 없다.

1000BASE-T

믹싱/프로세스 엔진은 많은 오디오 채널을 지원하므로 대역폭을 향상시켜야한다. 1Gbps 대역폭을 제공하는 1000BASE-T가 일반적인 선택이다. PC도 이러한 방식으로 정기적으로 연결된다. 스위치 간 연결은 거의 항상 기가비트이며, 1000BASE-T 또는 섬유를 사용한다. 표준화된 수십 개의 이더넷 미디어 유형도 있지만 널리 사용되는 미디어 유형은 일부에 불과하다.표 5.1에는 AoIP 응용프로그램에 대해 고려해야 할 주요 옵션이 요약되어 있다. 길이 번호(length numbers)는 공식 번호이고 보수적이다. AoIP에서 사용하는 전이중 작업은 더 오래 실행될 수 있다. (단일 이중 작동에서는 이더넷의 충돌 감지 메커니즘에 대한 전파 시간을 고려해야 하지만, AoIP의 전이중 작동에는 충돌이 없다.)10기가비트 이더넷(10-GbE)은 대규모 IP 라우터를 연결하는데, 주로 사용되는 새로운 기술이다. 수용을 위해 경쟁하는 기준은 10개가 넘는다. 이것이 쓰여지고 있기 때문에, 10GBASE-LR과 -ER은 가장 일반적으로 사용되고 있다. 곧 40기가비트 이더넷과 100기가비트 이더넷이 출시될 예정이다. 표준이 공식화되고 있고, 일부 몇몇 제품들이 지금 출시되고 있다.

Table 5.1 Common Ethernet Media Types for AoIP

Name	Bandwidth	Cable Type	Length	AoIP Purpose
100BASE-TX	100 Mbps	Two pairs Cat 5 copper (Cat 5e recommended for AoIP to add safety margin)	100 m	Most common Ethernet media; Livewire nodes, PCs
100BASE-T	Gigabit	Four pairs Cat 5e copper (Cat 6 recommended for AoIP to add safety margin)	100 m	Engine to switch, PCs, switch-toswitch
100BASE-SX	Gigabit	LED-driven multimode fiber	550 m	Engine to switch, PCs, switch-toswitch
100BASE-FX	100 Mbps	Multimode fiber	2 km	Switch-to-switch, audio nodes with external media converters
1000BASE-LX	Gigabit	Single-mode fiber and multimode fiber	2 km 550 m	Switch-to-switch, long runs

5.1.4 트위스트 페어 케이블 카테고리

케이블 카테고리(일반적으로 약칭 “Cat n”)는 구조화된 배선 개념에기본이다. 다양한 카테고리의 케이블 연결 사양은 TIA/EIA-568-A(및 -B) 상업용 건물 통신 케이블 표준에 있다. 각 카테고리의 케이블 간의 가장 중요한 차이점은 발당 비틀림 수와 쌍의 비틀림과 간격이 서로 제어되는 조임 수이다. 카테고리 3(Cat 3) 케이블의 와이어 쌍은 보통 발당 2개의 트위스트를 가지며, 외부 단열재를 상당히 많이 벗겨내지 않으면 비틀림을 알아차리지 못할 수 있다. Cat 5는 발 당 20번 정도 뒤틀린다. Cat 6는 더 빽빽하게 비틀어져 있다. 각 단계가 올라갈 때마다 혼선 성능이 높아지고, 데이터 빈도가 높아질수록 그 이점이 점점 중요해진다.

설명:

- Cat 3: 데이터 응용프로그램에는 거의 사용되지 않으며, 음성 등급 전화 및 이더넷 10BASE-T에만 사용된다.
- Cat 5: 이 지정은 100Ω의 보호되지 않은 트위스트 페어 케이블 및 전송 특성이 최대 100MHz로 지정된 관련 연결 하드웨어에 적용된다.Cat 5 케이블은 이더넷 100BASE-TX를 지원한다.
- Cat 5e: Cat 5를 강화한 케이블이다.오늘날에는 100BASE-TX와 기가비트(1000BASE-T)를 모두 지원하므로 상당히 광범위하게 구현된다.AoIP 설치에 권장되는 최소값일 수 있다.

- Cat 6: Cat 5e보다 훨씬 더 높은 성능을 제공한다. 이 케이블에는 와이어를 서로 올바르게 고정하는 플라스틱 페어 분리기가 내부에 있다. 이러한 이유로 Cat 6 케이블은 Cat 5 케이블보다 지름이크다. Cat 6은 1000BASE-T에 선호되지만, 필요하지 않는다. Cat 6은 미래에 대비하고, 최대의 신뢰성을 필요로 하며, 비용 증가를 흡수할 수 있어야 하는 새로운 AoIP 설치에 적합하다.

A NEW TWIST Belden has a Cat 6 cable called Mediatwist that is particularly interesting for AoIP applications. Rather than being round or flat, this cable has a crescent-shaped crosssection, and the four pairs are each tightly held in molded channels. The two wires in each pair are glued together so that the twist characteristic is fixed and stable regardless of manufacturing tolerances and cable flexing.

케이블의 또 다른 특징은 단열재이다. "Plenum-rated" 케이블은 PVC 단열재가 아닌 테플론(Teflon) 사용으로 인해 온도 변화에 따라 더욱 안정적이다. Plenum-rated 케이블은 화재 규정을 충족하기 위해 air-handling 공간에 필요하다. 테플론은 화재의 경우 PVC보다 연기와 열을 적게 발생시키고, 화염의 확산을 "지원"하지 않는다.

5.1.5 구조화 배선 구조

장비실에서 연결 위치까지 이어지는 긴 케이블을 수평 케이블이라고한다. 수평 케이블은 일반적으로 패치 필드 또는 벽의 잭에서 RJ-45로 종료된다. 각 끝에 RJ-45가 있는 패치 코드가 시스템을 완료하고, 인터페이스 노드와 중앙 장비를 잭에 연결한다. 이게 거의 대부분이다. 간단하지만 강력하다.

5.1.6 핀 넘버, 잭, 케이블 그리고 컬러 코드

이더넷은 8-위치/8-핀 모듈 커넥터를 사용한다. TIA/EIA는 배선 RJ-45 스타일 케이블에 대해 두 가지 표준을 지정한다. T568A 컬러 코드는 TIA/EIA에서 "선호" 하지만, 미국에서는 비즈니스 설치에서 그다지 흔하지 않다. TIA/EIA T568B 컬러 코드 케이블 사양은 T568A와 전기 연결부는 동일하지만, 녹색 및 주황색 쌍은 서로 바뀐다(그림 5.1). 이것은 AT&T 258A 배선 시퀀스로도 알려져 있으며, 미국에 널리 설치되어 있다. 또한 Radio Systems StudioHub+ 시스템에서 아날로그 및 AES 연결을 위해 사용한다. Axia는 모든 새로운 설비에 사용할 것을 권장한다. 양쪽 끝이 다 있으면 어느 쪽이든 잘 될것이다. 두 경우, 모두 네 쌍의 케이블이 연결되어 있다. 케이블 제조업체에 따라, 각 쌍의 컬러 도체는 흰색 줄무늬가 있거나 없을 수 있다. 이 쌍의 나머지 절반은 보통 흰색 줄무늬가 있는 흰색이지만, 때로는 그냥 흰색일 수있다.

568A 및 568B 형식은 모두 표 5.2에 나와 있다.

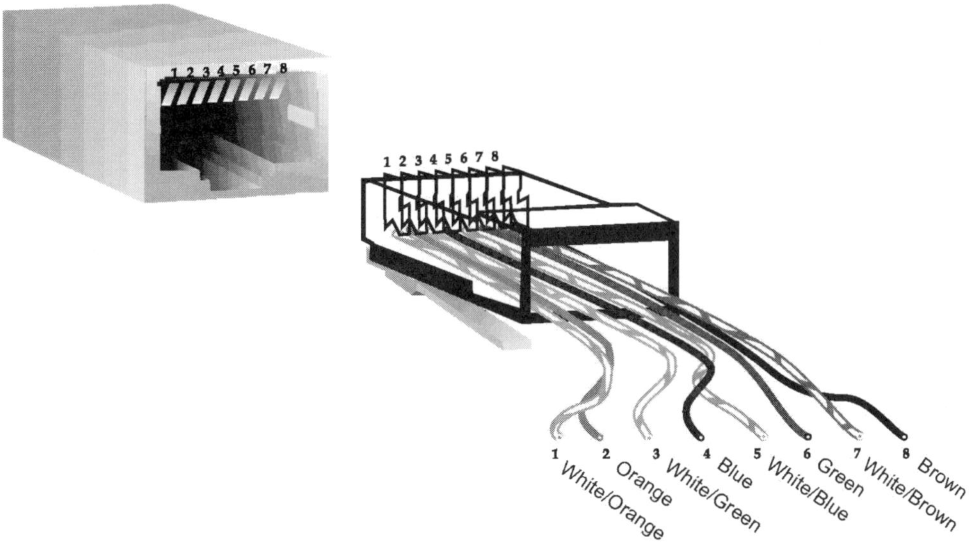

FIGURE 5.1

Wiring an RJ-45 according to the Livewire-preferred TIA/EIA T568B standard.

Table 5.2 T568A and T568B Pin/Pair Assignments from TIA/EIA-568-B Standardcont' d
T568B (Preferred for Livewire AoIP)

Pin	Function	Color
1	Transmit +	White/orange
2	Transmit -	Orange
3	Receive +	White/green
4	N/C	Blue
5	N/C	White/blue
6	Receive -	Green
7	N/C	White/brown
8	N/C	Brown
Shield	Protective ground	

N/C = No connection

CABLE OF BABEL Something to watch out for: The old telephone USOC wiring code for eight-pin connectors has the pairs in the wrong place, with the wiring in simple onepair-after-the-other sequence. You'll have a split pair if you mix this sequence with either TIA or EIA formats, and a lot of crosstalk and interference problems will result. You need to be sure that the pairs correspond to Ethernet's requirements.

Why does Ethernet have such a strange wiring sequence, though? Because the center two pins (pins 4 and 5 on the eight-pin format) are where telephone voice circuits are traditionally wired. The designers of the standard originally thought that some people would want to use a single cable for voice and data, so they kept Ethernet clear of the telephone pins. There is also this benefit: If a user plugs a PC's network connection into the phone jack, the network card doesn't get blasted by ringing voltage.

By the way, even though there are two unused pairs in the standard Ethernet four-pair cable, you should not share the cable with any other service, since 100BASE-TX was not designed to withstand additional signals in the cable.

Note also that T568A is sometimes called the "ISDN" (or simply "EIA") standard and T568B is sometimes referred to as the "AT&T" specification.

Finally, on this topic, something really nutty: The overall cabling specifications standard and document from TIA/EIA was called the TIA/EIA-568-A Commercial Building Telecommunications Standard.Within this were the T568A and T568B pin-out standards. Note the dashes and lack of them. Then there is themore recent TIA/EIA-568-B overall standard, which has the same two pin-out standards within. Couldn't these guys have been a bit less confusing?

1000BASE-T Gigabit Copper

1000BASE-T는 100BASETX와 동일한 구성으로 Cat 5e 또는 Cat 6와 함께 작동하지만, 표 5.3에서 볼 수 있듯이 네 쌍을 모두 사용한다. T568A 또는 T568B 중 하나는 와이어링 시퀀스가 작동하지만 네 쌍 모두를 통해 배선하고 작동해야 한다. 1000BASE-T에 대한 별도의 송수신 쌍은 없다. 각 쌍은 두 개의 신호 방향을 분리하기 위해 끝에서 하이브리드 스플리터로 주고받으며, 각 방향으로 4 개의 신호 경로를 효과적으로 생성한다. 1000BASE-T의 신호 속도는 100BASE-TX와 동일하므로, 동일한 케이블로 실행할 수 있다. 그럼에도 불구하고, 1000BASE-T는 신호 스플리터의 특성과 4쌍의 케이블에서 신호 개수의 두 배 때문에 더 민감하다. 그래서 Cat 5e나 Cat 6를 추천한다. 또한 안정적인 작동을 위해서는 고품질의 공장용 패치 케이블이 매우 중요하다.

100BASE-TX Crossover Cable

테스트를 위해 또는 스네이크를 만들 때와 같이, 스위치 없이 두 개의 Livewire 노드를 직접 연결할 수도 있다. 또는 초기 구성을 위해 노드를 PC에 직접 연결하거나 사운드 카드로 사용할 수 있다. 이 경우, 한 장치의 전송은 다른 장치의 수신에 연결되어야한다. 이를 위해서는 표 5.4와 같이 배선되어 있는 크로스오버 케이블이 필요하다. 이것들은 기성품으로 구할 수 있다.
대부분의 이더넷 스위치는 크로스오버 기능의 필요성을 감지하고 필요할 때 크로스오버 조정을 내부적으로 수행하도록 포트를 자동으로 구성한다. 그러므로 스위치에 연결하기 위해서는, 크로스오버 케이블을 사용하지 않아도된다.

1000BASE-T Crossover Cable

기가비트 이더넷 스위치와 네트워크 카드가 거의 항상 이 케이스를 자동으로 처리하므로, 1000BASE-T 크로스오버 케이블이 필요하지 않다. 그럼에도 불구하고 100BASE-TX 및 1000BASE-T 모두에서 작동하는 범용 크로스 오버 케이블 (표 5.5에 표시된 바와 같이)을 만들거나 구입할 수 있다.

Table 5.3 1000Base-T Signal Designations, Pin-out, and Wiring Format (Using T568B)

Pin	Function	Color
1	BI_DA+	White/orange
2	BI_DA-	Orange
3	BI_DB+	White/green
4	BI_DC+	Blue
5	BI_DC-	White/blue
6	BI_DB-	Green
7	BL_DD+	White/brown
8	BL_DD-	Brown

Table 5.4 100BASE-TX Crossover Cable Wiring Scheme

Pin	Color	Pin
1	White/green	3
2	Green	6
3	White/orange	1
4	Blue	7
5	White/blue	8
6	Orange	2
7	White/brown	4
8	Brown	5

N/C = No connection

Table 5.5 Universal Crossover Cable Wiring Scheme

Pin	Color	Pin
1	White/green	3
2	Green	6
3	White/orange	1
4	Blue	7
5	White/blue	8
6	Orange	2
7	White/brown	4
8	Brown	5

5.1.7 RJ-45 설치

RJ-45 플러그를 하나도 연결하지 않고도 정교한 멀티스튜디오 시설을 만들 수있다. 펀치 다운 110 스타일의 긴 "수평" 케이블의 각 단부에서 모듈식 패치 필드 또는 잭을 사용할 수 있다. 그런 다음 공장에서 만든 패치 코드를 사용하여 스위치 또는 Livewire 노드에서 패치 잭으로 이동한다. 그러나, 이 경우에도 어느 시점에서 플러그를 설치할 수 있으므로 다음과 같은 조언이 있다:

- 이더넷 패치 코드를 만드는 경우, 연선 케이블을 사용한다.
  솔리드 도체(conductor)는 일정 기간 사용 후 끊어질 수 있다(플러그 앤플러그 연결에서 분리).
  이는 패치 코드에만 적용된다:
  솔리드 케이블은 손실이 적기 때문에 백본 배선에 가장 적합하다.
- 사용 중인 케이블 유형에 맞게 설계된 플러그를 사용해야한다.
  솔리드 와이어와 연선 와이어용으로 제작된 RJ-45 커넥터는 서로 다르다.
- 제조사마다 플러그의 형태가 조금씩 다를 수 있다.
  압착기 장비(crimp tool)가 올바르게 맞는지 확인해야 한다.
  특히, AMP가 만든 압착기는 AMP 플러그에서만 작동한다.
  고품질 압착기 도구를 구입하여 문제를 예방한다.
- 외부 재킷은 와이어 팁에서 약 12mm (0.5 인치)로 다시 잘라야 한다.
  재킷을 자른 와이어의 단열체에 흠이 없는지 확인한다.
  (내부 단열이 손상될 염려 없이 신속하게 사용할 수 있도록 적절한 공구를 구입할 수 있다.)
- 모든 도체를 커넥터 안으로 끝까지 밀어 넣어 커넥터 셀의 안쪽에서 멈춘다.
  커넥터 전면을 통해 모든 와이어가 올바른 위치에 있는지 확인하십시오.
- 압착 후, 케이블 변형 방지장치 블록이 외부 케이블 재킷을 제대로 조이고 있는지 확인하십시오.

테스터 또는 실제 장치로 케이블을 점검할 때, 플러그 근처에서 케이블을 움직여 커넥터가 눌려도 안정적으로 작동하는지 확인한다. 처음에 이 문제를 해결하려면 몇 가지 시도가 필요할 수도 있지만, 몇 가지 경험을 통해, RJ-45를 설치하는 것은 상당히 쉬워질 것이다. 일부 커넥터에는 와이어를 먼저 공급한 다음, 커넥터 자체에 끼워 넣을 수 있는 작은 캐리어가 포함되어 있다. 이러한 기능은 장착 속도를 높이고 정렬 정확도를 향상시키므로 권장된다.

5.1.8 AoIP 배선을 위한 특별조치

이더넷을 통한 "Normal" 데이터는 일반적으로 TCP/IP로 전송된다. 2장에서 알 수 있듯이, TCP는 오류를 검출하고 결함이 있는 패킷을 수신했을 때, 교체 패킷을 요청하고 획득함으로써 오류를 수정하는 재전송 메커니즘을 가지고 있다. 이 메커니즘은 AoIP에 사용할 수 없다. 즉, TCP가 마스킹 중이므로 네트워크가 컴퓨터 데이터에 문제가 없을 수 있다. 근본적인 문제이지만, 동일한 네트워크가 AoIP 트래픽에 오류를 표시할 수 있다. 따라서 안정적인 전송이 항상 좋은 생각임을 보장하기 위해 케이블 연결 기본 사항에 주의를 기울이면서도 AoIP 네트워크에서는 더욱 중요한 작업이된다. 케이블 종단점에서의 임피던스 반사의 방지와 케이블 내부의 와이어 배치 안정성 등이 특히 중요하다. 다음은 몇 가지 구체적인 권장 사항이다:

- 응용프로그램을 지원하는 최소 종료 수와 패치를 사용한다.
- 모든 패치 코드, 커넥터 및 기타 액세서리의 등급이 설치된 네트워크 인프라 케이블과 동일하거나 더 높은 범주 레벨인지 확인한다. 일반적으로, 가장 좋은 방법은 비용과 시간을 절약하고 안정성을 보장하기 위해, 프리메이드 패치 케이블을 구입하는 것이다.
- 와이어 쌍의 꼬임 부분을 가능한 한 모든 종단점에 가깝게 유지한다. Cat 5 케이블의 경우 페어링은 종료 후 1.3cm(0.5인치) 이내에서 계속해야한다.
- 필요한 최소 벤딩 반지름을 유지한다. 0.5cm(0.2인치) 직경의 4쌍 케이블의 경우, 최소 벤딩 반경은 직경의 4배 또는 약 2cm(0.8인치)이다.
- 재킷 트위스트 및 압축을 최소화한다. 케이블 타이를 느슨하게 설치하고 케이블 번들이 움직일 수 있는 공간을 조금 남겨두는 벨크로 고정 장치를 사용하십시오. 백보드에 케이블을 스테이플러로 고정하지 마십시오. 재킷을 꽉 압축하면, 케이블 내부의 비틀림을 방해하고 한 쌍이 다른 한 쌍과의 관계에 영향을 미쳐 혼선(crosstalk)가 발생할 수 있다.
- 트위스트가 변형되지 않도록 케이블의 스트레칭을 피한다. 공식 권장 사항은 25파운드 미만의 끌어당기는 압력을 사용하는 것이다.
- 네트워크 케이블을 전원 케이블이나 중요한 전자기장을 생성하는 장비에 가까이 두지 마십시오. Cat 5 UTP에 대한 NEC의 공식 권장 사항은 〈3 kVA 전원 라인〉에서 최소 50 mm(2인치) 떨어뜨리는 것이다. 형광등 조명 설비, 모터 및 변압기에 대한 근접성도 피해야한다.
- RJ-45 플러그의 핀은 금 도금되었지만, 모든 커넥터가 금 도금된 것은 아니다. 최대의 신뢰성을 위해, 50마이크론 금 도금이 있는 커넥터를 사용하십시오.

5.1.9 케이블의 쌍 최소화

10BASE-T일 당시에는 데이터 신호를 전송하는 전화형 25쌍 케이블이 일반적이었다. 그러나 Cat 5 이상의 표준은 케이블 번들의 많은 신호가 허용 불가능한 수준에서 결합 혼선을 생성하기 위해, 추가될 수 있는 다중 디스터버, 근거리 혼선의 가능성으로 인해 각 연결에 대한 개별 케이블에 대한 요구이다.

5.1.10 패치 패널

패치 패널은 랙 또는 벽걸이용 버전과 다양한 수의 잭을 제공한다. Cat 5/5e 케이블은 기존의 “66 블록”과 매우 유사한 공구를 사용하여 후면에 110 스타일의 단열 변위 커넥터에 펀치된다(그림 5.2). Cat 6 케이블과 그 부속품은 접히는 지점에 최대한 가깝게 트위스트를 유지하기 위해 더 많은 주의가 필요하다. 경험상, 이것들 중 하나를 조립하는 것은 꽤 간단해지고 1분이나 2분 안에 완성될 수 있다. 먼저 케이블이 제대로 벗겨지고, 케이블의 개별 와이어가 종단 장치의 적절한 슬롯에 삽입되고, 와이어 단부가 다듬어진다. 그런 다음 잭의 앞부분이 종단장치 위로 밀린다. 마지막으로, 쉘을 이 조각 위에 놓고 그 위에 밀면 와이어가 단열 변위 포크로 빨려 들어가고 모든 것을 함께 잠근다. (그림 5.3-5.5 참조)

FIGURE 5.2

Tool for punching down wires into 110-style connectors.

FIGURE 5.3

A Cat 6 jack terminator with wires in place.

5.1.11 벽면 잭

모듈식 벽면 잭은 일반적으로 핀이 커넥터 구멍 상단에 오도록 설치된다. 이것은 먼지 쌓이는 것과 베이스 보드를 닦을 때 물로부터 보호하는 데 도움이된다. 잭이 이 위치(즉, 접촉 핀이 상단에 있는 잭을 들여다보기)에 위치하면, 핀이 왼쪽에서 오른쪽으로 1~8번 번호가 지정된다. 일부 잭에는 일부 핀 위치가 채워지지 않을 수 있지만, 첫 번째 위치에서 번호를 매기기 시작한다. 예를 들어, RJ-11은 6개의 위치인 4핀 잭이다. 따라서, 핀 2, 3, 4, 5가 있고 위치 1과 6의 핀은 대개 없다. 배선 벽면 잭의 절차는 패치 패널과 동일하다. 110 스타일의 IDC 커넥터가 케이블을 종료한다. 그런 다음 확보된 "Keystone" RJ-45 잭을 벽판의 구멍에 밀어 넣는다.

FIGURE 5.4

A complete, disassembled Cat 6 connector.

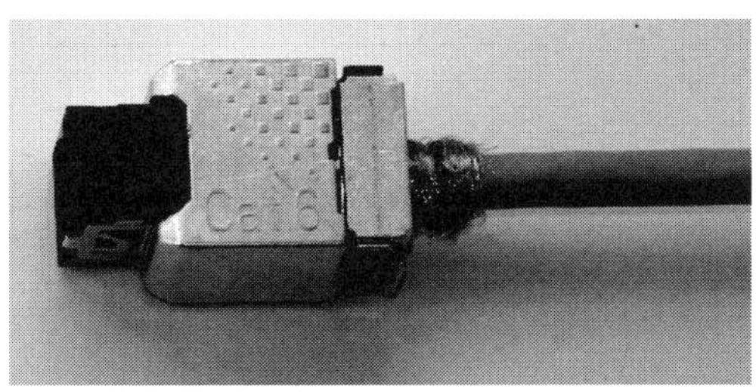

FIGURE 5.5

A high-end Cat 6 cable jack assembly ready for installation into either a rack-mounted patch field or a wall jack. This is a shielded version, so the shell is made from metal to maintain the shield all the way to the edge of the jack.

RJ-45 잭에 RJ-11 플러그를 꽂지 않도록 주의하여야 한다. 지원되는 쌍은 연결되지만 플러그 양쪽에 있는 플라스틱 부품이 잭의 외부 핀을 밀어 올리기 때문에 잭을 RJ-45 플러그에 다시 사용할 때 연결이 잘 되지 않을 수 있다.

5.1.12 이더넷 전원 장치

VoIP가 이더넷을 통해 실행됨에 따라 이더넷 데이터와 동일한 케이블을 통해 전화에 전원을 공급하는 것이 합리적이며 기존의 PBX 및 관련 전화기로 관습 조건을 복제한다. 이 요구 사항을 충족하기 위해 PoE(Power over Ethernet)가 개발되었다. 또한 중앙집중식 전력 메커니즘의 혜택을 받을 수 있는 다른 것들로 사용할 수 없다는 이유도 없다. 현재 널리 사용되고 있는 응용프로그램 중 하나는 분산된 WiFi 액세스 지점의 전력이다. AoIP에서는, 스튜디오 부속 모듈, 전화, 인터콤 패널 등에 사용할 수 있다. 우리는 또한 작은 오디오 인터페이스 노드의 전원을 켜는 것을 상상할 수 있다. 이러한 PoE 지원 장치에 다음과 같은 다양한 장비가 전원을 공급할 수 있다:

- 많은 이더넷 스위치 제품군은 PoE를 통합 옵션으로 포함한다.(이는 PoE 용어에서 "endspan" 소스라고 한다.)
- 멀티포트 랙 마운트 PoE 인젝터는 여러 공급업체에서 사용할 수 있다.
- "Wall-Wart" 전원 공급 장치는 이더넷 링크를 따라 어느 지점에서나 PoE를 주입하는 데 사용할 수 있다. 일반적으로 전원이 공급되는 장치에 로컬로 설치된다.
- Axia 통합 엔진에는 PoE와 함께 제공되는 일부 이더넷 포트가 있다.

그러나, 전원을 켤 필요가 없는 링크에 PoE 전원이 공급되지 않는 것은 좋지 않다. 그러한 이유로, PoE는 각 포트에서 약간의 실리콘 인텔리전스를 사용하도록 설계되었다. PoE가 필요한 장치는 전원에 신호를 보내야 하며, 신호가 성공적으로 완료된 후에만 전압이 적용된다.

PoE는 또한 잘못된 배선 및 과전류 고장으로부터 보호한다. PoE는 일반적으로 IEEE 802.3af-2003의 사양에 따라 구현된다. 전원 공급원은 15.4W의 최대 부하 전력을 가진 Cat 5 케이블의 4 개의 사용 가능한 쌍 중 2 개에 대해 명목상 48 VDC를 제공한다. (케이블이 손실된 후에는 약 12.95 W만 사용할 수 있다.) 100BASE-TX는 케이블의 4쌍 중 2쌍만 사용하므로, PoE용으로 2쌍을 사용할 수 있다. 그림 5.6은 PoE가 100BASE-TX 링크 이상을 제공하는 다중 전력 분배 방법을 보여준다. 1000BASE-T에서, 4개의 쌍이 모두 데이터 전송을 위해, 사용되기 때문에 팬텀 전력 기술만 사용된다.

PoE +는 전력 용량을 24W까지 확장하는 새로운 향상 기능이다.

5.1.13 Fiber(섬유)

섬유 링크는 이더넷 범위를 확장할 수 있다. 혼선과 자기적 간섭을 받지 않기 때문에, 구리 케이블로 발생할 수 있는 문제를 해결할 수 있다. 외부 미디어 컨버터를 Livewire 노드에 연결하기만 하면 100BASE-TX 구리 연결을 100BASE-FX 섬유 경로로 변환할 수 있다(그림 5.7).

최신 이더넷 스위치에는 종종 광섬유를 사용하여 스위치 간에 쉽게 연결할 수 있도록 미디어 변환기를 특수 소켓에 직접 연결할 수 있는 옵션이 있다.

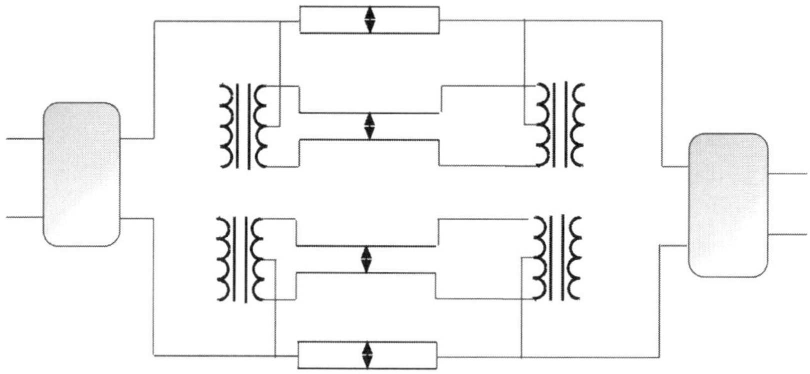

FIGURE 5.6

Schematic of PoE over a 100BASE–TX connection. In a full implementation, power is sourced directly over both spare pairs, as well as via a phantom scheme on data pairs. The powered device can take its feed from any or all pairs. (PSE ¼ power sourcing equipment; PD ¼ powered devices.)

FIGURE 5.7

This unit converts a 100BASE–TX link to a 100–Mbps ST multimode fiber link, for up to 2–km range. Similar units supporting single–mode fiber offer up to 75–km paths.

이러한 포트를 사용하여 외부 박스 없이 대용량 백본 링크를 만들 수 있다. 1000BASE–T 도메인의 이러한 media–flexible 인터페이스 중 첫 번째는 기가비트 이더넷 포트가 구리 또는 다중 섬유 모드 경로를 지원할 수 있는 표준 hot–swappable이 가능한 전기 인터페이스인 GBIC(Gigabit Interface Converter)이다.

최신 변형인 SFP(소형 form–factor 플러그 “미니 GBIC”라고도 함)는 일반적인 전기 전용 이더넷 잭 필드와 유사한 커넥터 밀도에서 유사한 기능을 제공한다(그림 5.8 및 5.9 참조).

FIGURE 5.8

This switch has four uplink ports for use with 1000BASE-T SFP transceiver modules.

FIGURE 5.9

A modern media adapter in the "SFP/mini-GBIC" sizeabout the same in width and height as a standard RJ-45 jack. With switches that have sockets for them, these can be used to provide on-board optical interfaces in a variety of different flavors, such as 1000BASE-SX or 1000BASE-LX.

LESS IS MORE You'd probably expect something with "multi" in its name to have more capability than the same thing designated "single." But this is not the case with fiber optics: single-mode cables are better and more expensive than multimode cables. These names refer to how light is contained within the fiber, based on the principle of total internal reflection, which is how fiber optics (and the rainbow, among other optical phenomena) works. Single-mode fiber-optic strands are smaller, and they more carefully control the light passing through them so it doesn't bounce around as much inside, making them more efficient and permitting longer ranges.

5.1.14 케이블을 뛰어 넘은: 이더넷 무선 링크

놀랍도록 낮은 비용으로 많은 대역폭을 제공하는 무선 이더넷이 있다. 그러나 모든 장치가 오류율 측면에서 진정한 이더넷 성능을 달성할 수 있는 것은 아니므로, 몇 가지 주의가 필요하다. 이들 대부분은 라이선스가 없는 ISM 대역에서 작동하지만, 현대의 전파 스펙트럼 기술과 지향성이 높은 안테나(그림 5.10)를 통해 간섭은 그다지 문제가 되지 않을 것으로 보인다. 비트 전송률 범위는 150Mbps이며 전력 레벨, 안테나 및 지형에 따라 거리는 25 마일이다. IEEE 802.16 (WiMAX) 표준에 따라 라이센스가 부여된 라디오는 이 범주의 옵션이다. 이러한 이더넷 IP 라디오를 사용하여 성공적으로 설치된 것으로 알려진 여러 AoIP가 있다. 응용프로그램 노트 및 이러한 예제의 세부 정보는 www.AxiaAudio.com/stl/ 에서 확인할 수 있다. 이러한 라디오는 스튜디오 간 링크, 원격 픽업 및 스튜디오에서 스튜디오로 전송되는 응용프로그램의 경우, 압축되지 않은 여러 채널, 양방향 오디오 전송, VoIP 전화, 원격 제어 및 일반 데이터를 멀티플렉싱할 수 있는 기능을 제공한다. 오디오와 일반 데이터가 혼합된 경우, 이더넷 스위치는 우선 순위 기능을 제공하여 AoIP가 필요한 대역폭을 안정적으로 수신하도록 보장한다.

FIGURE 5.10

An Ethernet radio antenna on a studio site rooftop.

5.1.15 아날로그 및 AES3 오디오 케이블

대부분의 Livewire 제품은 RJ-45를 균형 잡힌 라인 레벨 아날로그 및 AES 연결뿐 아니라 이더넷 연결에도 사용한다. 요즘 아날로그 오디오에 사용되는 다른 커넥터가 많이 있기 때문에, 이 선택이 왜 이루어졌는지 궁금할 수 있다. 그 이유는 비용, 밀도, 호환성, 편의성 등 다양하다. RJ-45 소켓 및 플러그는 제품 제조업체와 사용자 시설에서 모두 다른 선택 사항보다 훨씬 저렴하다. 밀도는 중요한 장점이다: 1U 랙 박스의 후면 패널에서 몇 개의 XLR만 얻을 수 있으며 각 아날로그 스테레오 연결에는 두 개의 XLR이 필요하다. 1U 8 x 8 인터페이스 노드(RJ-45 사용)에서 제공하는 동일한 수의 연결은 2U가 아날로그 연결의 경우 XLR과 동일한 채널 용량을 가져야한다. (단일 RJ-45는 균형 잡힌 아날로그 스테레오를 처리할 수 있으며, 그 중 수십 개는 1U 박스 패널에 장착할 수 있다.) 편의상, XLR 및 DB를 납땜, 쉘 조립 등이 필요하다. 반면 RJ는 현장에서 신속하게 조립될 수 있다. 또한, 설비의 모든 것을 위한 단일 케이블과 커넥터 유형을 가지고 있기 때문에, 케이블과 커넥터 재고가 크게 줄어든다. 스튜디오가 발전함에 따라, 아날로그에 한때 사용되었던 케이블과 동일한 케이블을 AES, AoIP 패킷 오디오, 일반 이더넷 데이터 또는 기타 모든 장치에 사용할 수 있다. 아날로그 및 AES3 신호에 Cat 5 "디지털 케이블"을 사용하는 것은 처음에는 이상하게 보일 수 있지만, 기술적 관점에서 보면 의미가 있다. 고속 네트워크에 필요한 낮은 정전용량과 타이트한 트위스트 요구 사항은 아날로그 및 AES 오디오에도 적합하다. 항상 의문이 떠오른다: 이 연결들을 보호할 필요가 있을까?

AES의 경우, 답은 명확하다. 이더넷에 사용되는 UTP 케이블은 낮은 속도 AES 데이터에 적합하다.아날로그는 더 까다로운 질문이다. 쉴드는 인접한 오디오 쌍에서 혼선을 발생시키고 근처의 AC 배선에서 발생하는 hum 유도를 일으키는 저주파 전자 결합에는 거의 영향을 미치지 않는다. 아날로그 인터페이스 노드 입력에서 좋은 common mode 제거와 결합된 타이트하고 정확한 쌍 트위스트가 이러한 잠재적 문제의 해결 방법이다. (케이블 제조업체) Belden의 테스트에 따르면, 지극히 평범하게 몇 가닥의 선을 하나로 꼰 Cat 5 케이블에서 20kHz 미만에서 케이블 내, 쌍 사이의 평균 혼선 길이가 100m 또는 328피트인 약 −100dB인 것으로 확인되었다. Belden의 고급 Mediatwist 케이블은 −110-dB 혼선보다 작다. 포일 쉴드는 메가헤르츠에 도달하기 전까지는 효과가 없다. 따라서 아날로그 연결을 차단하기로 한 결정은 RF 간섭에 대한 기대와 신중하고 보수적인 연속체에 대한 사용자의 입장에 달려 있다. 설비가 높은 RF 분야에 있는가? 직원들이 케이블 가까이에서 휴대폰을 사용할까? 얼마나 오래 작동하는가? 차폐가 필요하다고 판단되는 경우, 다소 높은 가격으로 Cat 5 또는 6 케이블("STP")의 차폐 버전을 사용할 수 있다. RJ-45 및 Cat 5 케이블은 거의 20년 동안 성공적으로 사용되었으며, 무선 시스템 StudioHub+ 제품군을 기반으로 한 많은 설치가 실제 시연의 역할을 하고 있다. Livewire 제품은 StudioHub+ 핀아웃을 사용한다. 사실상의 표준을 따르므로, Livewire 설치의 아날로그와 AES3 부품에

StudioHub+ 배선 구성 요소를 사용할 수 있다. (표 5.6 참조) 무선 시스템은 다양한 스튜디오 기어에 연결할 수 있도록 사전 배선된 광범위한 단일 “동글” 및 multipair harness 케이블을 제공한다(그림 5.11). 또한 균형이 맞지 않는 아날로그 - 디지털, AES-to-S / PDIF 및 AES-to-TOSLINK 어댑터, 헤드폰 및 배포 앰프, 스플리터, 합판 패드 등을 만든다.

Table 5.6 Livewire/StudioHub h Standard for Analog and AES3 Wiring on RJ-45s

Pin	Function	Color(T568B Standard)
Shield	Protective Ground	White/slate and slate/white[a]
1	Analog L+/AES+	White/orange
2	Analog L-/AES-	Orange
3	Analog R+	White/green
4	N/C (GND[b])	Blue
5	N/C	White/blue
6	Analog R-	Green
7	N/C (+15VDC[b])	White/brown
8	N/C (+15VDC[b])	Brown

[a]Optional.
[b]Used to power in-line devices such as balanced-to-unbalanced converters.

FIGURE 5.11

Dongles like these RJ-to-XLR adapters from Radio Systems provide interface from RJ-45 network-style cables to the usual pro-audio connections.

5.1.16 마이크 연결

현재 Livewire 장비는 마이크 입력에 XLR을 사용한다. RJ는 아마 그러한 낮은 신호 레벨에 대해 충분히 신뢰할 수 없을 것이다. 그리고 한쪽 끝에 RJ가 걸려있는 마이크 케이블은 상당히 이상할 것이라고 해야 한다. 그럼에도 불구하고, 오디오 응용 프로그램을 실행하는 PC에 첨부할 수 있는 USB 인터페이스를 갖춘 홈 레코더를 겨냥한 마이크가 많이 있다. 이더넷 100BASE-TX가 장착된 AoIP는 길이 100m의 기능과 변압기 격리를 통해 훨씬 더 나은 선택이 될 것이다. 어쩌면, 우리는 궁극적으로 AoIP 마이크를 볼 수 있을까?

5.1.17 불균형 연결

흔하다는 이유와 잘 알려진 이유로 인한 불균형 아날로그 연결을 피해야 한다. Livewire 장비와 불균형 기어를 연결해야 한다면, (단기간) 위험을 감수하고 보통의 '속임수' 방식으로 한쪽을 사용하여 항상 동일한 핀을 "높은"곳에 설정할 수 있다. 물론, 불균형 오디오 장비에 일반적으로 사용되는 낮은 기준 레벨(-10dBu)도 기억하십시오. 보다 신중한 접근법은 균형이 맞지 않는 장비에 실용적인 위치에 있는 균형 잡힌 앰프 또는 변압기 (예: 그림 5.12에 표시된 장치)를 사용하는 것이다. 무선 시스템의 StudioHub+ Matchjack 시리즈는 Livewire와 불균형 세계 간의 plug-and-play 호환성을 제공한다. 이러한 목적을 위해 설계된 무선 시스템은 직렬 전원 공급 장치를 사용하여 예비 쌍을 통해 직접 또는 원격으로 전력을 공급할 수 있다(표 5.6 참조).

FIGURE 5.12

A Radio Systems' Matchjack interfaces from StudioHub h-format analog audio on RJ-45s to unbalanced-device I/O connections.

5.2 | Livewire를 위한 이더넷 스위치 및 IP 라우터

3장에서는 스위칭 및 라우팅과 관련된 일반적인 AoIP 고려 사항을 살펴보았다. 이 섹션은 Livewire AoIP 자체에서 이 영역에 대해 조금 더 드릴다운한다. Livewire 패킷에는 이더넷 및 IP 헤더가 모두 포함된다. 즉, Livewire 스트림이 계층 2에서 전환되거나 계층 3에서 라우팅될 수 있다. 대부분의 Livewire 설치의 경우 필요한 IGMP 쿼리 및 스누핑 기능이 포함된 관리 2계층 스위치 또는 3계층 스위치를 사용하는 것이 좋다. IP 라우터는 2계층 스위칭을 고급 기능의 하위 집합으로 수행할 수 있으므로 이러한 기능을 사용할 수도 있다. 스위치와 라우터는 매우 간단한 것부터 매우 정교한 것까지 다양하다. 매우 큰 설치는 IP 라우터가 제공하는 고급 모니터링, 백업 및 기타 기능의 혜택을 받을 수 있다. 하드웨어 비용이 무어의 법칙에 따라 계속 하락함에 따라 IP 라우터가 이더넷 스위치와 비용 면에서 경쟁하게 될 수도 있다.
Livewire AoIP 이더넷 스위치 요구 사항은 다음과 같다:

- 충분한 백플레인 대역폭:
  모든 포트를 최대 용량으로 처리하려면 완전히 차단되지 않아야 한다.]
- 충분한 프레임 전달 속도:
  AoIP는 빠른 속도로 작은 패킷을 사용한다.
- IEEE 802.1p/Q 프레임 우선 순위 수정:
  Livewire 오디오 프레임은 너무 많은 지연이나 지터를 없이 우선 순위가 부여되어야한다.
  IEEE 표준은 8 단계의 우선 순위를 지정하지만 모든 레벨을 지원하는 스위치는 거의 없다.
  많은 사람들이 2 ~ 4 레벨만 지원하여 들어오는 레벨 중 일부를 함께 묶는다.
  일반 데이터 트래픽을 지원해야 하는 AoIP 시스템의 최소 레벨로 4단계를 권장한다.
- IGMP 제어를 통한 멀티캐스트 지원:
  필요한 총 오디오 스트림 수를 포함하기에 충분한 필터 입력 용량이 있어야한다.
  필터 용량이 모두 사용되면 가입 여부에 관계없이 모든 포트로 멀티캐스트 패킷을 전환하여 큰 문제를 일으키기 때문에 이 문제가 중요하다.
- 포트 기반 및 태그가 지정된 프레임 기반 VLAN에 대한 지원:
  후자는 스위치가 프레임별로 우선 순위를 결정할 수 있게 해주는 IEEE 802.1Q 표준이다.
  포트 기반 VLAN도 유용할 수 있다:
  예를 들어 단일 VLAN에 대한 특정 포트를 "하드와이어"로 설정하면, 사무실 PC가 AoIP VLAN에 접속할 수 없다는 것을 100퍼센트 확신할 수 있다.

- VLAN 지원에 대한 특별 요구 사항:
  AoIP에 대해 별도의 VLAN을 사용하려면 스위치에 해당 VLAN에서 작업하는 IGMP 쿼리 발송기가 있어야 합니다. 즉, 개별 IP 번호를 각 VLAN에 할당할 수도 있다.
  이 기능은 이더넷 스위치(대부분의 IP 라우터에서 찾을 수 있지만)에서 드물게 제공되므로 설치에 필요한 기능이 있을 때 많은 스위치가 고려 대상에서 제외된다.
- 스위치 관리:
  IGMP 및 멀티캐스트를 지원하는 모든 스위치는 "관리형 스위치"로 구성 및 기본 원격 모니터링을 위한 웹 인터페이스를 제공한다.
  Fancier 스위치는 더 나은 관리 기능을 제공하며, 때로는 AoIP에 유용할 수 있다.
  Livewire 설치에 사용하기 위해 테스트 및 승인된 스위치의 정기 업데이트 목록은 http://www.AxiaAudio.com/switches/ 에서 제공된다.

5.2.1 스위치 구성

AoIP에는 멀티캐스트가 필요하므로 스위치의 기본 구성을 수정해야 할 수 있다. 이 작업은 웹 인터페이스를 통해 수행될 수 있지만 명령줄은 종종 필요한 세분화된 제어를 수행하는 가장 좋은 방법이다. 다음은 Livewire의 스위치 구성의 예이며, 이 경우 Cisco Catalyst 3560에 대한 것이다.

글로벌 QoS 구성

다음 명령을 입력한다:

```
  configt
mls qos srr-queue input buffers 50 50
mls qos srr-queue input cos-map queue 1 threshold 1 5
mls qos srr-queue input cos-map queue 2 threshold 1 6 7
mls qos srr-queue output cos-map queue 1 threshold 1 6 7
mls qos srr-queue output cos-map queue 3 threshold 1 5
mls qos
end
```

Livewire 장치에 연결하는 고속 및 기가비트 이더넷 포트 구성다음 명령을 입력한다:

```
configt
interface fa0/x
switchport mode access
```

```
switchport nonegotiate
switchport voice vlan dot1p
srr-queue bandwidth share 30 20 25 25
srr-queue bandwidth shape 0 0 0 0
priority-queue out
spanning-tree portfast
mls qos trust cos
end
```

- 여기서 "x"는 구성할 포트 번호이다.
- 여러 포트 구성에 RANGE 명령을 사용한다.

구문:

```
interface range fa0/x  yy
```

다른 CISCO 촉매 스위치에 대한 포트 연결 구성

다음 명령을 입력한다:

```
configt
interface GigabitEthernet 0/x
switchport mode trunk
srr-queue bandwidth share 30 20 25 25
srr-queue bandwidth shape 0 0 0 0
priority-queue out
mls qos trust cos
end
```

- "x"가 수용할 포트 #일 경우
- 여러 포트 구성에 RANGE 명령을 사용한다.

구문:

```
interface range fa0/x  yy
```

스택형 스위치에서 다음 구문을 사용한다:

```
fa1/0/x or GigabitEthernet1/0/x
```

구성 확인

스위치의 구성을 확인하려면 다음을 입력한다: show running-config. 스위치가 입력한 내용을 올바르게 수락했는지 확인해야한다. Cisco 스위치에서 실행되는 두 가지 소프트웨어 이미지가 있다. 표준 다중 계층 소프트웨어 이미지(SMI) 또는 향상된 다중 계층 소프트웨어 이미지(EMI). 후자에는 PBR(정책 기반 라우팅)과 같은 고급 기능이 포함되어 있다. EMI는 상당한 비용 프리미엄으로 제공되며 일반적으로 AoIP에 필요하지 않다. 스위치 구성이 서로 다르기 때문에 이 점을 언급한다. 위의 예는 SMI-version 소프트웨어에 대한 것이다.

5.3 | AoIP 응용프로그램 및 구조

AoIP 설치 범위는 2-노드 "스네이크"에서 간단한 1-스튜디오 설정까지, 수십 개의 스위치와 라우터, 수백 개의 포트 및 수천 개의 오디오 채널이 있는 크고 복잡한 시스템에 이르기까지 다양하다. 다행히도 이더넷과 IP가 확장되도록 설계되었으며, 따라서 AoIP 설치도 가능하다. 이 섹션에서는 크기와 정교한 스펙트럼에 걸쳐 예들을 살펴보겠다.

5.3.1 AoIP "스네이크"

AoIP의 가장 간단한 구성은 크로스오버 케이블로 연결된 2개의 노드이다. 응용 프로그램이 고정된 경우, 실제 작동 전에 PC에 직접 연결된 각 노드에 대해 구성을 수행할 수 있다. 작은 이더넷 스위치를 추가하면 온라인 구성이 허용된다. 또한 아날로그와 AES3 인터페이스를 혼합하고 일치시키는 더 많은 노드를 추가할 수 있다. (또한, 이 AoIP 접근법은 AES-over-IP 링크를 실현하는 유일한 방법이다.) (그림 5.13 참조)

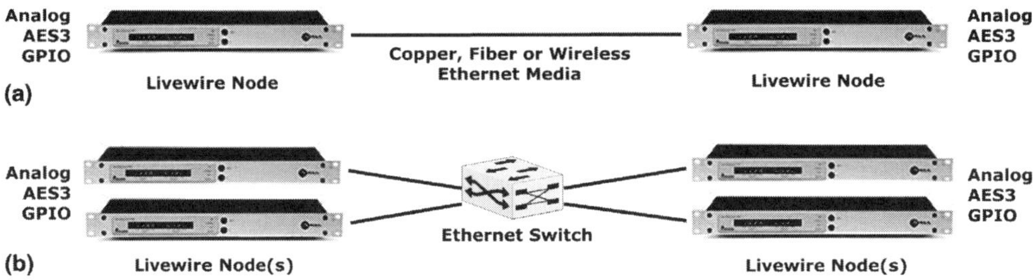

FIGURE 5.13

Livewire can be used as a "snake" in various configurations.
(a) A fixed, point-to-point configuration simply connects two Livewire nodes across any Ethernet medium in crossover mode.
(b) A dynamically configurable (and potentially point-to-multipoint) arrangement is achieved with the addition of an Ethernet switch. In either case, a mix of analog audio, AES3, and GPIO signals can be transported between or among locations.

Livewire 기술의 엄격히 제어되는 지연 특성 때문에 여러 노드의 여러 채널이 오디오 샘플의 일부 내에서 동기화된다.
모든 이더넷 미디어가 열려 있다: 동, 섬유, 및 무선

5.3.2 네트워크 가능한 PC 사운드 카드

AoIP는 내부 PC 사운드 카드 및 USB 기반 오디오 인터페이스 박스의 대체 제품이다. USB와 달리 이더넷 연결 오디오 인터페이스는 PC에서 멀리 떨어져 있을 수 있다. PC는 제어실에 있고, 오디오 I/O는 스튜디오에 있을 수 있다. 가장 간단한 경우, 크로스오버 케이블이 인터페이스 노드와 PC를 연결하는 것이다. Axia Livewire 드라이버는 여러 이더넷 카드를 지원하므로, 시설의 기본 네트워크 인터페이스와 독립적인 카드를 오디오 노드에만 사용할 수 있다. AoIP와 마찬가지로, 이더넷 스위치를 추가하여 여러 인터페이스 노드를 허용할 수 있다. full-up된 Livewire PC 드라이버는 24개의 스테레오 입력과 동일한 수의 출력을 처리하므로, 많은 채널을 사용할 수 있다. (그림 5.14 참조)

5.3.3 스튜디오 전송 링크

STL(Studio-to-Transmitter Link)은 위에서 살펴본 것과 거의 비슷하지만 이더넷 라디오 링크를 전송 미디어로 사용합니다(그림 5.15).
라이브 와이어 노드는 아날로그 및 AES3 오디오를 인터페이스하기 위해 양 끝에서 사용되지만, 다른 작업에 사용할 수 있는 여분의 대역폭이 많이 있을 수 있다. HD 무선 IP 기반 전송 스트림은 제어/텔레미터 및 VoIP 전화 확장이 가능한 동일한 링크를 통과할 수 있다. 물론, 기존의 STL과

달리, 링크는 본질적으로 양방향이다.

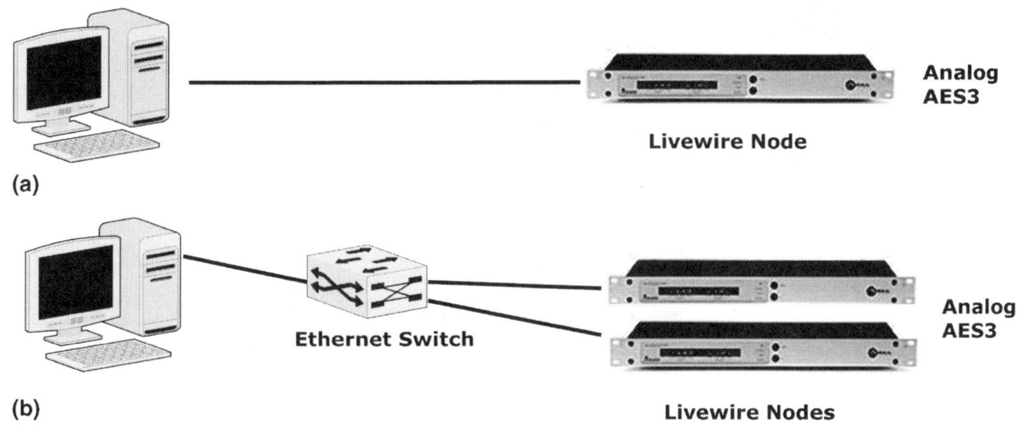

FIGURE 5.14

A Livewire node can act as a remote sound card for a PC, with the audio I/O terminations located anywhere with access to the network. (a) A single node connected to a PC via a crossover cable; (b) a multinode arrangement using a small switch.

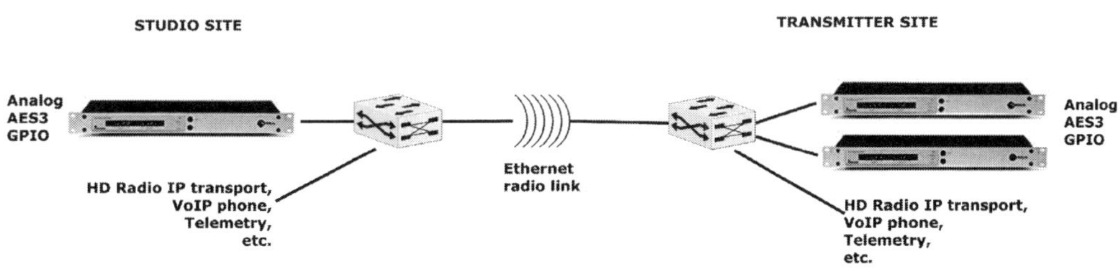

FIGURE 5.15

Livewire nodes can be used to establish a two-way STL (STL h TSL) over an Ethernet radio link.

AoIP와 기타 트래픽이 혼합된 경우 오디오가 무선 링크 대역폭에서 처음 호출되도록 각 끝의 이더넷 스위치가 우선 순위를 적절하게 지원해야한다. Livewire 노드는 클럭 동기화 데이터에 필요한 대역폭을 줄이는 "저속 클럭" 설정을 사용한다. 일반적으로 무선 링크의 대역폭 사용을 줄이려면 이 구성 옵션을 선택해야한다. (trade-off는 노드가 전원이 켜지거나 클럭 마스터십을 통해, 변경해야 하는 PLL 동기화 시간이 길어 지지만 이 전용 점대점 응용 프로그램에서는 문제가 되지 않는다.)

5.3.4 단순한 라디오 스튜디오

단일 독립형 라디오 스튜디오에서는 내부 이더넷 스위치가 있는 통합 Livewire 엔진을 로컬 오디오 및 GPIO 노드와 함께 사용할 수 있다(그림 5.16).

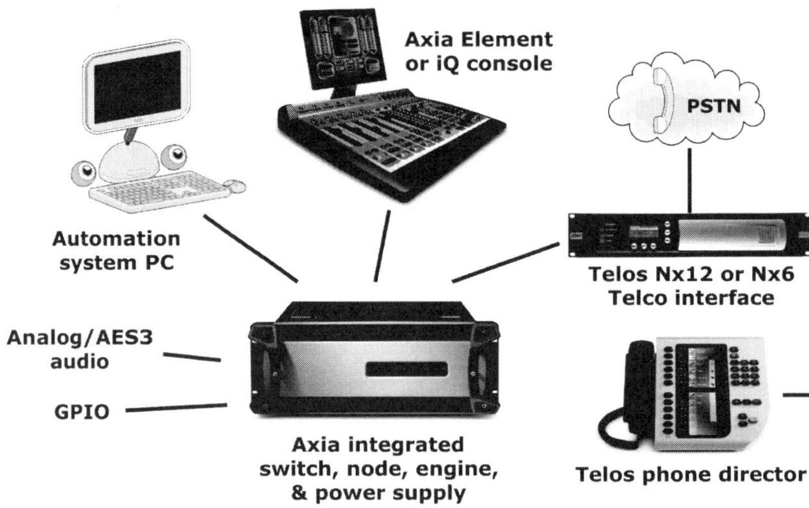

FIGURE 5.16

A basic, single-radio studio can use an integrated Livewire core that includes a mix engine, audio interface nodes, and a small switch. PC audio sources and telephone interfaces connect via IP rather than in the audio domain.

이렇게 간단한 경우에도 AoIP 접근 방식의 주요 장점은 PC 기반 오디오 소스가 사운드 카드가 아닌 이더넷을 통해, 직접 연결된다는 것이다. 전화 인터페이스는 또한 모든 오디오 채널 및 제어에 대한 단일 연결을 통해 여러 송수신 및 믹스 마이너스 채널에 대한 일반적인 케이블 꼬임을 크게 단순화한다. 네트워크 제어는 콘솔이 전화 시스템에 더 풍부한 인터페이스를 가질 수 있다는 것을 의미한다. 이 스튜디오는 중앙 이더넷 스위치를 추가하고 업-링크를 실행하여 다른 사람과 쉽게 연결할 수 있다. 또는 데이지 체인 방식으로 접근하면 중앙 스위치를 사용하지 않고도 몇 개의 스튜디오를 연결할 수 있다. 원격 오디오 소스는 스튜디오 외부에 위치한 노드를 통해 인터페이스되고 이더넷 연결을 통해 백홀(backhaul)로 연결될 수 있으며, 여러 스튜디오에서 오디오를 공유할 수 있다.

5.3.5 완벽히 성장한 무선 기능

AoIP는 큰 무선 시설에서 훨씬 더 유리하다. 그림 5.17은 전형적인 고급 라디오 방송 스튜디오와 중앙 자원 시스템을 보여준다. 스튜디오에서는 이더넷 스위치, 혼합 엔진, 오디오 및 GPIO 노드, 전원 공급 장치를 포함하는 통합 파워스테이션 코어를 사용한다. 스튜디오에는 외부 “엣지” 스위치가 필요하지 않다. 아날로그, AES3 및 GPIO는 직접 연결된다. 자동화 PC에는 Livewire 드라이버가 장착되어 있으며 이더넷을 통해 파워스테이션에 연결된다.

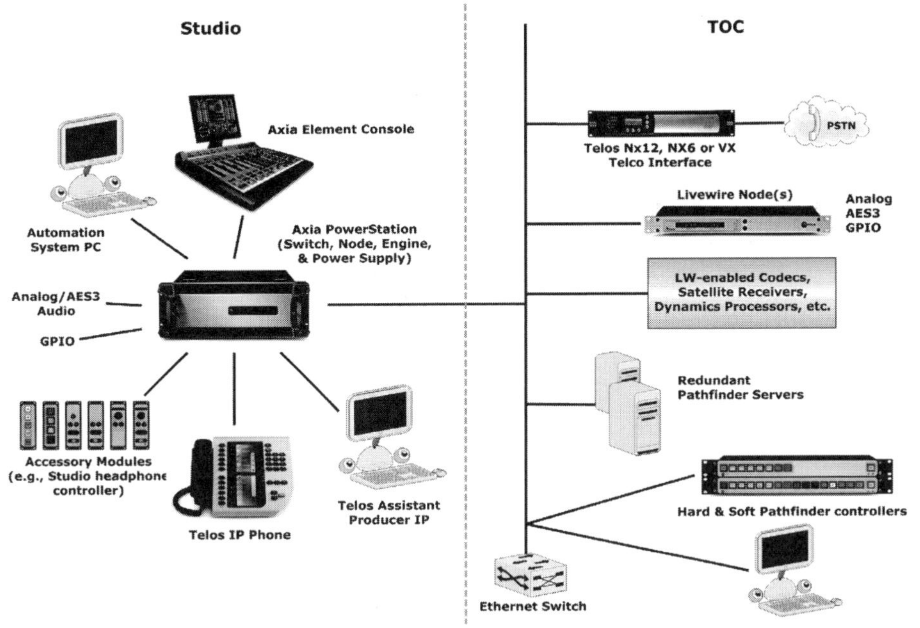

FIGURE 5.17

A typical Livewire radio facility installation, showing one of several studios (at left) and the TOC (at right).

파워 스테이션은 VoIP 전화 시스템을 위한 이더넷 스위치로도 사용된다. 시설의 기술 운영 센터(TOC 또는 "마스터 컨트롤"또는 단순히 "랙 룸")에 추가 스튜디오 및 기타 장치를 시스템에 연결하는 중앙 ("코어") 이더넷 스위치가 있다. 서버의 쌍은 Pathfinder 라우팅 컨트롤러 패키지를 위한 클러스터된 이중화 호스트를 제공하며, 이 호스트는 하드웨어 패널 또는 PC 호스트 클라이언트 소프트웨어로 제어할 수 있다. 그림 5.17의 전화 인터페이스는 PSTN 연결로만 표시되지만, 이는 전체 시설을 서비스하는 VoIP PBX에 SIP가 연결된 VX 시스템일 수 있다(섹션 6.2 참조). 네트워크를 통해 전화 네트워크에 액세스해야 하는 스튜디오로 오디오를 제어하고 Livewire를 전송한다. 또한 토크쇼 PD/콜-스크리너 데스크는 PC가 네트워크에 연결된 상태에서 텔로스인 보조 프로듀서 IP 또는 브로드캐스트 Bionecs 또는 NeoSoft와 같은 유사한 타사 소프트웨어 응용 프로그램과 함께 필요로 하는 방송국에 관계가 있을 것이다.

5.3.6 Livewire "Classic" 라디오 스튜디오 설정

Axia가 파워 스테이션과 iQ 통합 엔진을 선보이기 전에(2008년) Livewire AoIP 스튜디오는 보다 모듈화된 방식으로 제작되었다(그림 5.18). 각 콘솔에는 독립적인 믹싱 / 프로세싱 엔진이 지원하는 자체 전원 공급 장치 / CPU / GPIO 장치가 있다. 각 스튜디오에는 일반적으로 자체 엣지 이더넷 스위치가 있다.

하나의 스위치는 여러 개의 스튜디오에 서비스를 제공할 수 있지만, 스위치와 스튜디오를 일대일로 구성할 경우 단독 운영이 가능하다.

시설 내에 여러 개의 AoIP가 장착된 스튜디오가 있었을 때, 중앙 랙 영역의 코어 스위치는 각 로컬 스위치에 연결되어 있다. 스튜디오의 혼합 엔진은 1000BASE-T 구리 링크를 사용하여 표준 구리 송수신기 모듈을 사용하여 스위치의 두 1000BASE-T SFP 포트 중 하나에 연결한다.

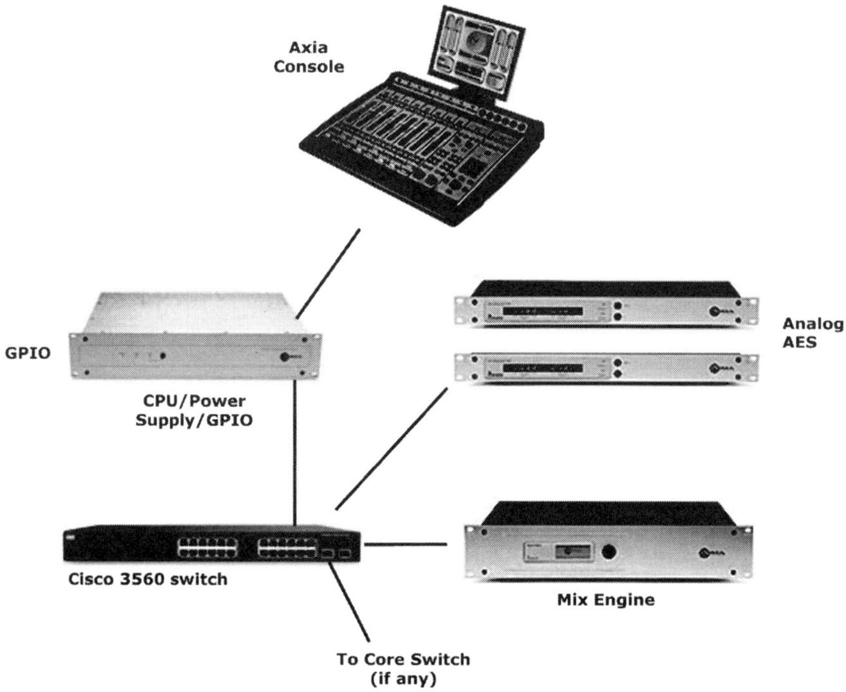

FIGURE 5.18

Prior to the development of a more integrated solution (PowerStation), Livewire radio studio systems utilized this more modular approach.

앞에서 언급했듯이, 오디오 재생 및 파일 저장을 위해 스튜디오에서 사용되는 모든 PC는 Livewire 오디오 드라이버 소프트웨어(사운드 카드 및 오디오 연결을 통하는 것이 아니다)를 사용하여 가장자리 스위치를 통해 네트워크에 직접 연결된다. 코덱, 전화 시스템 및 위성 수신기와 같은 주변 장치는 아날로그 또는 AES I/O만 사용할 수 있는 경우, 오디오 인터페이스 노드를 사용하거나 기본 AoIP 연결이 제공되는 경우, 스위치에 직접 연결할 수 있다. 이러한 모듈형 구성 요소 접근 방식은 여전히 사용 가능하며, 특정 요구 사항을 충족하기 위한 인터페이스를 혼합하여 사용할 수 있기 때문에 일부 설치에서는 여전히 유용할 수 있다. 또한 필요한 크기의 이더넷 스위치를 선택하여 필요할 경우 많은 포트를 사용할 수 있다.

5.3.7 오디오 라우터

AoIP를 사용하여 오디오 라우터 시스템을 만들 수 있으며, 이 시스템은 원-박스 8 x 8에서 수천 개의 오디오 채널이 있는 기능이 포함된 기능 전체 시스템에 이르기까지 거의 모든 용량 요구사항을 충족한다(그림 5.19).

원하는 수의 오디오 채널을 제공하기 위해 임의의 인터페이스 노드를 사용할 수 있다. 관리 이더넷 스위치는 24 개의 포트가 있는 1U 랙 박스에서 수백 개의 포트가 있는 모듈을 호스트하는 중복 프레임까지 다양하다. (일반적으로 후자에는 계층 2 스위칭과 IP 라우팅 기능이 있다.)

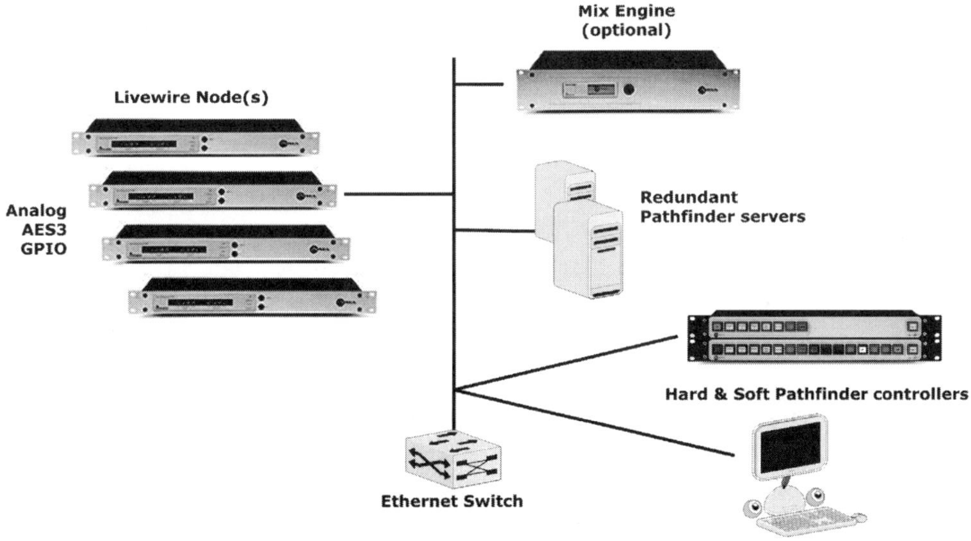

FIGURE 5.19

Livewire can be used as an analog audio, AES3, and/or control-signal router only.

여러 스위치를 다양한 방법으로 연결하여 여러 포트를 통해 "스위치 클라우드"를 생성할 수 있다. Livewire의 Pathfinder 소프트웨어 응용 프로그램은 분산 시스템을 기존 프레임 기반 오디오 라우터처럼 제어할 수 있는 접착제이다. 4장에서는 Pathfinder가 모든 범위의 제어 옵션을 활성화한다는 점을 기억합시다. 소프트웨어 클라이언트와 하드웨어 패널은 모두 이더넷을 통해 네트워크에 연결된다. 이벤트 트리거는 버튼 누름, 시간 지정 동작, GPIO의 트리거, 네트워크 메시지, 침묵 탐지 등 다양한 자극에 대응할 수 있는 "스택 이벤트" 편집기를 사용하여 작성할 수 있다. GPIO는 기존의 하드웨어 잠금 유형뿐만 아니라 이더넷 연결이 있는 PC 및 기타 장치에 대한 네트워크 메시징을 통해 완벽하게 지원된다. 또한 오디오 라우팅 변경 사항을 따르도록 GPIO를 구성할 수도 있다. 이러한 시스템에 혼합 엔진을 포함시켜 기본적인 혼합 또는 크로스페이딩(crossfading) 기능과 스테레오 채널 왼쪽/오른쪽/섬 입력 선택을 추가할 수 있다. 또한 이러한 프로세스에 대한 제어는 네트워크를 통해 제공되며 Pathfinder 응용 프로그램에 의해 관리된다.

5.3.8 중복성을 갖는 50+ 스튜디오 시설

매우 큰 AoIP 설치의 좋은 예는 세계에서 가장 크고 정교한 오디오 방송 시설 중 하나인 프라하의 자유 유럽 방송(RFE)에 있는 새로운 공장이다. 중복 계층 구조를 가진 양식을 사용한다(그림 5.20).이 시설의 핵심 스위치는 실제로 고급 IP 라우터인 Cisco Catalyst 6509이며, 9개의 슬롯 섀시로 강화된 온라인 자동 백업 및 예비 전원 공급 장치이다.

라우터의 인터페이스 모듈에는 GLC-SX-MM 1000BASE-SX 섬유 연결을 호스팅하는 24포트 GigE 구리 및 SFP 포트가 있다. 엣지 스위치는 스튜디오 클러스터 근처에 위치한 Cisco 2960G-24TC-L이다. 각 엣지 스위치에는 코어에 대한 1000BASE-SX 연결이 중복되어 있다. RFE는 Pathfinder의 기능을 광범위하게 활용하여 오디오 피드의 경로를 스튜디오로 변경하고 시설에서 서비스하는 많은 방송 송신 사이트로 프로그램 피드를 구성한다.

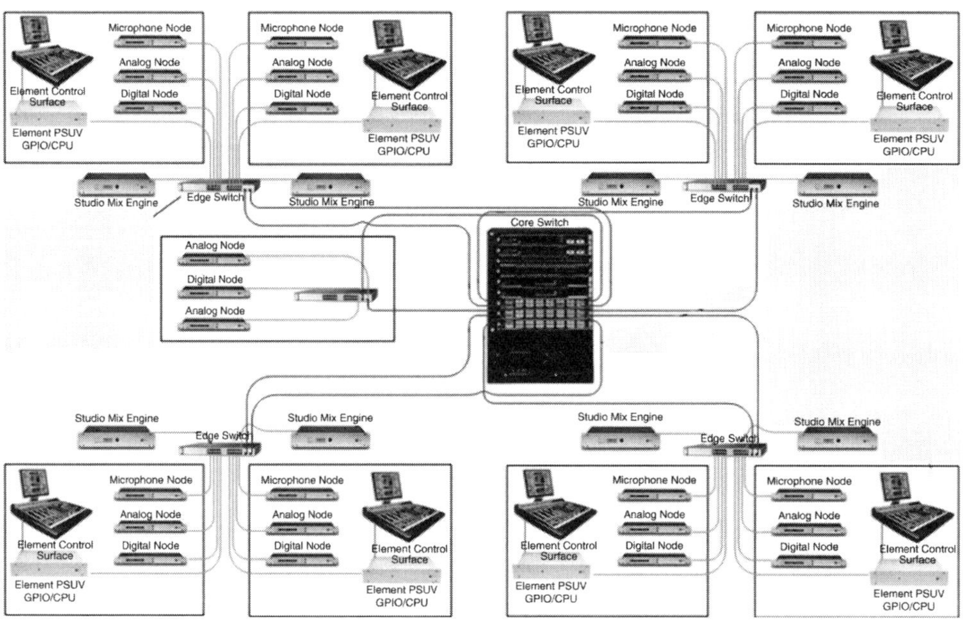

FIGURE 5.20

Block diagram excerpt from RFE' s facility in Prague, showing AoIP flow in four of the 50 h studios and the TOC core switch. The core switch connects to edge switches via redundant gigabit fiber links. Edge switches connect to studio equipment via 100BASE-TX or 1000BASE-T.

5.4 | 양식에 대해 자세히 알아보기

5.4.1 데이지 체인

스튜디오를 연결하고 오디오를 공유할 수 있는 방법은 코어 스위치뿐만이 아니다. 코어 스위치를 사용하는 대신 개별 스튜디오를 데이지 체인 방식으로 연결할 수 있다. 스위치 간 기가비트 링크를 사용하면 수백 개의 오디오 채널이 한 그룹에서 다른 그룹으로 흐를 수 있다. 스위치 사이에 불필요한 신장 트리(spanning tree) 링크가 있는 "원형 백본"이 있을 수 있다.
코덱과 같이 공통적으로 사용되는 주변 장치는 스튜디오 스위치에 연결되거나 별도의 스위치 데이지 체인 방식으로 피드를 픽업할 수 있다.

5.4.2 중복

이더넷 스위칭에는 IEEE 802.1D 로 표준화된 스패닝 트리라는 이중화를 위한 기본 구성표가 있다.새로운 변형을 고속 스패닝 트리라고한다. 스패닝 트리 기능을 활성화한 스위치는 전체 네트워크의 토폴로지에 대한 정보를 서로 교환할 수 있다. 주 링크가 실패한 경우 자동으로 활성화되는 중복 백업 링크가 있을 수 있다. 스위치와 레이아웃에 따라 중복 링크를 연결하려면 1초에서 30분 정도 걸릴 수 있다. 링크 집계(포트 트렁킹(port trunking)이라고도 함)는 이중화를 달성하는 또 다른 방법이다. 스패닝 트리를 사용하면 두 스위치 사이에 두 개의 링크가 있더라도 한 번에 하나만 활성화된다. 그러나 정상적인 작동 중에 대역폭을 두 배로 늘리고 백업 실패 시, 즉각적인 백업을 수행하므로 두 가지 모두를 동시에 활성화하는 것이 더 좋다.
이 링크 집계는 IEEE 802.3ad에서 표준화되었다. 이 기능을 사용하려면 일반적으로 스위치에서 명시적으로 사용하도록 설정해야 한다. 또한, 이 구성은 일부 PC 네트워크 인터페이스 카드(서버용)에서 지원되므로 스위치 간 링크만 지원하는 것은 아니다. IP 라우터가 코어에 있을 때 2계층 전략보다 빠르게 응답할 수 있는 자동 이중화를 위한 추가 옵션이 있다. 합리적인 옵션으로는 수동 스왑 아웃(swap-out)도 있다. RJ-45는 플러그를 뽑거나 다시 꽂기가 매우 쉽고 스위치와 기타 Livewire 구성 요소가 기존 대안 제품보다 훨씬 저렴하기 때문에 선반 위에 예비 장치를 두어 빠른 대체를 할 수 있다. 마지막으로 대부분의 이더넷 스위치와 IP 라우터는 이중화의 측면을 해결할 수 있는 백업 전원 공급 옵션을 제공한다.

5.4.3 보안

Livewire 시스템을 다른 네트워크(LAN 또는 WAN)에서 완전히 격리된 상태로 유지하면 100% 보안이유지된다. 이것은 간단하고 완벽한 좋은 전략으로, 걱정 없이 기본적인 설치를 할 수 있다. 하지만 사무실 네트워크와 공유하거나 연결하면 장점이 있다. 먼저 설비에 연결된 PC에서 시스템을 구성하고 모니터링할 수 있으며, 오디오는 액세스 권한이 있는 데스크톱에서 모니터링할 수 있다. 이 경우 별도의 스위치 또는 VLAN을 사용하여 AoIP 섹터를 분리할 수 있다. IP 라우터는 올바른 패킷만 한 패킷에서 다른 패킷으로 전달하므로 방화벽 기능을 제공한다. 인터넷에 연결하면 원격 사이트에서 AoIP 네트워크를 모니터링하고 구성할 수 있는 이점이 있지만, 교환은 공용 연결로 인한 위험이 증가된다. Livewire 노드 및 기타 장치를 사용하면 웹 및 telnet 액세스가 암호로 보호되어 보안을 측정할 수있다. 그러나 SSL(Secure Sockets Layer)과 같은 이질적인 보안 액세스 기술은 사용하지 않는다. 이는 외부 환경으로 가는 경로를 가진 모든 AoIP 시스템의 필수 구성 요소가 될 효과적인 방화벽 뒤에 항상 있어야하기 때문이다. 적합한 방화벽 및 기타 보호 전략에 대해 조언하려면 적격 네트워크 엔지니어와 상담해야한다. AoIP Livewire 네트워크를 외부 환경과 연결하기 위한 일부 Axia 구성 요소에는 내부용과 외부용으로 두 개의 이더넷 잭을 특징으로 한다. iPort MPEG 게이트웨이 및 Telos VX VoIP 전화 엔진은 이러한 보안 분리 접근 방식의 예이다.

CHAPTER 06

VoIP Telephone Systems in the Studio Environment

컴퓨터가 가득 찬 모든 디지털 방송 스튜디오가 핸드 크랭커와 전구형 "링거"가 있는 전화기 시대에 발명된 기술을 사용하여 PSTN(공용 교환 전화망)에 접속하는 것은 조금 이상하지 않는가?전문적인 오디오에서 두 개의 오디오 방향을 연결부에서 결합하여 인터페이스 장비에서 두 개의 오디오 방향을 불완전하게 캐내도록 하는 또 다른 방법은 무엇입니까?신호에 100-AC 볼트를 사용하는 곳이 또 어디인가?

전화 네트워크의 핵심도 정교한 내부 신호 시스템과 독립적인 오디오 경로를 갖춘 디지털 방식이라는 점을 고려하면 이는 훨씬 더 생소하다. 확실히 우리는 현대의 전화 인터페이스에서는 이 고대 벨소리나 아날로그 오디오 매쉬업보다 더 잘 할 수 있다. 그것이 ISDN의 아이디어였고, 좋은 아이디어였다. 전화망은 1960년대에 디지털로 전환되기 시작했고, 1980년대에는 많은 나라에서 전환과 내부 전송의 전환이 거의 100% 완료되었다. 국내 데이터 통신에 대한 아이디어는 이제 막 시작되고 있었다. 게시판과 1200 보드 모뎀 기억나는가? ISDN의 발명가들은 64kbps의 네트워크 속도를 사용자에게 모두 전달할 수 있다면, 놀라운 속도에 매우 기뻐할 것이라고 생각했다! 그리고, 두 개의 채널을 통해, 동시에 대화를 나누고 레시피를 찾을 수 있다. 유튜브는 그들의 상상력에 들어가지 못한 것 같다.

BACK TO THE FUTURE On the other hand, some phone company forward-thinkers had stumbled upon the idea of on-demand music. Steve remembers attending a seminar sponsored by Bellcore in 1987 that introduced a pre-ISDN digital service called Switched-56. Among the futuristic demonstrations was a music service accessed by voice prompts and dual-tone multifrequency (DTMF) key presses. A phone had been outfitted with a "high-fidelity" 7-kHz mono codec and a drive-in theater-class loudspeaker. Steve Jobs had nothing to fear.

xDSL은 비트 전송률이 크게 높아 ISDN을 홈 데이터콤 기술로 빠르게 대체했지만, 방송사들은 고품질 원격 픽업을 위해 ISDN을 계속 활용하고 있다. 비트에 직접 액세스할 수 있다는 것은 일반적인 G.7112 이외의 코덱을 사용하여 훨씬 뛰어난 정확도를 달성할 수 있다는 것을 의미한다.

예를 들어, MPEG HEAAC는 전화 회사에서 구식 모노 음성 서비스를 제공하기 위해 사용하는 동일한 채널과 비트 전송률을 사용하여 방송급 스테레오를 제공한다. ISDN은 여전히 가치 있는 기술로, 낮은 지연 시간에도 안정적인 전송을 제공하지만, 통신사가 이를 단계적으로 폐기하고 있는 것으로 보인다. 일부 통신회사는 여전히 ISDN을 기쁘게 판매하지만, 일부 통신사는 공식적으로 종료 발표를 했고, 일부는 ASPCA3에 전화를 걸어 휴가 준비의 일환으로 박제사에게 반려견을 데려가는 문제를 논의한 것처럼 ISDN 주문 조회에 응답하는 것처럼 보인다. 실제로 ISDN 서비스는 2채널 BRI(기본요금 인터페이스)와 23채널(30채널 유럽) PRI(기본요금 인터페이스)의 두 가지 유형이 있다. 전자는 존재 이유를 잃은 것 같은 존재이며, 가장 먼저 갈 것이다. ISDN-PRI는 특히 유럽에서 대기업 PBX를 연결하는 데 널리 사용되기 때문에 훨씬 더 오래 머물 수 있었다. 하지만 이 또한 결국 대체될 것으로 보이며, 이것이 이 장의 주제이다. 최종적으로 POTS(Plain-old 전화 서비스) 아날로그 라인과 ISDN을 모두 대체하는 요소는 무엇인가? 물론 VoIP(Voiceover IP)이다. 많은 통신사가 이미 이 서비스를 제공하고 있으며, 이를 적극적으로 홍보하기 시작했다. 조만간 이 문제를 탐구하겠지만, 일단은 좀 더 시야를 넓혀보도록 하겠다.] 라디오 스튜디오 또는 오디오 프로덕션 시설에서 VoIP를 사용할 수 있는 세 가지 방법은 다음과 같다:

- 일반 전화 서비스를 위한 시설 내에서 IP PBX 사용한다.
- 인터넷 전화에 IP 기반 스튜디오 전화 시스템을 사용한다.
- VoIP를 사용하여 통신 네트워크에 연결한다.

이 모든 것들은 각자 독립적으로 고려되어야 하고, 곧 하게 될 것이다. 하지만 먼저 테이블을 정하도록 하자.

6.1 | 라디오 방송국 안 VoIP

몇 가지 일반적인 라디오 방송국 시나리오는 다음과 같다:

- 청취자가 스튜디오 번호를 불러 전화 경연 대회에 참가했다.
  홍보부 담당자만 답변할 수 있는 질문이 있어서 DJ가 통화를넘겨주려 한다.
- 한 뉴스메이커가 기자의 전화를 받는다.
  그 또는 그녀는 방송국의 주요 번호로 전화를 걸어 뉴스룸으로 넘겨졌고, 그 곳에서 기자는 뉴스메이커의 발언을 녹음한다.

토크쇼의 제작자는 뉴스메이커가 통화 중이고 생방송으로 대화를 하기 위해 방송 스튜디오 에서 전화 받는 것을 원한다는 소식을 듣는다.

누군가는 이런 일을 하는 것이 쉽다고 생각하지만, 만약 여러분이 라디오 방송국에서 수년간 일했다면, 여러분은 그것이 중요한 것이라고 알고 있을 것이다. 문제는 방송국의 사업 PBX에서 시작되는데, 전화를 전송하는 것은 상당한 정신 건강을 포함하는 제안이다. 문제는 PBX와 공중전화 시스템, 각각 자체 운영 패러다임을 가지고 있는 두 개의 전화 시스템을 가지고 있는 것으로 계속된다. 마지막으로, 시스템 간의 상호 연결에는 기술적 한계가 있습니다. 일반적으로 POTS 라인 에뮬레이션입니다. 즉, 스튜디오 시스템은 전송을 시작하는 유일한 방법, 즉 “switch-hook flash”를 기다리고 “stutter-tone”을 기다리고 인쇄된 디렉토리에서 올려야 하는 확장 번호를 다이얼링하는 것이다. 이런! 그냥 작업자를 고용해서 천으로 덮인 코드를 잭에 꽂는것이 어떤가? SIP (세션 개시 프로토콜)를 입력하면 오늘날 여러 PBX가 한 설비에서 공존할 수 있으며 그 사이에 다양한 신호 경로가 있다. 이는 스튜디오 환경에서 즉시 눈에 띄는 보상을 해야 하는 IP 기반 시스템의 이점 중 하나이다. SIP를 사용하면 비즈니스와 온-오프라인 시스템 간에 호출을 주고받는 일이 간단하고 일상적인 일이 될 수 있다. 스튜디오 온-에어 시스템은 대개 PBX를 통해 라우팅되지 않고 전용 통신회선에 직접 연결된다. PBX를 통해 오디오를 전달하면 오디오가 저하되는 경우가 많기 때문이다. 연결은 일반적으로 아날로그이므로, PBX 및 온-에어 시스템에서 디지털로 변환하거나 디지털에서 변환할 수 있다. 유감스럽게도, 20년 동안, 대부분의 PBX는 디지털 방식이었고 공중파 시스템도 디지털 방식이었기 때문에, 중간 아날로그 링크가 필요하지 않았다. 스튜디오 시스템에서 PBX로의 디지털 링크는 PBX 공급업체가 휴대폰에 대한 서로 다른 독점적 연결을 사용했기 때문에 불가능했다. PBX가 POTS를 통해 통신사에 차례로 연결되는 경우, 이는 음성 경로의 또 다른 불필요한 왜곡 및 소음 유발 변환 범프이다. 대부분의 IP와 마찬가지로 표준화는 이제 서로 다른 벤더의 정보를 서로 연결하는 방법과 과거의 문제를 해결하는 방법을 제공한다.
다른 시나리오이다:

- 엔지니어는 방송국에 돈을 좀 아끼고 매니저에게 깊은 인상을 심어주고 싶어한다.
  따라서 엔지니어는 통신사와 협상하여 단일 ISDN PRI로 모든 방송국의 전화 서비스를 제공 하지만, 그 후 사무실 시스템과 스튜디오 시스템 간에 채널을 나누는 방법을 찾아야한다.
  PBX의 새 카드가 나올 수도 있지만 수천 달러가 들기 때문에 관리자는 엔지니어의 비용 절 감 통찰력에 완전히 감명을 받지 못했다.

다시 말하지만 IP가 구출됐다. 게이트웨이는 통신 측의 ISDN PRI 및 PBX 측의 SIP IP와 함께 사용할 수 있다. 방송국 일반 PBX와 스튜디오 온-에어 시스템 모두 게이트웨이에서 SIP를 말한다. 채널("라인")은 필요한 모든 방법으로 분할할 수 있다. SIP는 서로 다른 벤더의 장비 간에 원활하고 상호 운용 가능한 커뮤니케이션을 위한 비결이다. 한편, IP는 불필요한 아날로그-디지털(A/D) 또는 디지털-아날로그(D/A) 변환을 방지하고 오디오를 순수한 디지털 형태로 전달할 수 있다. 이제 스튜디오 시스템은 추가적인 왜곡이나 노이즈 없이 PBX로 오디오를 전달/전송할 수 있다.

6.2 | SIP

SIP는 통신 기술의 수용체들 사이에서 big-daddy buzz-acronym가 되기 위해 빠르게 증가하고 있다. SIP는 IP 연결을 통해 통화를 설정하는 방식이므로 실제로 매우 중요하다. SIP는 프록시 서버 및 사용자 에이전트와 같은 도우미와 함께 모든 전화와 익숙한 같은 작업을 허용한다: 전화를 걸면 전화가 울리고 벨이 울리거나 통화 중 신호가 들린다. 또한, 장소의 어디에서나 사람을 찾아내 전화를 지시하는 것, 인스턴트 메시징(IM), 이른바 "존재"(전화 근처, 방해하지 않는 것 등) 정보 전달 등 차세대 기능을 가능하게한다. SIP는 연결을 설정하기 위한 간단한 메시지 프로토콜로서 다소 초라하게 시작되었다. 그러나 이 용어는 IETF가 VoIP 전화 및 관련 서비스를 활성화하기 위해 개발한 프로토콜 및 도구 제품군의 상부로 성장했다. 1990년대 중반까지, 오디오와 비디오는 인터넷에서 일상화되고 있었다. 이메일을 넘어, 학술 연구자들은 아이디어를 실시간으로 공유될 수 있는 온라인 오디오/비디오/화이트보드 회의를 상상하고 있었다.
Mr. Watson come here, I want to see you! 기능은 대학의 사각형 안뜰을 가로질러 소리치거나 초대 메일을 보내는 것보다 더 효율적으로 수행되어야 했다. 따라서, IETF의 작업 그룹 MMUSIC(멀티파티 멀티미디어 세션 제어)가 탄생했다. 이미 ITU 표준을 달성한 전화기 세계에는 작동이 있었지만, 인터넷 유형은 그다지 좋아하지 않았다. "너무 복잡해"라고 그들은 평균을 냈다. "너무 제한적"이라고 그들은 코를 훌쩍거렸다. 너무 전화 회사다. 그들은 씩씩거렸다. 그래서 그들은 인터넷 방식으로 그것을 하기 시작했다. SIP를 기술하는 문서는 결국 1999년에 제안된 표준 RFC 2543으로 발표되었다. 이 문서 작성 시점에 최신 버전인 RFC 3261 사양으로 작업이 진행되어 왔다. SIP 메시지 프로토콜은 웹의 HTTP(Hypertext Transfer Protocol)와 유사하며 다음과 같은 설계 원칙을 공유한다: 이는 사람이 읽을 수 있고, 구조화된 대응을 요청한다.
SIP는 익숙한 "404 not found"를 포함하여 많은 HTTP 상태 코드도 공유한다.
다음은 일반적인 SIP 메시지이다:

```
INVITE sip:skip@there.com SIP/2.0
Via: SIP/2.0/UDP 4.3.2.1:5060
To: Skip Pizzi <sip:skip@there.com>
From: Steve Church <sip:stevec@here.com>
Call-ID: 4678995554545@4.3.2.1
CSeq: 1 INVITE
Contact: <sip:stevec@4.3.2.1>
Content-Length: 126
```

스티브의 SIP 고객이 스킵에게 연락해서 그와 대화하고 싶다는 신호를 보내는 방식이다. SIP는 여러 다른 프로토콜과 함께 작동하며 통신 세션의 신호 부분에만 관여한다. SIP는 세션의 미디어 내용(예: 사용 중인 코덱, 비트 전송률 등)을 설명하는 SDP(Session Description Protocol)의 캐리어이다.

SIP는 다음과 같은 기능을 제공한다:

- 단말 장치 위치 결정:
  SIP는 주소 변환, 이름 매핑 및 호출 방향 변경을 지원한다.
- 단말 장치의 미디어 기능 결정(예: 사용 가능하고 지원되는 코덱):
  협상 중에 SIP는 통화 중인 당사자들이 사용할 수 있는 최상의 코덱을 결정한다.
- 호출된 단말 장치의 가용성을 결정:
  대상 끝점을 사용할 수 없어 통화를 완료할 수 없는 경우, SIP는 이 메시지와 이유를 나타내는 메시지를 반환한다.
- 발신 단말 장치와 호출된 단말 장치 간에 세션을 설정한다(호출을 완료할 수 있는 경우).
- 통화의 전송 및 종료 처리:
  SIP는 한 단말 장치에서 다른 단말 장치로의 호출 전송을 지원한다.
  통화 전송 중에 SIP는 전임자와 새로운 단말 장치 (이전 당사자가 지정) 사이의 세션을 설정하고 전임자와 전임자 간의 세션을 종료한다.

6.2.1 SIP System의 일부

대부분의 IP 기반과 마찬가지로 SIP는 모듈형으로 설계되었다. 구현자는 다음 요소 중에서 선택하여 필요한 시스템을 구축할 수 있다:

- SIP 클라이언트.
  사용자 에이전트 또는 단말 장치라고도한다.

하드웨어 전화 또는 “soft phones”(PC에서 실행되는 전화 응용프로그램)일 수 있다.

- 게이트웨이

  필요할 경우 게이트웨이는 IP 네트워크 측과 스위칭 회로 통신 측 사이에서 변환되어 물리적, 전기적, 신호 및 오디오 인터페이스를 제공한다.

- Proxy 서버

  클라이언트에서 SIP 요청을 수신하고 클라이언트를 대신하여 전달한다.

  기본적으로, 프록시 서버는 SIP 메시지를 수신하여 네트워크의 다음 SIP 서버로 전달한다. 프록시 서버는 인증, 권한 부여, 네트워크 액세스 제어, 라우팅, 신뢰할 수 있는 요청 재전송, 보안 등의 기능을 제공할 수 있다.

- Redirect 서버

  메시지가 취해야 할 다음 홉 또는 홉에 대한 정보를 클라이언트에 제공한 다음 클라이언트가 다음 홉 서버 또는 클라이언트에 직접 연락한다.

- Registrar 서버

  클라이언트의 현재 위치 등록 요청을 처리한다.

  레지스트리 서버는 종종 리다이렉트 서버 또는 프록시 서버와 함께 배치된다.

SIP 지원 단말 장치는 서로 직접 연결할 수 있지만, SIP 서버는 다음과 같은 여러 가지 중요한 서비스를 제공한다:

- SIP 클라이언트 장치 등록
- 서비스 이용을 위한 개인 사용자 등록
- 인증, 권한 부여 및 회계 수행(필요한 경우)
- 멀리 있는 단말 장치 주소 찾기
- 네트워크 및 기기 간 사용자 이동성 지원
- 멀티포인트 회의 지원
- 지원 존재 정보
- 사용자에게 통화 진행 상황 알림
- IP 라우터 등 다양한 네트워크 요소에 QoS 요청 전달

방금 언급한 다양한 서버는 개별 기계에서 실행될 수 있고 수천 킬로미터로 물리적으로 분리될 수도 있지만, 보통은 단일 기계에서 실행되는 응용프로그램의 소프트웨어 요소에 불과하다. 보시다시피, 많은 소규모 IP PBX는 게이트웨이를 포함되어 있어, 소규모 사무실 설치에 필요한 모든 것을 포함하는 원-박스 솔루션을 만든다. 방송 환경에서 사용되는 SIP 서버의 예는 Telos가 개발한 향상된 SIP 서버(자연적으로)를 사용하는 Telos Z/IP 코덱 제품군이다. 서버는 인터

넷에서 서비스로 제공되지만, 자신의 서버를 유지하기를 원하는 사용자가 설치할 수도 있다. Z/IP 서버는 기본 SIP 기능(등록, 주소 조회) 외에도 다음과 같은 추가 서비스를 제공한다:

- 간단한 텍스트 이름으로 표시 및 전화를 걸 수 있다.
  단말 장치 코덱의 전화 걸기 요청에 따라 이름 데이터베이스를 유지하고 DNS/IP 조회를 수행한다.
- 사용자가 작성한 그룹 목록을 유지관리 한다.
  그룹 이름과 암호를 입력하면 사용자가 목록을 수동으로 입력하거나 업로드할 필요가 없도록 단말 장치 코덱에 목록이 표시된다.
- IP 번호를 실제 위치와 연결하여 지리 위치 서비스를 제공한다.
  코덱 LCD 디스플레이에 라우팅 맵을 표시할 수 있다.
- 요청 시, QoS 장애로 인한 문제 해결 문제를 돕기 위해 네트워크 성능 기록을 유지한다.

표준 기반 상호 연결 기능에 대해 SIP를 지원하는 대부분의 제품에는 SIP 사양에 해당하는 내부 구성이 없으므로, 여기에 이러한 SIP 서버 구성 요소가 나열되지 않거나 포함되지만, 위에 표시된 표준 이름에 따라 레이블이 지정되지 않을 수 있다. 대신, 이러한 기능은 시스템 "블랙박스"의 일부로 제공될 것이다. 예를 들어, Cisco 및 Microsoft VoIP 제품은 이 범주에 속한다.

6.2.2 주소 지정

SIP URI (uniform resource identifiers)라고도 하는 SIP 주소는: user@host 형태이다. 주소의 사용자 부분은 텍스트 이름 또는 전화 번호일 수 있으며 호스트 부분은 도메인 이름 또는 IP 주소일 수 있다. 주소 변환 프로세스는 일반적으로 URI로 시작하고 IP 주소에 사용자 이름으로 끝난다. 이메일과 마찬가지로, 송신자는 수신기의 물리적 위치나 IP 주소에 대한 정보를 필요로 하지 않는다. 다음은 SIP의 강력한 기능 중 하나이다: 휴대성과 이동성을 자동으로 구현한다. 유효한 SIP 주소의 예는 다음과 같다. 일반적인 양식은 "sip:"로 접두사로 된 이메일 주소이다.

sip:joesmith@company.com

비즈니스에서 PBX 전화 (이 경우, Telos Systems의 확장 전화 123)를 이렇게 호출할 수 있다:

sip:123@telos-systems.com

이름이나 확장자가 없는 경우, 접수 담당자에게 문의해야 할 수 있다:

sip:receptionist@telos-systems.com

다음은 온-에어 전화 시스템에서 PBX 또는 게이트웨이로 PSTN 통화를 시작하는 것과 같은 내부 시스템 간 메시지이다.

sip:12162417225@168.123.23.1

이 경우, 메시지를 수신할 구체적인 기계를 식별하기 위해 IP번호가 제공된다. 일반적으로 검색 단계에는 불필요한 시간이 걸리고 전화 서버로 사용되는 시스템과 관련된 DNS 이름이 없을 수 있기 때문에 DNS(Domain Name System)를 사용하지 않으려는 경우가 많다. SIP에서는 가독성을 지원하기 위해 +, - 와 . 이 전화 번호 구분 기호를 사용할 수 있다. 처리하기 전에 다음 항목을 제거한다:

sip:+1-216-241-7225@telos-systems.com

보시다시피, SIP는 전화와 인터넷 세계를 연결한다. 웹 유형과 PSTN 전화 번호 주소가 모두 가능하며, 두 네트워크의 사용자가 다른 네트워크에 연결할 수 있다. 종종 주소 변환에는 여러 단계와 SIP 메시지 홉이 포함된다. 예를 들어, DNS 서버, SIP 프록시 서버 및 SIP 리다이렉트 서버는 모두 단일 이름 분석에 포함될 수 있다. SIP와 관련하여 몇 가지 다른 관심 사항은 다음과 같다: SIP 시스템과 관련된 일부 서버는 형식이 지정되지 않은 텍스트 이름을 사용할 수 있지만, 표준의 일부는 아니다. URI는 URL(universal resource locator)이 아니다. URI는 지정된 개체의 위치와 독립적이다. 이메일 주소는 URI의 예이다. SIP에서 요청 URI는 SIP 요청(INVITE, Register 등)의 대상 이름을 나타내도록 정의된다.URL은 인터넷에서 사용할 수 있는 리소스의 위치를 설명한다.

예를 들어, http://www.telos-systems.com은 웹 홈 페이지의 URL이다. DNS를 통해 구체적인 IP 주소로 확인된다. PSTN 전화 번호를 E.164 번호라고 부르기도 하는데, 이 번호는 세계적으로 사용되는 전화 번호의 형식을 설명하는 ITU-T 표준으로 적용된다. ENUM(E.164 NUmber Mapping)은 특정 E.164 전화 번호와 관련된 URI를 검색하는 데 사용되는 인터넷 서비스이다. DNS 시스템의 일부이다. SIP는 ENUM을 사용하여 수신 전화를 수락하는 전화 번호와 관련된 VoIP 시스템을 찾을 수 있다.

6.2.3 어떻게 SIP가 작동하는가?

지금까지 살펴본 것처럼, SIP는 단순한 텍스트 기반의 프로토콜이다. 요청과 응답을 사용하여 네트워크의 다양한 구성 요소 간의 통신을 준비하고, 궁극적으로 두 개 이상의 단말 장치 간에 연결을 설정한다(그림 6.1). 하지만 그런 직접적인 연결은 흔치 않다. 거의 항상, 그림에는 다양한 종류의 SIP 서버가 있다. 사용자가 통화를 시작하면 SIP 요청이 SIP 서버(프록시 또는 리디렉션 서버)로 전송된다. 요청에는 발신자 주소와 의도된 전화 번호의 주소가 포함된다. 보다 정교한 시나리오에서 사용자는 할당된 SIP 주소를 사용하여, 레지스트리 서버에 등록한다. 레지스트리 서버는 요청 시 위치 서버에 이 정보를 제공한다. 때때로 SIP 사용자가 엔드 시스템 간에 이동할 수 있다. 사용자의 위치는 SIP 서버에 동적으로 등록할 수 있다. 최종 사용자는 둘 이상의 스테이션에 로그인할 수 있고, 위치 서버에 잘못된 정보가 있을 수 있기 때문에 최종 사용자를 위해 둘 이상의 주소를 반환할 수 있다. 요청이 SIP 프록시 서버를 통해 들어오는 경우, 프록시 서버는 최종 사용자를 찾을 때까지 반환된 각 주소를 시도한다. 요청이 SIP 리다이렉트 서버를 통해 들어오는 경우 리다이렉트 서버는 모든 주소를 초대 응답의 연락처 헤더 필드에 있는 발신자에게 전달한다.

프록시 서버를 통해 통신할 때 호출자는 INVITE 요청을 프록시 서버로 전송한 다음 프록시 서버가 경로를 결정하고 호출된 상대방에게 요청을 전달한다. PSTN에 연결된 전화기에 일반적으로 접속해야 하기 때문에 게이트웨이는 실제 시스템에 관여하게 된다(그림 6.2). 이는 SIP 신호를 PSTN의 요구 사항인 루프 전류, DTMF 및 POTS 라인에 대한 링 감지, ISDN에 대한 설정 메시지 등으로 변환한다.

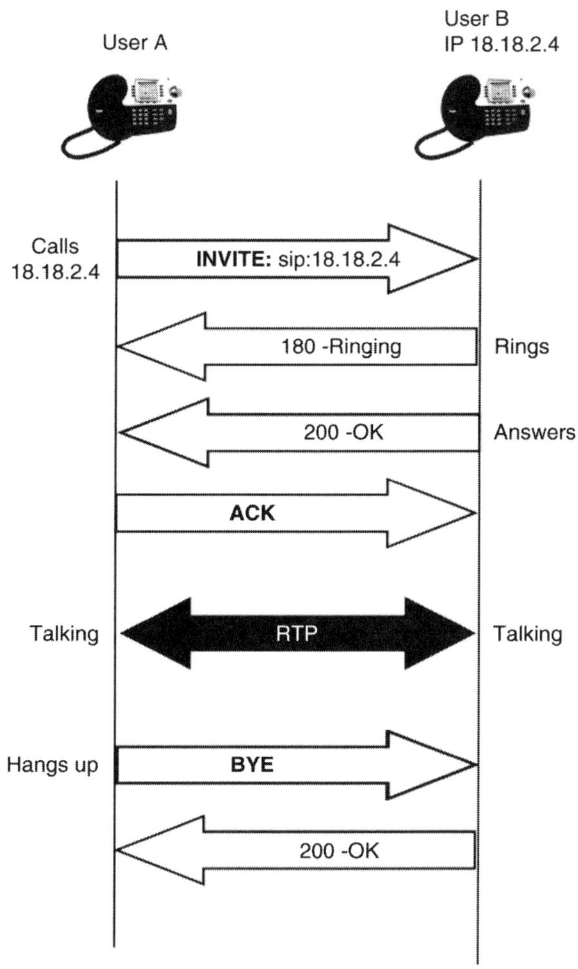

FIGURE 6.1

SIP at its simplest: An IP phone calls another directly.

SIP 메시지는 UDP 또는 TCP에 의해 전송될 수 있다. SIP에는 자체적인 안정성 메커니즘이 내장되어 있으므로, TCP의 안정성 서비스가 필요하지 않다. 전화와 PC클라이언트와 같은 대부분의 SIP 장치는 SIP 메시지 전송에 UDP를 사용한다. LAN은 패킷을 삭제하지 않으며, TCP의 오버헤드를 발생시킬 필요가 없기 때문에 LAN의 PBX는 거의 항상 UDP를 사용한다. TLS(Transport Layer Security) 프로토콜은 때때로 SIP 메시지를 암호화하는 데 사용된다. TLS는 TCP 위에서 실행된다. (이것은 보안 웹 트랜잭션에 사용되는 보안 HTTPS를 만들기 위해 HTTP와 함께 사용되는 프로토콜이다.) 우리의 거래 예제에는 INVITE/200 OK/ACK 시퀀스의 일부인 미디어 협상이 표시되지 않았다. 이 프로세스를 통해, 단말 장치는 사용할 코덱을 결정한다.

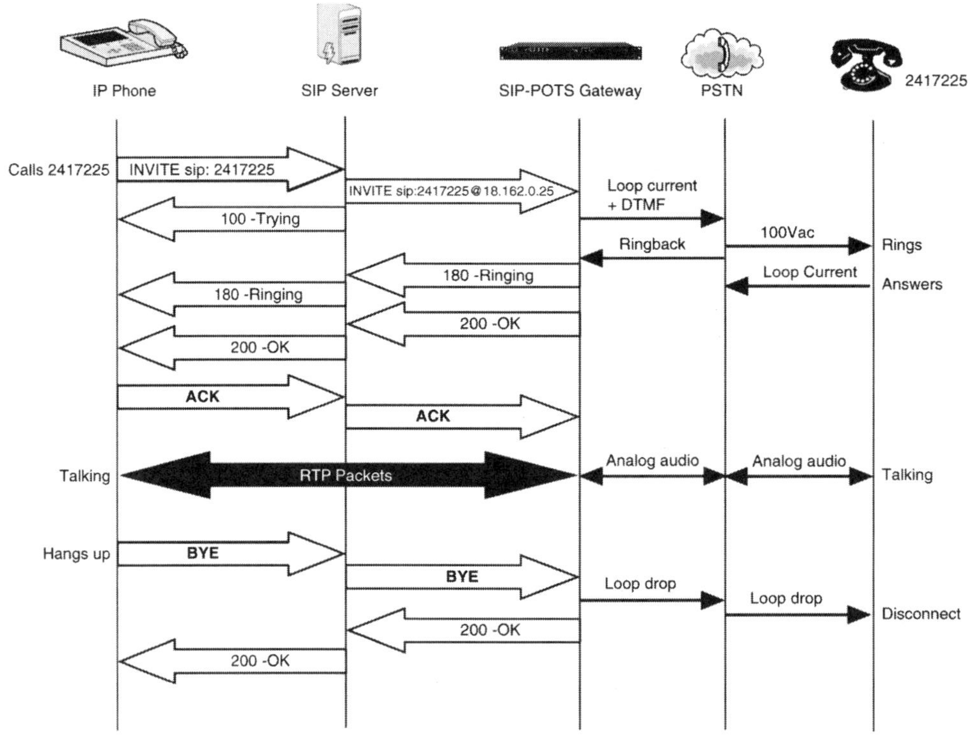

FIGURE 6.2

A SIP call setup to the PSTN via a SIP server and a gateway to POTS lines.

RFC 2327에 의해 정의된 SDP는 코덱이 제공되는 방식이며(바라건대) 다른 쪽 끝에 의해 받아들여지는 방식이다. 일반적으로 발신자는 사용할 코덱이 나열된 SDP 메시지를 INVITE와 함께 보낸다. 맨 끝은 그 중 하나를 선택하고 발신자에게 200 OK 응답에서 어떤 것이 더 좋은 것인지 알려준다. 발신자는 INVITE에 SDP 메시지를 보내지 않음으로써 코덱을 제안할 수 있다.

두 단말 장치에는 공통 코덱이 없고 연결을 진행할 수 없지만 시스템이 이러한 일이 발생하지 않도록 설계되었다. 예를 들어, 거의 모든 전화, 게이트웨이 및 SIP 통신 서비스에는 지원되는 코덱으로 G.711이 있어, 이는 두 개의 단말 장치에서 공통점을 찾을 수 있는 보험 정책이다. PBX 시스템 내에서 설계자는 일반적으로 시스템의 표준으로 코덱 하나를 선택하고 모든 연결에 대해 코덱을 유지한다. 예를 들어, Telos VX 스튜디오 시스템은 PSTN에 연결하는 모든 호출에 대해, 내부적으로 8kHz 샘플링 속도, 16비트 비압축 PCM을 사용한다.

6.2.4 SIP의 상태와 미래

이 장에서 설명한 PBX 중 어느 것도 개발자가 의도한대로 SIP를 사용하지 않았다.
아무도 코어에 있는 SIP 서버를 사용하지 않는다. 모두 독립적으로 설계된 대략적인 동등성을 사용한다. 그럼 뭐가 잘못됐는가? SIP 설계자는 풍부한 미디어, 이동성, 이식성, 정교한 단말 장치 등을 지원하는 프로토콜을 원하는 사상가(생각하는 사람)보다 훨씬 앞서 있었다. 문제는 '실용성'이 부족했던 것 같다. 예를 들어, SIP 작업 그룹 내에서 상당히 느리게 처리되는 방화벽과 NAT 통과 문제를 해결하려면, 소비자 PC 대 PC VoIP 제품이 필요했다. 한편, Skype의 개발자들은 빠르고 효과적으로 문제를 해결했다. 그러면 공급업체에서 제품을 차별화하기 위해 사용하고자 하는 모든 기능을 지원하는 문제가 발생한다. 위원회를 통해 그 아이디어가 실현되기를 기다리는 것보다, 그저 독자 분의 방식대로 시행하는 것이 당연하게도 더 빠르다. 위원회는 독자의 방식대로 보지 않을 수도 있다. Telos에서는, VX 스튜디오 시스템 설계에서 이런 문제에 직면했다. 우리는 SIP의 구조에서 지원되지 않는 스튜디오 환경과 관련된 많은 것들이 필요했다. 그래서 우리는 우리 시스템의 경계 안에서 사용할 수 있도록 우리만의 프로토콜을 설계했다. 그러나 시스템 경계에 있는 SIP를 사용하여 다른 벤더의 제품과 연결한 후, 통신망에 연결한다.
이는 Cisco, Microsoft 및 거의 모든 PBX 공급업체들이 따라온 전략에 불과하다. 이제 이 프로세스는 SIP의 큰 가치로 떠오르고 있다. 이것은 시스템을 하나로 묶는 접착제이다. 스튜디오 시스템은 처음으로 PBX와 통신할 수 있다. PBX는 서로 대화할 수 있다. 그리고 결국 그들은 통신망과 원활하고 유창하게 대화할 수 있게 될 것이다. SIP의 발명가들은 뭔가 옳은 것을 얻었다.

6.3 | SIP 대안, IMX

SIP만이 가장 괜찮은 것은 아니다. ISX(Inter-Asterisk eXchange) 프로토콜은 VoIP 서버 간의 상호 연결과 클라이언트 서버 통신을 위한 SIP의 대안이다. IAX2(현재 버전 이름)는 단일 UDP 데이터 스트림(일반적으로 포트 4569)을 사용하여 신호와 데이터 모두를 위해 단말 장치 간 통신한다. 음성 트래픽은 오디오에 대역 외, RTP 스트림을 사용하는 SIP와 달리, 대역 내 전송된다. IAX2는 단일 링크를 통해 멀티플렉싱 채널을 지원한다. 트렁킹할 때 여러 통화의 데이터가 단일 패킷 세트로 병합된다. 즉, 한 IP 데이터그램이 두 번 이상 통화에 대한 제어 및 오디오를 제공하므로 추가 지연 시간을 만들지 않고도 효과적인 IP 오버헤드를 줄일 수 있다. IAX의 이름에서 알 수 있듯이, Asterisk5 사람들이 한 Asterisk 서버와 다른 Asterisk 서버 사이의 전화를 트렁크하는 방법으로 발명했다. 이것은 Asterisk에서 탈출했으며, 현재 다양한 소프트 스위치와 몇 개의 VoIP 캐리어에서 지원된다. 모든 트래픽이 단일 포트를 통해 흐르기 때문에 대역폭 효율성과 방화벽 구성이 단순하다는 것이 주된 장점이다.

6.4 | 코덱

VoIP의 장점 중 하나는 전송 네트워크의 특성과 응용프로그램의 요구에 따라 다양한 코덱을 사용할 수 있는 기회이다. 표 6.1은 일반적으로 사용되는 VoIP 코덱 목록을 제공한다. 표에 지정된 패킷 크기는 기본값이며 코덱에 따라 일부 장비를 통해 패킷을 변경할 수 있다. 예를 들어, 대기 시간을 줄이기 위해 G.711을 10ms로 설정하는 경우가 많다. 지금까지 살펴본 바와 같이, 균형이 있다: 패킷 크기가 작을수록 IP 헤더 오버헤드가 증가하여 대역폭 효율성이 떨어진다. 패킷 수가 적을수록 장비에서 처리 능력이 더 많이 소모된다. MPEG 코덱에 대한 표에 제시된 속도가 목표 속도이다. 유효 속도는 AAC-LD의 경우, 3296kbps, AAC-ELD의 경우 2496kbps이다.

Table 6.1 Codecs Used by VoIP Systemscont' d

	Audio B/W	Bitrate	Packet Size	Bitrate after Packetization	Notes
G711.1	7 kHz	64/80/96 kpbs	Variable	Unknown	Wideband extension to G.711
G.729.1	4 kHz/ 7 kHz	832 kbps	Variable	Unknown	Newer, scalable version of G.729; at higher rates, becomes a wideband codec
iLBC	3.4 kHz	15.2 or 13.33 kbps	20 or 30 ms	Unknown	Proprietary codec invented by Global IP Sound; available in some Cisco phones

RTAudio	3.4/ 7 kHz	8.8/18 kbps	20 ms	39.6/58 kbps (includes FEC)	Microsoft proprietary codec, used in the Office Communications product family; has both narrow and wideband modes
MPEG AAC-LD	20 kHz	4864 kbps	10 ms	96 kbps (at 64 kbps)	Full-fidelity; used in some IP video conferencing products
MPEG AAC-ELD	20 kHz	3264 kbps	20 ms	48 kbps (at 32 kbps)/96kbps (at 647kbps)	Newest codec in the AAC family; full fidelity for music and voice at low rates; used in broadcast codecs.

CARBON–BASED (AUDIO) LIFE FORMS The PSTN uses the G.711 codec. Its audio-frequency response is limited to 3.4 kHz. A modern reader might ask, "Why was such a low fidelity considered to be satisfactory for digital telephony?" Microphones, loudspeakers, and earphones have all had much better fidelity for many decades. Indeed, when the G.711 codec was standardized in the 1960s, FM radio was just getting going with its much superior 15-kHz bandwidth. Mostly the coding choice resulted from the legacy of the carbon button

(continued)

CARBON–BASED (AUDIO) LIFE FORMScont'd microphones that were ubiquitous in telephones throughout most of the early history of telephony. (Edison invented the carbon microphone and licensed it to the Bell System, which had only an impractical liquid-based microphone in its own portfolio.) This microphone has a nonflat response curve with a 5-dB peak at 2 kHz and hefty roll-offs below 300 Hz and above 3 kHz. They were mostly abandoned for all but telephone use in the late 1920s, but were standard in phones up to the 1980s. (See Figure 6.3.)

Old analog long-distance lines also had a lot of high-frequency attenuation owing to capacitive effects. When microwave radios were introduced to long-distance telephony, a decision had to be made as to what frequency range to accommodate in their FDM (frequency division multiplex) scheme. There was, as always, a trade-off: More frequency response meant fewer channels. Since the microphones weren't producing much in the way of high frequencies, why bother carrying them over the radio links? Thus, the radios were designed with narrow 4-kHz carrier spacing. When the first digital T-Carrier systems where invented, it must have seemed perfectly natural to stay with the 3 kHz or so audio bandwidth enshrined in the microwave link technology. A sampling rate of 8 kHz with 8-bit (compressed) depth had a nice symmetry and delivered a satisfactory 4-kHz Nyquist response limit,6 so on with the show.

FIGURE 6.3

A Western Electric carbon button microphone, invented by Edison and used in phones up to the 1980s. What was the reason for telephony' s long-standing lo-fi standard? Rapping the handset on a table was said to loosen the granules and improve fidelity. (Source: Wikipedia under GNU Free Documentation License. Photo by Gary Ashton.)

df/d$ Interestingly, in a 1938 paper in the Bell System Technical Review, an AT&T engineer, A. H. Inglis, wrote, "Frequency limitation is essentially an economic one, subject to change as conditions change." It has taken some time, but Mr. Inglis is being proven correct. A few years into the 21st century, conditions have changed, and we're finally able to escape the long-lasting drag of Edison's 1878 invention.

VoIP의 초기 구현으로 인해 오디오 품질에 대한 나쁜 평판이 아마 내려졌었다. 이 중 일부는 네트워크 QoS 문제 때문이기도 하지만, 선택한 코덱의 발에 많은 부분을 배치할 수 있다. 널리 사용되는 G.729는 비트 전송률이 8kbps이며, 낮은 속도에서 기대할 수 있는 오디오 충실도이다.

다행스럽게도, 현대 VoIP PBX는 일반적으로 내부 호출에 대해 적어도 G.711에 정착했으며, 현재 많은 VoIP PBX가 G.722 광대역 코덱 또는 그 이상으로 전환되고 있다. "비즈니스급" IP 서비스를 제공하는 통신사들은 거의 항상 G.711을 기존의 저급 G.729 대기 방식이 아닌 기본 코덱으로 제공하고 있다. Skype와 같은 인기 있는 VoIP 소프트 폰의 사용자들은 적어도 주파수 응답의 측면에서 오디오 품질이 일반적인 전화보다 낫다는 것을 확실히 알아챘다. 최종적으로 G.722.2/AMR-WB 코덱으로 업그레이드되는 휴대 전화의 통화는 PSTN을 통해 전송될 때 충실도가 저하되지만 IP를 통해 유선 연결 시 광대역 품질을 유지해야한다. 이 모든 것은 VoIP가 향후 VoIP와 프리미엄 품질을 연관시키는 것으로 명성이 회복될 가능성이 있음을 의미한다.

6.5 | PACKETIZATION과 RTP

RTP(Real-Time Transport Protocol)는 VoIP 네트워크와 AoIP 네트워크의 표준이다. RTP는 UDP IP 패킷을 통해 실행된다. 지금까지 살펴본 것처럼, UDP에서는 손실된 패킷을 복구할 수 있는 메커니즘이 없다. VoIP는 손실 및 재전송된 패킷을 수신하는 데 필요한 시간을 처리하기 위해, 긴 수신 버퍼가 필요하기 때문에 TCP가 아닌 UDP를 사용한다. 패킷 손실이 없는 LAN에서, UDP의 패킷 복구 부족은 문제가 되지 않는다. 그러나 광역 네트워크에서 UDP를 사용하는 경우 손실된 패킷은 오디오 코덱 내에서 해결해야 하고, 이 코덱은 손실된 오디오 샘플의 시청각성을 줄이기 위해 숨겨야한다.

이는 특히 패킷 손실이 일상적으로 발생하는 무선 및 공용 인터넷 응용프로그램에 대한 요구 사항이다. 다른 솔루션은 모든 WAN IP 링크에서 QoS를 보장하는 것이다. 이는 회사 본사를 지사에 연결하는 VPN과 같은 전용 또는 "가상" 전용 네트워크에서 가능하다. 보다시피, QoS 보증이 있는 통신사로부터 IP 전화 서비스를 주문하는 것이 가능해지고 있다. RTP 헤더는 일반적인 형태로 12바이트이다. 이 값은 UDP(8바이트) 및 IP(20바이트) 헤더에 추가되어 총 헤더 길이를 40바이트로 설정한다. 코덱 출력은 세그먼트로 분할되어 헤더 다음에 IP 패킷에 넣는다. 일부 코덱은 프레임 기반이므로 고유한 패킷 준비 형식을 갖는다. 예를 들어, G.729에는 10ms 프레임이 있으며, IP 패킷 내부에 일대일 프레임을 배치할 수 있다.

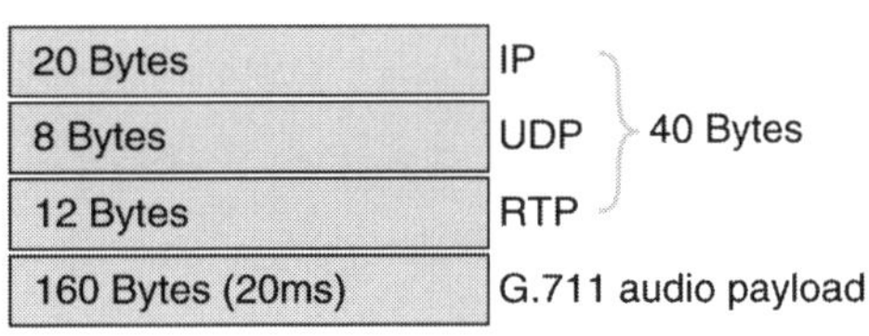

FIGURE 6.4

IP/UDP/RTP header plus 20 ms of G.711 audio payload per packet is an efficiency-versus-delay trade-off. Each codec type may make a different trade-off.

그러나 대개 두 개의 프레임이 하나의 패킷에 입력되어 효율성이 향상된다. MPEG 코덱은 프레임 길이가 길며 일반적으로 일대일로 패킷화된다. G.711 컴포넌트 PCM 및 G.722 ADPCM과 같은 코덱은 샘플별로 작동하며 고유한 프레임이 없으므로, 원하는 경계에서 패킷화 할 수 있다. 일반적으로 지연과 효율의 절충으로 20ms가 선택되지만, 지연이 낮거나 효율이 높을 경우 각각 10ms 또는 30ms가 권장된다. (그림 6.4를 참조.) 예를 들어, G.711을 사용하면 각 10ms의 오디오에 대해 80바이트의 데이터가 생성된다. 80바이트 페이로드의 40바이트 헤더는 문제가 되지 않지만 특별히 효율적이지는않다. 그래서 VoIP 세계는 20ms 패킷에 정착했다. 즉, 헤더에는

40바이트, 오디오 페이로드에는 160바이트가 있다. – 이는 합리적인 타협이다. LAN에는 매우 저렴한 대역폭이 있어서 "갖다 버릴" 수 있다. 이것이 바로 오디오 페이로드보다 헤더가 훨씬 더 클 수 있는 스튜디오급 AoIP 시스템용이다. 우리의 목표는 매우 낮은 지연이다. – VoIP 시스템의 대상보다 훨씬 낮다. LAN을 통해서만 실행되는 VoIP 시스템에서는, 낮은 지연이 효율성보다 우선 순위를 두고 더 작은 패킷으로 작동하도록 결정할 수 있다.

예를 들어, Telos VX 스튜디오 IP 전화 시스템은 G.711 코드 전화 오디오에 10ms 패킷을 사용한다.반면, WAN을 통해 실행되는 VoIP 시스템은 비트를 더 효율적으로 사용해야한다. 개인 네트워크에서는 대역폭이 비싸다. 제어되지 않는 공용 인터넷에서는 비트 전송률이 적절한 수준으로 유지될 경우, 중단 없는 대화를 할 가능성이 더 높다. 이러한 모든 이유로 헤더 압축이 때때로 사용된다. IETF RFC 3095에 지정된 강력한 헤더 압축(ROHC)은 특히 무선 VoIP의 경우, 점점 더 많이 구현되는 것으로보인다. 현재 IP/UDP/RTP 트래픽 압축에 대해 정의된 ROHC 프로파일은 두 가지가 있습니다. RFC 3095의 원래 정의와 최근에 게시된 RFC 5225이다.

6.6 | DELAY[딜레이(지연)]

딜레이는 주로 패킷 크기와 지터의 함수이다. 분명히, 패킷이 길수록 오디오 샘플을 수집하는 데 더 많은 시간이 걸리고, 더 많은 지연이 발생한다. 지터는 더 미묘한 역할을한다. 수신기에서 버퍼링해야 하는 패킷 수를 결정한다. 버퍼는 가장 최근에 도착한 패킷을 처리할 수 있을 만큼 충분히 길어야한다. VoIP 시스템에서 버퍼는 경험에 의해 설정된 사용자 구성 항목인 경우가 많다. 버퍼 시간 제한을 초과하는 패킷 수가 거의 발생하지 않도록 하는 값이 선택된다. LAN에서는 중요한 지터가 없으며 버퍼가 두개의 패킷만큼 작을 수 있다. 늘 그렇듯이, 공용 인터넷은 지연이 길어질 수 있을 뿐만 아니라 지연이 너무 다양하기 때문에, 가장 어려운 상황이다.

따라서 코덱의 효과적인 은폐와 결합된 어댑티브 버퍼는 중단 없는 오디오를 보장하는 최상의 전략이다. 이 주제에 대한 자세한 내용은 7장에서 설명할 것이다. 지연의 한 가지 효과는 메아리이다. – 즉, 대화자의 목소리가 전송 경로를 따라 누출되어 그에게 되돌아온다. 일반적인 원인은 POTS 라인을 포함하는 경로 맨 끝에 있는 디지털 회로와 아날로그 회로의 인터페이스에서 하이브리드가 불량하기 때문이다.

또 다른 누출의 원인은 원거리 전화 핸드셋의 이어피스와 마이크 사이의 기계적인 연결이다. 잇따라, 또 다른 것은 라우드 스피커 폰이 맨 끝에 사용될 때 음향적 연결이다. 이러한 전화기에는 수십 데시벨의 송수신 분리를 유지하기 위해 계산할 수 있는 ducker 또는 음향 echo canceller가 있어야 한다. VoIP는 아날로그 또는 회로 전환 디지털 음성 경로보다 지연이 많기 때문에, 시스템의 낮은 유출에 대한 수요가 더 높다. 일반적으로, VoIP 시스템 설계자는 최소 35-45-dB ERL(에코 반환 손실)을 달성하여 최대 왕복 지연으로 150ms를 목표로 할 것으로 예상한다. (객관적으로, 메아리치는 연설의 지연 시간이 길수록 더 눈에 띄고 짜증나므로, 지연 시간을 짧게 유지하면 높은 ERL의 요구 사항도 줄어든다 - 그림 6.5 참조.) LAN에서 작동하도록 설계된 IP PBX 시스템은 지연 시간이 훨씬 낮다(약 50ms 범위).

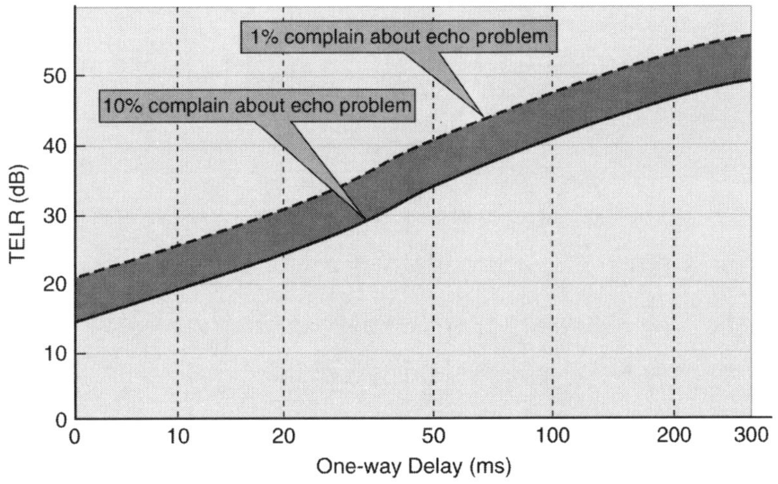

FIGURE 6.5

Reaction to echo delay is a function of both amplitude and time (from ITU G.168). TELR = Talker Echo Loudness Rating, the difference between the perceived volume of the caller' s own voice in real time and that of its echo, measured in dB. Like an S/N ratio, a higher TELR indicates a quieter echo. "Annoyance contours" shown indicate that area below the 10% curve (solid line) are unacceptable, and area above the 1% curve (dotted line) are ideal.

에코만이 지연을 가능한 낮게 유지하는 유일한 이유는 아니다; 자연스러운 대화의 흐름은 너무 높지 않은 지연에 달려 있다. 150ms VoIP 대상도 이 측면에 적합한 것으로 확인됐다.

6.7 | IP PBX

보고된 통계자료를 믿을 수 있다면, 2008년에 전세계에 설치된 모든 신규 PBX 라인의 80%가 VoIP였다. 많은 구형 TDM(시분할 다중 방식) PBX가 여전히 사용 중이며, 몇 년 동안 계속 사용되겠지만, VoIP는 확실히 증가하고 있다. 향후 IP PBX가 있을 것이다. 일반적인 시스템은 통화 관리 소프트웨어, IP 네트워크와 POTS 또는 ISDN 통신 연결로 연결되는 게이트웨이, IP 전화로 구성된다(그림 6.6).

통화 관리 소프트웨어는 PC 또는 전문화된 전용 하드웨어에서 실행될 수 있다. 응용프로그램 서버는 음성 메일과 같은 필요한 추가 기능을 제공한다. 일부 시스템에서는, 이러한 기능이 통화 관리 소프트웨어에 통합되거나, 적어도 동일한 시스템에서 실행된다.] 통신에 대한 연결이 SIP를 통해 이루어지는 경우, 게이트웨이가 필요하지 않으며 로컬 IP 네트워크가 통신사의 IP 네트워크에 연결된다. 아마도, 방화벽은 통신 연결을 통해 침입할 수 있는 파괴적인 요소로부터 로컬 네트워크를 보호할 것이다. 구성 및 관리는 하나 이상의 시스템 요소를 가리키는 웹 브라우저를 통해 수행된다. 대부분의 공급업체는 통화 관리 애플리케이션과 전화 세트 간에 독점적인 통신 프로토콜을 사용한다. 디스플레이와 소프트 버튼 등 전화기의 기능을 지원하려면 이 기능이 필요하다고 한다. 대부분은 표준 SIP의 기본 변형을 지원하므로, 타사 SIP 전화 및 기타 끝점을 시스템에 연결할 수 있다. 일반적으로 SIP PBX에 타사 장치를 추가하는 데는 두 가지 경로가 있다. 하나는 전화기를 모방하는 것이다. 처음에는 이해하기 쉬어 보이지만, 보이는 것만큼 간단하지 않을 수도 있다. 그 이유는 전화기 같은 장치를 등록해야 할 수 있기 때문이다. - 즉, 특수 SIP 메시지를 통해 장치가 있다는 것을 메인 장치에 알리기 위해서이다. 이를 구현하는 방법은 제품마다 다르기 때문에 다소 번거롭다.반대로, SIP 트렁킹은 일반적으로 쉽고 간단하며, 선호된다. 다행히도 거의 모든 IP PBX가 이를 지원한다.

6.7.1 Cisco

발표된 보도에 따르면, 2008년에 Cisco는 전 세계 PBX의 선두 공급업체로 자리매김하면서 오랜 기간 동안 선두를 유지해온 Nortel7과 Avaya를 제치고 1위를 차지했다고한다. 주로 IP 라우터 회사로서 Cisco의 PBX는 IP 전용이다.

Cisco의 비판가들은 자사의 장비 및 서비스 계약이 너무 비싸고, 전화기가 SIP를 실행해야 하며 (실제로 지금 실행해야 하며), 수년 간의 교육을 받은 전문가만이 자사의 난해한 시스템을 설치하고 구성하는 방법을 알아낼 수 있다고 말한다.) 하지만 시장 점유율이 월등히 높으니 뭔가 제대로 하고 있는 것 같다. Cisco의 성공 중 일부는 Cisco 교육을 받은 경험이 있고 회사 제품에 익숙하고 편안한 모든 IT 유형을 갖춘 IP 라우터 비즈니스의 독주 덕분일 수 있다. 어쨌든, 전화기는 좋아 보이고, 어떤 것들은 크고, 색깔 있는 디스플레이를 가지고있다. 예를 들어, 그림 6.7을 참조 Cisco는 대규모 설치를 위한 Cisco Unified Communications Manager와 소규모 제품군을 위한 Cisco Unified Communications Manager Express라는 두 제품군을 만든다.

Cisco Unified Communications Manager

Cisco Unified Communications Manager 대기업, 대학 캠퍼스 및 호텔을 대상으로한다. 일반적으로 시스템에는 PC 기반 소프트웨어 응용프로그램과 Cisco IP 전화가 포함된다.

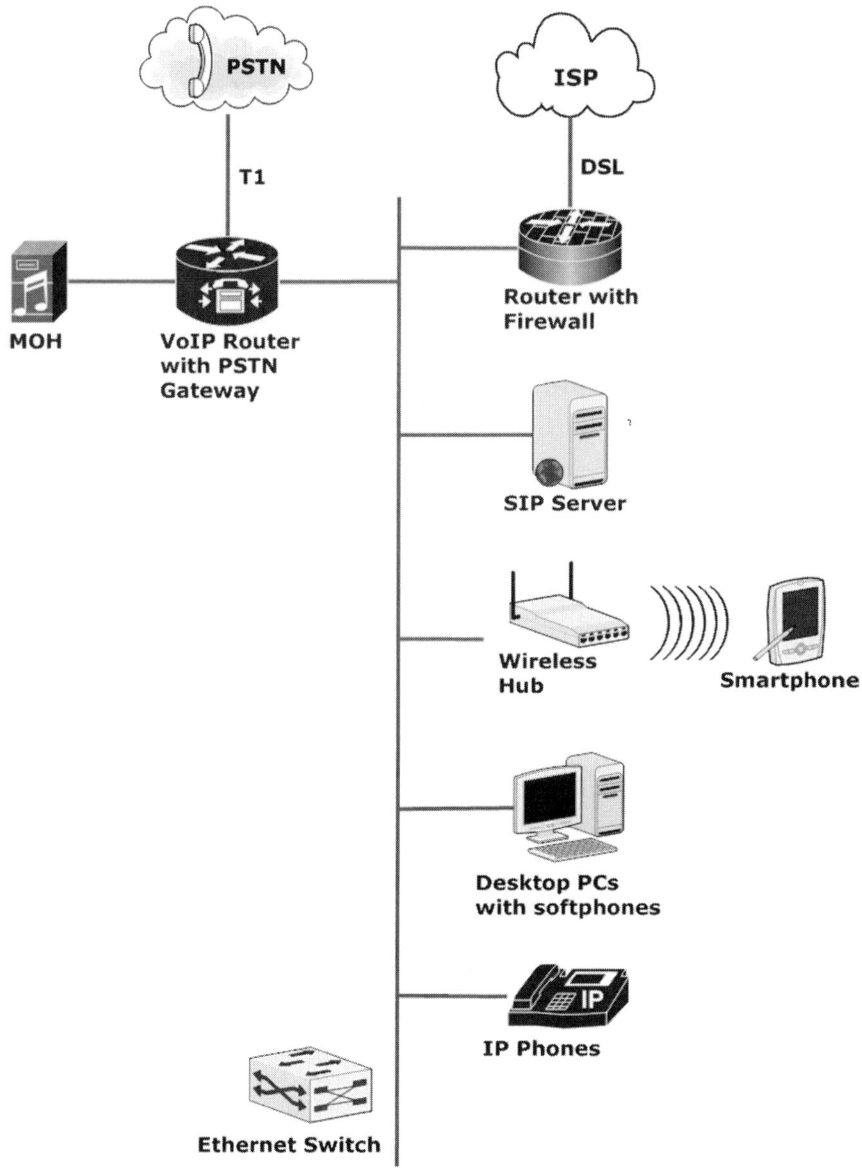

FIGURE 6.6

A simple SIP-based VoIP system. The VoIP router could be Cisco' s Call Manager Express (with its included PSTN gateway), Asterisk, or another integrated product. Calls could also be passed to an IP network directly over the firewalled DSL connection. Clients can be PC soft phones, hardware IP phones, or even radio-linked smart phones. For a basic system, the SIP server would not be needed, but one could be used to provide services such as interactive voice response. An existing TDM PBX could be integrated via a gateway.

Unified Communications Manager는 소프트 스위치이다. PC 서버의 Windows 또는 Linux에서 실행되는 소프트웨어이다. 응용 프로그램은 레지스트리, SIP 프록시 및 전화 기능 서버 역할을한다.

FIGURE 6.7

A Cisco 7971 IP phone.

그러나 통신 회로에 탑재된 인터페이스는 없다. 실제로, 통화 신호를 보내고 설정한 후에는 음성 또는 비디오 미디어 스트림이 서버를 통과하지 않고 peer-to-peer 이다.

(이는 PBX를 통해 오디오를 지속적으로 스트리밍하는 기존의 IP 지원 PBX와는 대조적이다.)

Cisco의 접근 방식을 통해 단일 서버가 수천 명의 사용자를 지원할 수 있다. 오디오 스위칭은 이더넷 스위치에 의해 수행된다. 최신 이더넷 스위치는 차단되지 않기 때문에, 포트 수만큼 대역폭을 지원하므로 오디오 전송의 관점에서 시스템의 전화 수에는 제한이 없다. POTS 또는 ISDN과 같은 기존 PSTN 라인에 연결해야 하는 경우 게이트웨이를 사용하여 통신 및 IP 세계를 브리지한다. 이 장치는 일반적으로 통신 쪽에 ISDN PRI 또는 T1이 있고, 물론 SIP와 IP가 Cisco 쪽에 있다. 네트워크에 서버를 추가하여 소프트 스위치 기반 시스템에 음성 메일 등의 응용프로그램을 추가할 수 있다. 이는 VoIP의 중요한 장점 중 하나를 보여준다: 구식 PBX의 시스템 버스는 독점적이며 박스 안에 포함되어 있으므로 무언가를 첨부할 기회가 없다. VoIP를 사용하면 "시스템 버스"에 가장 가까운 이더넷 포트만큼 액세스할 수 있다.

Cisco의 경우 버전 6.0부터 Unified Communications Manager Business Edition(CUCMBE, a.k.a. "Cucumber")은 Cisco Unified Communications Manager와 Cisco Unity Connections(voicemail)를 동일한 서버에 배치한다.

Cisco Unified Communications Manager Express

Cisco Unified Communications Manager Express는 중소기업을 위한 것이다. 전화 소프트웨어는 라우팅, VPN 및 방화벽 기능을 제공하는 2800 제품군과 같은 통합 서비스 라우터에서 실행된다. 이들은 다양한 인터페이스 모듈용 슬롯이 있는 1U 또는 2U 랙 마운트 박스이다. 제품군 내의 특정 박스의 비용과 크기에 따라 사용 가능한 슬롯 수와 유형이 결정된다. 예를 들어 그림 6.8을 참조 일반적으로, 데이터 트래픽을 위한 IP WAN 네트워크에 인터페이스하기 위해, 어떤 종류의 모듈이 설치되고 PSTN에 연결하기 위해, 다른 모듈이 POTS, ISDN 또는 T1/E1을 통해 설치될 수 있다.

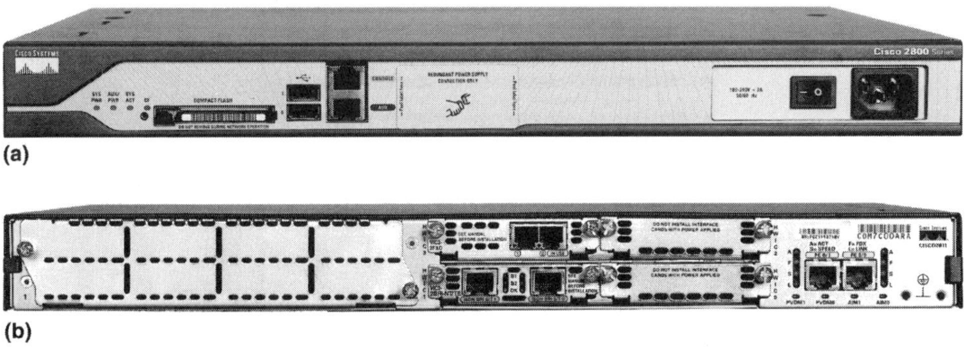

FIGURE 6.8

Cisco 2800 Integrated Services Router, (a) front and (b) rear panels. (Photos by Steve Church.)

이 소프트웨어는 최대 250명의 사용자를 지원할 수 있으며 자동 첨부 파일 및 음성 메일과 같은 최신 PBX 기능을 포함한다. SIP 및 Cisco의 SCCP(Skinny Client Control Protocol)를 모두 사용하여 Cisco IP 전화에 연결한다. 핵심 소프트웨어는 Cisco의 고유한 IOS(Internet Operating System)이다. 전화와 트렁킹에 대한 SIP 지원이 가능하므로, 타사 장치를 쉽게 연결할 수 있다. 최신 세대의 전화기에는, 방송사가 잘 알고 있는 G.722 코덱이 있어, Cisco는 "광대역"이라고 부르는 최대 7kHz의 오디오 대역폭을 허용한다. 이는 VoIP 시스템에서 추세인 것으로 보인다. Polycom, Avaya, Snom, Linksys, Mitel 및 Grandstream의 전화기는 모두 G.722를 지원한다. 로컬 네트워크 내에서 걸려오는 전화는 우리가 사용했던 것보다 더 높은 정확도를 보일 것이다. 또한 IP 네트워크로 연결된 지점과 본사 간 통화도 광대역일 수도 있다. 호출이 통과해야 하는 경우에만 PSTN은 1960년대 전화 엔지니어가 부과한 구식 3.4kHz 주파수 응답으로 제한된다. 하지만 우리는 물어봐야 한다. 왜 그들은 계속 가지 않는 걸까? G.722가 표준 전화기 품질보다 확실히 나은 반면, 방송사들은 오래 전에 동일한 비트 전송률을 사용하는 MPEG 코덱의 정확도가 훨씬 더 높았기 때문에 이를 포기했다. VoIP 공급업체는 언제 발견할 것인가?

6.7.2 Microsoft

예상대로 Microsoft는 Cisco와 다른 IP PBX 공급업체에서 사용자가 사용할 것으로 기대하는 하드웨어 전화 대신 VoIP에 대한 소프트웨어 접근 방식을 주로 사용한다. Microsoft는 Microsoft Office Communicator 2007이라는 소프트 전화 애플리케이션을 제공한다(그림 6.9).

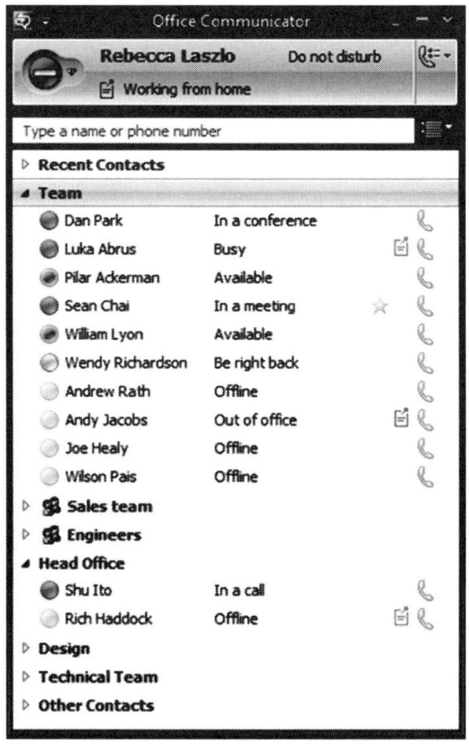

FIGURE 6.9

Microsoft Office Communicator application. A voice call is started by clicking on the phone handset icon to the right of a contact' s name.

통신 서버 2007은 시스템에 필요한 데이터베이스 서비스를 제공하는 마이크로소프트 SQL 서버와 함께 작동하는 백엔드이다. 전자 메일과 같은 비음성 작업을 위해 Office Communicator를 Microsoft Exchange 서버에 연결할 수도 있다. 일부 사용자는 기존의 하드웨어 전화와 같은 것을 선호할 것이라는 사실을 알고, Microsoft는 호환 가능한 전화기를 구축하려는 회사에 라이센스를 부여하는 Office Communicator Phone Edition 소프트웨어 패키지를 개발했다. 대부분의 측면에서, Communicator Phone Edition 전화는 유사한 사용자 인터페이스와 비슷한 기능을 갖춘, 소프트웨어 Communicator의 물리적 버전이다. 소프트웨어 Communicator와 마찬가지로, 하드웨어 전화도 숫자 터치패드를 사용하거나 연락처 중 하나를 클릭하여 전화를 걸 수 있다. LG-Nortel IP Phone 8540은 이러한 전화기에 대한 한 제조업체의 접근 방법의 예이다(그림 6.10).

5.7인치 320 x 240 픽셀 컬러 터치스크린 LCD 디스플레이와 함께 제공된다. 운영 체제는 Windows CE 5.0이다. 8540은 전화기의 사용자를 인증하는 데 사용되는 생체 인식이 내장된 지문 판독기를 통해 보안을 제공한다. 음성 메일, 통화 기록, 연락처 목록 및 일정과 같은 개인 및 회사 정보에 대한 액세스 권한을 인증 받은 사용자에게만 부여한다. 네트워크 연결은 RJ-45 커넥터 포트가 있는 통합 2포트 이더넷 10/100 BASE-T 스위치를 통해 이루어진다. 이렇게 하면 병치된 PC뿐 아니라 전화기의 네트워크에 직접 연결할 수 있다.

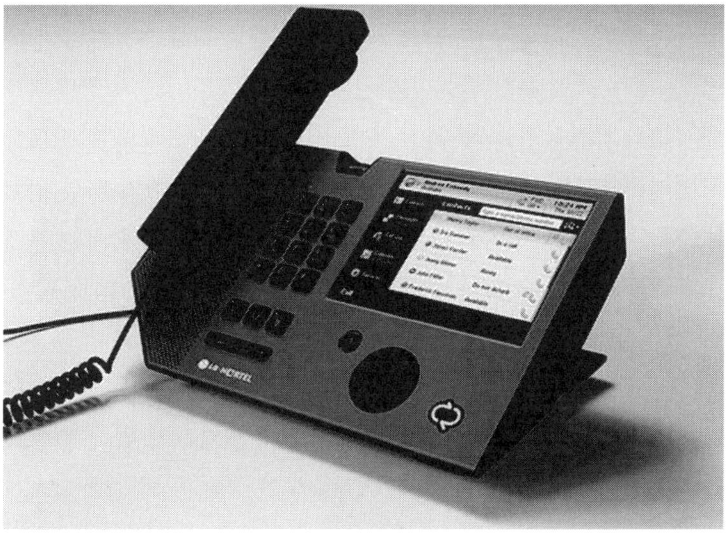

FIGURE 6.10

LG-Nortel 8540 IP phone, designed to work with Microsoft Communications Server 2007.

FIGURE 6.11

Polycom CX200 desktop USB phone.

Communicator 소프트 전화 응용프로그램을 사용하는 경우, 일반적으로 헤드셋 또는 핸드셋을 호스트 PC의 사운드 카드에 연결한다. 단말기가 내장되어 있는 컴퓨터 키보드를 비롯하여 사용할 수 있는 여러 가지 제품이 있다. 전통적인 전화기 같은 느낌을 받을 수 있는 또 다른 방법은 Polycom CX200 데스크톱 전화와 같은 것을 사용하는 것이다(그림 6.1).

이 키에는 USB를 통해 PC에 연결되며 볼륨, 스피커폰 모드 및 외부 헤드셋 사용을 제어하는 키를 포함한다. LED 표시기는 사용자에게 통화 전달 상태 및 메시지 대기 표시를 제공한다. Microsoft는 Communicator 클라이언트와 서버 간에 고유한 신호 프로토콜을 사용한다. 서버는 SIP를 외부 세계에 사용하지만, 게이트웨이를 통해 TDM PBX 및 PSTN 라인에 직접 연결할 수 있다. Microsoft는 패키지의 일부로 "중재 서버"라고 하는 것을 제공한다. 이는 게이트웨이에서 지원되지 않을 수 있는 코덱 유형 간에 변환된다. 마이크로소프트의 전략의 기본 아이디어는 사무실에 있는 대부분의 사람들이 책상 위에 PC를 가지고 있어서 꽤 좋은 전화를 만든다는 것이다. PC의 풍부한 인터페이스는 일반적인 사무실 전화에 비해 유용하게 개선되었다. 실제로 전화 사용자 인터페이스를 PC 화면에 표시하면 여러 가지 장점이 있다. 연락처는 이메일 및 인스턴트 메시징 응용 프로그램과 공유할 수 있다. 이메일로 대화를 시작하고 IM으로 확대된 다음, 마우스 클릭 몇 번만으로 음성 통화 또는 비디오 통화를 결정할 수 있다.

이는 Unified Communications라는 용어로 설명되며, 이 용어는 향후 몇 년 내에 기업 IT 유형 사이에서 유행어가 될 것이 분명하다. 우리는 사람들에게 연락하기 위한 방법으로 전화 번호에 익숙해져서 거의 자연스러워 보인다. 하지만, 그렇습니까? Skype와 같은 모바일 폰과 PC 응용 프로그램에서 볼 수 있듯이, 이름별로 사람을 찾는 것이 훨씬 더 편리하다. PC 응용프로그램은 전화기보다 더 잘 작동하지만, 전화기가 따라잡고 있다. 대형 컬러 화면은 전화 인터페이스를 PC와 비슷하게 만들고 일부 단점을 제거한다.

Microsoft는 VoIP 시스템을 통해 광대역 오디오도 채택했다. 시스템 내 통화는 RTAudio라는 독점 Microsoft 코덱을 사용하여 연결된다.

6.7.3 Asterisk[별표(*)]

Asterisk를 사용하면 전화 서비스가 PC에서 실행되는 소프트웨어로 구현된다. 소프트웨어에는 무료 오픈 소스 버전과 유료 버전이 있으며, 여기에는 지원이 함께 제공된다. Asterisk는 전화기가 이국적이고 비용이 많이 드는 하드웨어의 영역을 벗어날 수 있다는 것을 보여준다. 전화 교환, 음성 메일 등은 표준 발급 PC에서 실행되는 또 다른 서비스일 수 있다. 물론, 이러한 시스템을 구성하고 관리하려면 전문 지식이 필요하다. 하지만 한때 특별한 날에 많이 쓰이던 귀한 서비스(예: 이메일)가 보편화되 경우를 많이 보아왔다. IT 전문가가 Asterisk와 같은 시스템에 익숙해지면서 전화에서도 이와 같은 현상이 발생할 수 있다.

Asterisk는 다운로드 가능한 소프트웨어임에도 불구하고 소프트 스위치가 아니다. 오디오 스트림은 이더넷 스위치를 통해 피어 투 피어(Peer-to-Peer)로 전달되지 않고 박스를 통과한다. Asterisk는 개발자의 제휴 회사인 Digium 및 기타 회사에서 판매하는 PCI 확장 카드를 통해 기존 회로 전환 전화선 및 장치에 탑재된 연결을 지원한다. Asterisk PBX는 종종 PC 하드웨어에 자체 설치되지만 사전 설치 및 구성 소프트웨어를 사용하여 사용할 준비가 거의 완료된 Trixbox (그림 6.12)와 같은 "적용"버전도 있다. 이들은 일반적으로 x86 기반이지만 Analog Devices Blackfin 프로세서를 기반으로 하는 일부 사용 가능한 제품이 있으며 CPU의 저렴한 비용과 낮은 열 / 전력 소비의 장점을 제공한다.

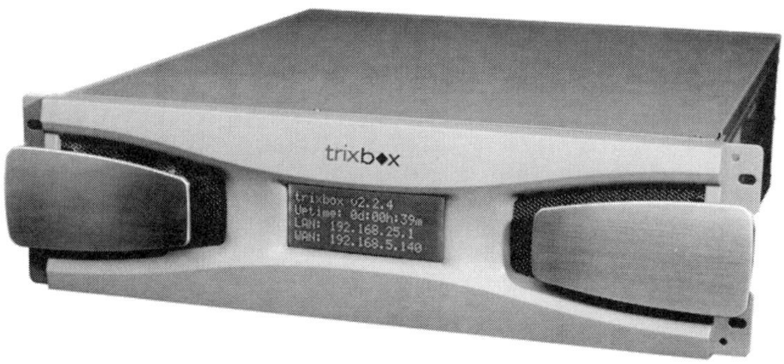

FIGURE 6.12

Trixbox is a ready-to-go PBX based on the open-source Asterisk software.

Asterisk와 함께 작동할 수 있는 SIP 호환 전화기는 여러 공급업체에서 구입할 수 있다. 시스코의 전화기조차도 작동하는 일반적인 SIP 모드로 설정할 수 있다. PC 기반의 소프트 폰도 많이 있다.

6.7.4 그 외

IP PBX의 대표 샘플(하드웨어 1개, 소프트웨어 1개, 리눅스 기반 오픈 소스 1개)을 살펴보았다. 그러나 IP PBX를 다양한 스타일과 다양한 철학으로 제공하는 많은 다른 회사들이 있다. - 그 중에는 Nortel, Avaya, Mitel, Siemens, Alcatel, Shoreline, Sphercom, Vertical 등이 있다. 라디오 방송국이나 오디오 프로덕션 시설의 관점에서 중요한 것은 PBX를 통해 통화 제어용 SIP 표준과 오디오 스트림에 대한 RTP를 사용하여 무제한으로 장치를 연결할 수 있도록 해야 한다는 것이다. 또한 PBX는 허용할 수 없는 트랜스코딩(변환 부호화)이나 오디오 문제를 일으킬 수 있는 다른 어떤 코덱도 사용하지 않고 사용할 코덱을 지원해야한다.

6.8 | 게이트웨이

게이트웨이는 SIP/IP 네트워크와 통신 네트워크 사이의 브리지를 제공한다. 예전에는, 통신사 쪽에서 POTS, T1 또는 ISDN을 의미했다. 그러나 최신 게이트웨이는 통신 호스트 SIP 서비스에 연결할 수 있다. 이 경우, 게이트웨이는 IP 방화벽 및 라우터가 된다. 이제 많은 유닛이 통신사 측에 IP 및 회로 교환 연결을 모두 가지고 있다. IP 연결은 인터넷 데이터와 음성 모두에 사용할 수 있다. 게이트웨이는 다음 중 전부 또는 일부를제공한다.

- IP와 회로 교환 통신망 간 물리적 변환(예: POTS 연결을 위해 RJ-45 이더넷을 여러 RJ-11로 변환)
- SIP에서 텔코 형식으로의 시그널링 번역
- 통화 진행 신호음 생성 및 감지(예: 통화 중, 전화 걸기 등)를 수행
- DTMF 톤 생성 및 IP 및 통신 양쪽에서 감지
- 통신사 측에서 발신자 ID를 탐지
- 코덱 간 오디오 트랜스코딩
- 라인 Echo Cancellation(디지털 하이브리드)
- IP 라우터 기능
- PBX와 유사한 서비스(실제 게이트웨이 기능은 아님).

AudioCodes Mediant 1000은 일반적인 현대식 SIP 게이트웨이다(그림 6.13).
1 ~ 4 E1/T1/J1 spans, 4 ~ 20 ISDN-BRI 라인, 4 ~ 24 아날로그 FXS/FXO 인터페이스의 혼합을 위한 인터페이스 모듈을 수용할 수 있는 6개의 카드 슬롯이 있다. SIP 간 조정과 함께 음성 라우팅 기능을 통해 시스템을 기본 독립형 PBX로 사용할 수 있다. SIP/IP를 통해 통신사에 연결할 수 있으며, 백업으로 회로 교환이 가능하다. 또한 IP 라우터 역할도 한다. G.711, G.726, G.723.1, G.729A, GSM-FR, iLBC 및 G.711.1 코덱 사이에서 트랜스코드를 실행할 수 있다.

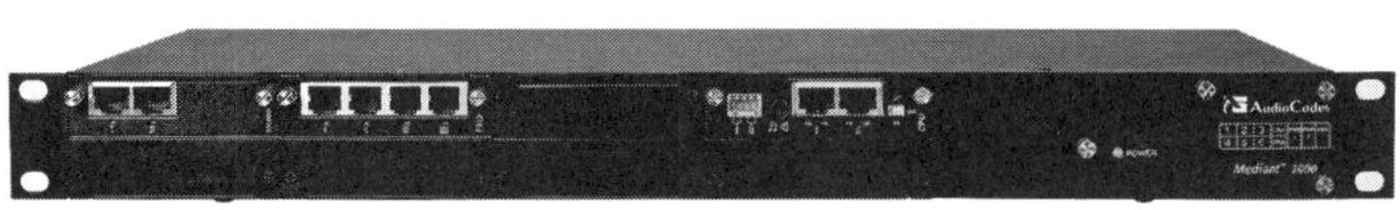

FIGURE 6.13
AudioCodes Mediant 1000 gateway, with a two-port T1/E1 and a four-port FXO module installed.

Mediant 1000 MSBG 버전에는 IP 라우팅 기능과 다양한 광대역 코덱(G.722, AMR-WB 및 Microsoft RTAudio)이 추가되었다. 또한 AudioCode는 비모듈식 형식의 데스크톱 스타일 게이

트웨이를 더 저렴하고 훨씬 단순하게 만든다. 2개에서 24개의 POTS 인터페이스로 사전 구성된다. (그림 6.14를 참조) 우리가 이미 본, 2800 제품군의 시스코 통합 서비스 라우터를 게이트웨이로 사용할 수 있다. Asterisk PBX를 호스팅하는 PC도 게이트웨이를 만든다. Digium은 POTS (그림 6.15) 및 T1/E1용 다양한 PCI 슬롯 텔코 인터페이스 카드를 만든다. 일부 타사 공급업체는 ISDN용 카드를 만든다. 이것은 기성용 솔루션이 아니며 카드와 소프트웨어를 설치 및 구성하는 것은 쉬운 일이 아니다.

6.8.1 회로 교환 인터페이스의 개요

게이트웨이를 명령하거나 구성할 때, 통신 네트워크에 연결하는 데 사용할 인터페이스 종류를 알아야한다.

FXS/FXO

표준 아날로그 POTS 라인의 두 끝에 대한 지정이다. 대부분의 경우, 이러한 회선은 기본적인 가정용 전화에 사용된다. 그러나 PBX와 통신 중앙 사무국을 연결하는 데도 사용할 수 있다.

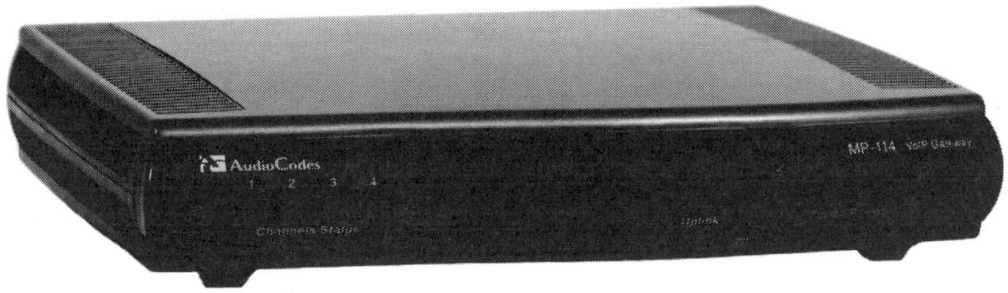

FIGURE 6.14
AudioCodes Mediapack gateway, supporting four FXO connections.

- FXS(foreign exchange station) 인터페이스는 중앙 사무국에서 공급하는 회로를 에뮬레이션한다.
  FXS는 토크 배터리를 공급하고 응답 상태를 감지한다.
  신호음을 표시하기 위해 100VAC를 생성한다.
  신호음 및 다른 콜 프로그레스 신호 같은 기타 통화 진행 신호를 제공한다.
  전화 걸기 위해 DTMF (이중 톤 다중 주파수) 톤에 응답하고 모뎀 인코딩 된 오디오에서 발신자 ID 정보를 보낼 수 있다.
- 전화기, 그리고 전화기처럼 생긴 것들은 모두 FXO(foreign exchange office) 장치이다.
  FXO 장치는 루프 전류를 그리면 응답 상태가된다.

링잉 전압에반응한다.

이 기능은 구형 펄스 루프 중단 또는 DTMF를 통해, 전화 걸기를 제공한다.

발신자 ID를 탐지할 수 있다.

FIGUR E 6.15

High-density POTS FXO interface card for Asterisk.

FXS/FXO 인터페이스의 흥미로운 제약은 FXS로부터 통화가 종료되었음을 신호하는 것이 때로는 신호가 울리지 않으며, 신호 유형이 전 세계적으로 다양하다는 것이다. 미국에서는 대부분의 통신 중앙 사무국이 통화가 종료되면 루프 전류를 차단하지만, 일부는 그렇지 않다.

그리고 많은 PBX들은 그렇지 않다. 결국, 신호음이 반환되고, 단절 신호로 사용할 수 있지만, 몇 초 지연이 있다. 이 경우, 선이 비어 있는지 여부에 대해 CO와 PBX 사이에혼란이 있는 상태인 눈부심을 일으킬 수 있다. PBX가 발신 통화를 위해 회선에 액세스하려고 시도하는 순간에 통화가 울릴 수 있다. 다른 많은 국가에서는 통화의 종료를 알리는 오디오 톤이 전화선에 전송된다. 이렇게 단절된 관리감독의 부재는 중앙 사무국에서 원격으로 전화를 끊을 이유가 없다는 생각에서 비롯되었다. 이것은 대화가 끝났다는 것을 알고 다시 수화기를 크래들(cradle)로 교체함으로써 반응한 누군가에 의해 수행된 신체적, 인간적인 행동이다. 이 설계는 기계와 기계 사이의 연결을 위해 의도된 것이 아니다. 사실, 응답 상태 신호는 두 가지가 있다. 루프 스타트 라인에서, 전화가 연결되지 않으면, 회로가 닫히고, 중앙 사무국에서 전류의 변화를 감지한다. 이것이 일반적인 주거 형태이다. 그라운드 기동 신호는 감시 연결을 해제하고 눈부심 가능성을 제거하기 위해 계획을 약간 수정하는 것이다. 아이들(idle) 회로에서 중앙 사무국은 링 와이어에 −48V를 제공하고 끝 와이어에 개방된다.

PBX 측에서 링이 먼저 접지된 후 중앙 사무국 회로가 접지 끝으로 응답해야한다. PBX는 이를 감지하고 접지를 해제하며 루프 전류를 그려 연결을 유지한다. 대화가 끝나고 라인이 CO 측에서 지워지면 CO는 쌍을 가로 지르는 부하를 제거하고 PBX는이를 단절 요청을 나타내는 것으로 받아들인다.

E&M Trunks

E&M 트렁크는 신호에 두 개의 추가 와이어를 사용합니다. 일명 귀와 입 연결부이다. 이를 통해 문제를 해결하고 감시를 해제할 수 있다. 이 체계는 거의 구식이지만, 때로는 E&M 인터페이스 카드를 사용하여 MOH(music on hold)를 VoIP PBX에 연결한다. 오디오 경로는 변압기가 격리되어 있고 MOH 소스에서 토크 배터리를 공급할 필요가 없기 때문에 이 용도로 편리하다.

T1/E1

이들은 스위치 음성 네트워크에 대한 기본 디지털 인터페이스이며 널리 사용되고 있다. 특히 T1이 대형 PBX 표준에 가까운 미국에서 거의 그렇다. (유럽에서는 ISDN PRI가 더 널리 채용되고 있다.) T1은 최대 24개의 음성 채널을 전송하며, E1은 최대 32개의 음성 채널을 지원한다. T1은 미국과 일본에서 흔히 볼 수 있는 반면, E1은 전 세계 대부분의 통신사에서 제공한다. 이러한 디지털 회로는 오디오 외에도 채널 관련 신호(CAS) 비트에서도 기본 신호를 전달한다. 이 신호는 구성에 따라 루프 시작, 접지 시작 또는 E&M을 에뮬레이트한다. T1s는 IP 연결에도 사용할 수 있다. 이 경우, 일반적으로 전체 T1의 1.544-kbps 용량은 로컬 IP 라우터에서 ISP 장비로 연결되는 투명 파이프로 사용된다. 채널화된 T1이라는 문구는 회로 교환 음성 응용프로그램을 위한 T1을 구분하는 데 사용되는 경우가 있다. 부분 T1은 라인 전체 용량의 일부를 사용하는 서비스이다. IP 연결을 위해 채널화된 부분과 명백한 데이터 부분으로 분할된 T1을 주문할 수도 있다.

ISDN-PRI

ISDN-PRI(Integrated Services Digital Network Primary Rate Interface)는 T1 및 E1과 동일한 기본 회로를 사용한다. T1을 통해, 23개의 음성 채널이 제공되며, E1은 30개의 채널을 제공한다. 하나 또는 두 개의 채널이 신호 통신을 위해 예약되어 있다. 이 대역 외 프로토콜 전송을 통해 전화 번호, 코덱 유형, 원인 지우기 등과 같은 정보를 전송할 수 있다. (단, T1은 발신자 ID 데이터를 모뎀을 통해 음성 채널로 인코딩한다.) 음성 경로는 B(수신기) 채널이라고 하며, 신호는 D(데이터) 채널로 전송된다.

거의 모든 대형 VoIP 게이트웨이와 PBX는 ISDN-PRI 라인을 지원한다. 미국의 신호는 유럽과 다른 지역에서 사용되는 것과 약간 다른 프로토콜이다. 회선의 프로토콜과 일치하도록 게이트웨이를 설정해야한다. 일반적으로 미국에서는 NI-1(National ISDN-1)이 되고 유럽에서는 Euro ISDN 표준을 사용한다. SDN-PRI 게이트웨이의 맥락에서 QSIG라는 용어가 들을 수 있다. ISDN의 일반적인 Q.931 프로토콜보다 훨씬 정교하고 그 위에 계층화된 신호 프로토콜이다. SIP의 등장으로 QSIG는 또 다른 용감한 시도가 될 것으로 보인다.

ISDN-BRI

ISDN-BRI(Basic Rate Interface) 라인은 하나의 D 채널에서 지원하는 두 개의 B 채널을 제공한다. (위에서 언급한 바와 같이, B 채널은 오디오 페이로드 "speech"를 전달하는 반면, D 채널은 신호를 전송한다. - 이를 "2B+D" 구성이라고 부르기도 한다.) 이들은 POTS 라인이나 중소기업을 위한 주거용 대체품으로 사용되었다. 발명가가 계획한 응용 프로그램은 동시 음성 호출 및 데이터 연결을 허용하는 것이었다. DSL이 훨씬 높은 데이터 속도를 제공함에 따라, ISDN-BRI는 노후화에 더 가까워지고 있다. 그럼에도 불구하고, 사용 가능한 경우 몇 줄만 필요한 소규모 설치에 유용할 수 있다. 대부분의 VoIP 게이트웨이에는 이러한 라인과 인터페이스 할 수 있는 카드가 있다. PRI 라인과 마찬가지로 라인이 사용하는 신호 유형과 일치하도록 게이트웨이의 구성을 설정하는 데 주의해야한다.

A ROSE BY ANY OTHER NAME The word line is becoming troublesome. Back when a POTS line was associated with a single telephone number, the word had a clear meaning. When you ordered 10 lines, you received 10 physical pairs and had 10 telephone numbers. (Well, okay, rollover rotary service exposed only one number to the public, but the others were still there in the background.) ISDN was the first step on the road to a verbal ghost town. We engineers began to speak of a BRI "line" with two voice channels. But radio producers and hosts still communicated with each other as if channels were lines, saying things like, "The tree-hugger is on line 3. Do you want to take him now?" Station engineers knew that meant BRI line 2, channel 1, but operational staff typically had no clue. Now we are faced with SIP trunking and other IP-based services, where a single "line" (which might be connected via one, two, or more physical copper pairs; an optical cable; or a wireless link) can carry any number of voice channels. Operators, blissfully unaware of all this, will undoubtedly continue with their conditioned habit, referring to a certain caller as being on a particular line. Thus, is the word line destined to join dial in a peculiar departure from original meaning?

6.9 | 인터넷을 사용하여 통신 네트워크에 연결

이 문서에서 틈새 시장으로 남아 있지만, SIP 트렁킹은 PBX 공급업체와 통신사 모두의 지원을 받고 있다. 시간이 지나면서 구형 POTS와 T1 트렁킹의 사용량이 거의 확실히 감소할 것이다. 결국, 이것에 대한 필요성을 완전히 없앨지도 모른다.

PSTN의 게이트웨이가 물리적 위치에 있는지 또는 다른 사이트에 있는지 여부는 사용자와 게이트웨이 사이의 IP 경로가 최대 활성 연결 수를 지원할 수 있는 충분한 대역폭으로 QoS를 보장하는 한, 차이가 없다. IP 링크가 전화와 데이터 모두에 사용되어야 하는 경우, 시스템은 전화 통화가 우선순위를 갖도록 설계되어야한다. 이를 보장하려면, 귀하와 PSTN 사이에 IP 서비스 벤더가 하나만 있어야 하며, 이 벤더는 제대로 작성된 서비스 수준 계약에서 QoS를 보장해야한다. IP 서비스가 한 공급업체에서 다른 공급업체로 넘어갈 때마다 일관된 품질과 문제를 해결할 수 있는 가능성을 모두 고려해야한다. 또 한 가지 주의해야 할 점은 어떤 코덱이 사용될 것인가 하는 점이다. 궁극적으로 PSTN에서 전송되는 호출의 경우, 스튜디오 응용프로그램에서는 기본 G.711 코덱만 허용된다. 그 밖에 트랜스코딩과 용납할 수 없는 충실도의 감소가 포함된다. 특히 휴대폰 통화와 관련된 경우, 이 소리가 들린다. 이들 제품은 이미 저속 14.4kbps 코덱으로 인해 품질이 떨어진다.

PSTN 내에서 G.711로 전화를 건 다음 IP 링크를 통해 스튜디오로 이동하는 다른 코덱을 통과하는 것은 청각 장애를 요청하는 것이다. 마지막으로 장비와 캐리어 장비가 제대로 통신할 수 있는지 확인해야한다. SIP는 표준이지만, 벤더는 일반적으로 지원되지 않는 확장을 통해 SIP를 향상시키는 경우가 많다. SIP 공급업체의 컨소시엄(협력단)인 SIP Forum에 의해 수행된 SIPconnect라는 프로젝트가 도움이 될 수 있다. SIP커넥트 인터페이스 사양은 2004년 Cbeyond Communications에 의해 Avaya, BroadSoft, Centrepoint Technologies, Cisco 및 Mitel의 지원을 받아 출시되었다. IP PBX와 VoIP 서비스 공급자 네트워크 간의 상호 연결 규격을 자세히 설명하려고 한다. 참조 아키텍처, 필수 프로토콜 및 기능, 구현 규칙을 지정한다. G.711 코덱을 모든 장비와 서비스에 제공해야한다.

IP + PSTN = QoS One of the ironies of the current state of IP telephony is that with care, calls that pass through the PSTN can have guaranteed quality of service, while those that stay within the IP cloud usually don't. Within a single provider's network, all is usually well, but as soon as a call crosses multiple vendors' networks, QoS evaporates. This is because the Internet exchange points (IXPs), where the different ISPs' networks interconnect with each other, are regularly overloaded, causing packet loss and jitter. When a call transits via the PSTN with a single-vendor IP connection at each end (though they may be different vendors), IXPs are replaced by the PSTN. In effect, the PSTN serves as a peculiar kind of IXP. This solves the QoS problem, but introduces another one: enforced low-fidelity due to the PSTN's G.711 codec and its 3.4-kHz audio bandwidth limit.

라디오 방송국이나 오디오 제작 시설이 전화 서비스를 SIP 기반 IP로 변경하는 것이 합리적인가?이 글이 쓰여지고 있기 때문에 답은 명확하지 않다. 제대로 설계된 IP 트렁크가 신뢰할 수 있는 고품질 서비스 이외의 다른 것을 제공할 수 있는 본질적인 이유는 없다. 실제, 매수자 위험 부담 원칙 이다.

6.9.1 MPLS

멀티프로토콜 레이블 스위칭은 VoIP와 같이 보장된 QoS가 필요한 고객을 대상으로 하는 신흥 IP 서비스이다. MPLS는 패킷에 레이블 스택이라고 하는 하나 이상의 "레이블"을 포함하는 MPLS 헤더를 접두사로 작동한다. 이러한 MPLS 레이블링 패킷은 IP 라우팅 테이블을 조회하는 대신 효율적인 레이블 조회/스위치를 통해 전환된다. MPLS를 사용하면 CoS(서비스 클래스) 태그 지정 및 네트워크 트래픽의 우선 순위를 지정할 수 있으므로, 관리자는 어떤 응용프로그램이 다른 응용프로그램 보다 먼저 네트워크를 통해 이동할 것인지를 지정할 수 있다.
이 기능을 통해 MPLS 네트워크를 VoIP와 같은 지연 시간이 짧은 응용프로그램의 성능을 보장해야 하는 회사에 유용하다. MPLS를 지원하는 통신사는 제공하는 서비스 클래스 수와 이러한 CoS 계층의 가격 방식에 따라 다르다. MPLS는 공급업체 경계를 넘어 PSTN과 유사한 방식으로 음성 응용프로그램에 QoS를 제공할 수 있다는 것이 MPLS의 약속 중 하나이다.

6.9.2 IP Centrex 및 호스트된 PBX 서비스

PSTN 게이트웨이가 사내에 있는지 여부는 중요하지 않은 것처럼, IP PBX의 위치도 중요하지 않다.이는 IP Centrex 서비스 또는 호스트된 PBX 서비스를 활성화하는 원칙이다. 서비스 공급자 사이트에서 하드웨어를 찾고 사용자의 위치에서 전화 시스템 장비를 사용할 필요가 없다. 이 유형을 완전히 설치할 때, 사이트에 IP 전화만 있으면 이더넷 스위치에 연결되고 라우터를 통해 인터넷에 연결된다. 백엔드 장비의 설치와 유지보수를 다른 사람이 담당한다는 것이 주된 장점이다. 또한 이러한 서비스 공급업체가 개별 비즈니스 사이트에서 복제하기 어려운 응용프로그램의 제품군을 개발했을 수도 있다.

실제 세계: SIP 트러킹 주문 실험

우리는 SIP 트렁킹 서비스를 전 세계 몇몇 대표 사이트에서 주문하려고 노력했고, 기술과 비용 측면에서 그 아이디어가 실용적인지 알고 싶었다. 다음은 2009년 중반에 학습된 것이다.

Ohio 주, Cleveland

AT&T는 IP Flexible Reach라는 서비스를 설치할 것을 제안했다. AT&T는 전화와 인터넷 접속 모두에 사용할 수 있는 T1 라인을 제공한다. G.729a/b, G.726 및 G.711 코덱이 지원된다. 서비스 주문 시 코덱 1개가 지정되며 모든 호출에 사용된다. AT&T는 G.711과 G.729의 50에 의해, 동시 통화를 17번 기대할 수 있다고 주장한다. "managed router" (Quintum에서 만든 Tenor 제품군에서)는 현장에서 AT&T에 의해 설치되며, 음성 트래픽과 데이터 트래픽 간의 우선 순위를 처리한다. (장비에 필요한 경우 POTS, T1 또는 PRI ISDN으로 변환할 수도 있다.) 우리가 이야기한 AT&T 기술자는 모든 트래픽이 PSTN에 도달하기 전에 AT&T의 QoS 제어 네트워크에 머물러 있기 때문에 온-에어 응용프로그램에 품질이 완벽하게 적합해야 한다고 말했다. 비용은 데이터 회로의 경우, $597에 한 달에 한 쌍의 숫자당 $60를 더한 것으로 인용되었다. AT&T는 매월 300분의 장거리 번들로 묶고 분당 0.4달러를 번들로 제공한다. QoS는 서비스 수준 계약에서 보장된다.

XO Communications는 SIP 트렁킹을 제공하는 또 다른 회사이다. 최대 16개의 G.711 통화를 지원하는 1.5Mbps의 회선 설치를 제안했다. VoIP에 사용되지 않는 대역폭이 인터넷 서비스를 제공할 수 있다. 이 회사는 현장 라우터를 제공하고 PSTN까지 회로를 관리해야 한다고 주장한다. 비용은 전화, PSTN 번호, 무료 시내 전화, 2000년 미국 장거리 전화 등을 포함하여, 월 490달러이다. 추가 시간은 각각 0.4달러로 제시되어 있다. 더 많은 VoIP 채널 또는 더 많은 인터넷 대역폭을 지원할 수 있는 최대 10Mbps의 더 큰 파이프가 있다.

독일, 뮌헨

Arcor 회사는 SIP 트렁킹 서비스를 제공하는 ISP이다. 이 제품은 4Mbps DSL 라인을 월 239유로(338달러), 고품질 VoIP에 필요한 QoS 보증을 위해 79유로(1112달러)에 판매한다. 이 라인은 G.711 코덱을 사용하는 최대 27개의 호출을 지원한다. VoIP에 사용되지 않는 대역폭을 일반 인터넷 액세스로 전환할 수 있다. PSTN의 각 번호는 €2.95(4.20달러)이며, 현지 전화와 국제 전화에 대해 일반적으로 1분당 요금이 부과된다. 이 회사는 호스트된 IP PBX 서비스도 제공한다. 고객은 SIP 전화기만 구입하여 Arcor의 SIP 서버에 등록한다. 가격은 독일 내 통화의 균일 요금을 포함하여 사용자 1인당 월 9.95유로이다.

라트비아, 리가

Telos가 발트해 연안에 지사를 두고 있어서, 우리도 여기에서 시도해 봤다. Lattelekom은 메인 통신사이다. 이 회사는 중앙 사무소에 위치한 Siemens Hi-Path 스위치에서 호스트된 PBX IP

서비스를 제공한다고 말했다. 25개의 음성 채널을 지원하는 비즈니스급 QoS 보증 DSL 또는 광학 연결은 매달 약 80유로(113달러)였다. 각 전화 포트의 가격은 월 약 10유로(14달러)이다. Lattelekom은 이 서비스가 많은 지점들이 있는, 은행 등 기업들에게 인기가 있었다고말했다. 우리는 이 시스템이 SIP 트렁킹에 사용될 수 있다고 들었지만, 지금까지 Siemens의 의미로 "인증된" 전화기와 함께 사용되도록 제공되었다고 들었다. 이 회사는 조만간 TDM 장비를 대체하는 Alcatel/Lucent IMS 스위치를 설치할 것이라고 설명했다. 이 작업이 준비되면, SIP 트렁킹이 사실상 클라이언트를 연결하는 일상적인 방법이 될 것이다. 여기에는 이더넷 및 POTS 포트가 모두 포함된, DSL 박스가 포함되어 있다. 비용은 기존 POTS 및 ISDN 서비스와 동일할 것으로 예상되었으며, 음성 채널당 월 10유로(140달러)에 DSL 또는 광케이블 비용이 추가되어 있다. 흥미롭게도, Lattelekom 사람들은 "이제 기술이 쓸모 없게 되었기 때문에 더 이상 TDM 장비에 투자하지 않기로 결정했다"고 말했다. 이 회사는 향후 몇 년 이내로 전체 네트워크를 IP로 전환할 계획이다.

실제 세계: 일반 기록에서 VoIP의 개선 사항

Commercial 레코딩 스튜디오는 오하이오 주 Cleveland의 광고 커뮤니티에 서비스를 제공하는 오디오 녹음 및 비디오 제작 시설이다. 이 시설에는 4 개의 기본 오디오 제작 제품군, 2 개의 Final Cut 비디오 편집 제품군 및 비디오 촬영을 위한 HD 장비 배터리가 포함된다. Dan Bays는 공학박사이다. 그는 VoIP 전화 서비스에 대한 그들의 경험과 그것이 수년에 걸쳐 어떻게 발전해 왔는지에 대한 이야기를 들려준다. 12년 전, 우리는 인터넷을 통해 라디오 방송국에 지점을 제공하기 위한 서비스를 시작했다. 이 프로세스를 위한 소프트웨어를 개발하여 웹 서버, 전원 시스템, 인터넷 연결 등에 자동 이중화가 가능한 시스템을 설치했다. 이러한 시스템과 인터넷 연결 비용의 일부를 낭비하는 것을 돕기 위해, 우리는 또한 Cleveland 주변의 많은 다른 회사들을 위해 웹 사이트와 이메일을 호스팅하기 시작했다. 그래서 우리는 IT와 IP에서 많은 경험을 쌓았다. 2003년, 우리는 전화 장비를 제외하고 최첨단 시설을 가지고 있다는 것을 알아챘다. 우리는 25개의 전화기로 20년 된 Merlin 시스템을 여전히 운영하고 있었다. 아날로그 전화선 10개와 ISDN 전화 6개에 대한 비용을 지불하고 있었다. ISDN 회선은 전국의 다른 스튜디오와의 세션을 위해 코덱과 함께 사용되었다. 아날로그 전화선 중 4개는 운반 시스템의 일부로 라디오 방송국에 팩스를 보내는 서버 전용 전화선이다. 우리는 고객이 우리 시설에서 일하고 있다는 것을 보여주는 라디오 전화 수신을 위해 아날로그 전화선을 네 개 더 가지고 있었다. 우리는 21세기에 전화 시스템을 도입해야 한다는 것을 알고 있었고 이것이 우리의 요금을 줄일 수 있는 기회라고 생각했다. 우리는 IP전화가 미래의 방식이라고 믿었고, 그래서 우리는 Cisco IP전화 시스템을 제안한 우리의 통신사와 논의를 시작했다. 그 통신사는 저희에게 모든 아날로그 전화선과 ISDN을 Cisco에서 종료

될 단일 T1로 롤(roll) 할 수 있는 능력을 팔았다. 이렇게 하면, 이론상으로는 2년에 걸쳐 시스템에 대한 비용을 지불하게 되어 온라인 요금에 큰 비용을 절감할 수 있다.

설치가 완료되면, 통신사가 ISDN 라인을 T1 번들로 이동하여 코덱과 함께 작동할 수 있는 방법이 없다는 것을 발견했다. 또한 Cisco가 시스템을 최신 상태로 유지하기 위해 서비스 계약을 위해 연간 1,000달러 이상을 원한다는 사실을 깨달았을 때 절감 효과가 기대되는 또 다른 문제가 있었다. 우리는 첫 해 이후로 이것을 거절하기로 선택했다. 이것은 전화 시스템이었다. 우리는 전화를 하고 전화를 받을 수 있어야 했다. 기존 Merlin 시스템이 큰 업그레이드 없이 20년 동안 지속되었다면, 새로운 시스템에 더 많은 것이 필요했을 이유가 무엇일까?

새로운 시스템은 훌륭했지만, 우리는 우리가 기대했던 절감효과를 즐기진 못했다. 2008년 초까지, 24개의 동시 통화 경로를 제공하는 전체 T1에 대해 지불하고 있다는 것을 깨달았지만, 우리는 결코 6개에서 8개 이상을 사용하지 않았다. 또한 이중 T1을 인터넷에 연결하여 3Mbps의 데이터 파이프를 제공한다. 우리 시설에 있는 대부분의 엔지니어들은 집에서 Vonage를 사용하고 있었고 인터넷을 통해 VoIP의 비용 이익을 경험했다. 부사장은 이 기술을 비즈니스 전화 시스템에 사용할 수 있는 방법이 있는지 묻기 시작했다. 게다가, 우리는 1년 중 일부를 이탈리아에서 살았고, 국제전화 요금 없이 클리블랜드 지역으로 전화를 걸 수 있는 방법을 찾고 있었다. 나는 전화 시스템에 VPN을 설치하고 IP 전화 중 하나를 사용하여 전화 시스템에서 작동하려고 했다.

우리는 Cleveland 지역에 있는 우리 엔지니어들의 집에서 테스트를 해 보았는데, 완벽하게 작동했다. 원격 전화는 마치 우리 건물 안에 있는 것처럼 시스템의 확장이 되었다. 불행히도, 우리 프로듀서가 이탈리아로 가져갔을 때, 우리는 그의 ISP에 문제가 있다는 것을 발견했다. 뭔가를 막고 있는 것 같았고 문제의 원인을 알 수 없었다. 이탈리아 문제에도 불구하고, 우리는 IP가 갈 길이라고 확신했고 우리는 T1을 대체하기 위해 그것을 조사하기 시작했다. 우리는 이 시기에 소프트웨어 프로그래머를 고용했는데, 그 프로그래머는 이전 직업이 VoIP 시스템을 설치하는 것이었다. 그는 인터넷 SIP 제공업체에 연결된 Asterisk 오픈소스 전화 서버를 설치하려고 했다. 테스트 서버를 구축하고 Cisco 전화 중 하나를 SIP로옮겼다. 잘 되는 것 같았다.

나는 모든 전화 트래픽에 DSCP 태그가 지정되도록 네트워크에서 QoS를 구현하고 테스트하는데 많은 시간을 보냈으며, 이러한 태그가 스위치, 방화벽 및 라우터를 통해 전달되고 인터넷에 전달되었는지 확인했다. 인터넷 제공업체는 QoS가 없었기 때문에 일단 트래픽이 자리를 뜨면 QoS는 보장되지 않지만 적어도 내부적으로 VoIP 트래픽은 보호되었다. 2008년 봄, 우리는 모든 Cisco 전화를 SIP 소프트웨어로 옮기고, Asterisk Trixbox에서 실행하도록 하는 데 주말을 보냈다.우리 SIP 제공업체는 뉴욕에서 나온 Binfone사 이다.

그리고 우리는 모든 전화번호를 옮겨서 SBC에 오래된 전화 T1을 차단시켰다. 이제 우리의 전화 트래픽은 인터넷 트래픽과 동일한 3-Mbps 데이터 링크에서 IP를 통해 실행되고 있었다. 이것은 놀라울 정도로 잘 작동했다. 일주일 동안 좋지 못한 전화가 한두 통 걸려왔었지만, 전반적으로 상황이 좋았다. 우리는 700달러의 T1(Time Division Multiplexing, Level 1) 요금을 절약하고 있었을 뿐 아니라, 지역 및 장거리 통신에 대하여 많은 요금을 절감하고 있었다.

우리는 우리가 승리할 수 있는 해결책이 있다고 확신했다. 팩스용 아날로그 전화선을 몇 개 가져와야 했다. 왜냐하면 IP로는 믿을 수 없기 때문이다. 그 후 2008년 여름, 데이터 T1에 대한 계약이 갱신되었다. 이 무렵, 우리 통신사는 주요 장거리 운송회사를 구입했다. 영업 담당자는 기존 장비를 단계적으로 폐기하고 있으며, 새로운 T1 쌍을 주요 운송 업체의 백본에 직접 장착할 수 있다면 성능이 향상되고 지연 시간이 단축될 것이라고 알렸다. 새로운 라인으로 갈아타자 마자, 큰 문제가 생겼다. 일반 인터넷 데이터는 괜찮았지만, 통화 품질은 형편없었다. 우리 전화의 25퍼센트 이상이 엉망진창인 소리, 중퇴, 두 배의 경험을 했다. 새로운 서비스에서 VoIP를 실행하는 데 몇 가지 근본적인 결함이 있는 것이 분명했다. 사실, 이전의 T1이 오프라인으로 전환되기 전에, 우리는 전화 서버를 이전 라인과 새로운 라인 사이로 옮기고 품질의 변화를 들을 수 있었다.

이후 6개월 동안, 수백 시간을 테스트, 문제 해결, 미세 조정 및 이 문제를 해결하기 위해 기술 지원 계층을 통해 작업했다. 우리는 VoIP 트래픽용 라우터에 구리 쌍을 고정하고 예약된 대역폭을 확보했으며, 통신사 측에 QoS를 설치하고, Binfone에게 대기 시간과 지터를 네트워크 상에서 테스트하도록 하고, 통신사가 회선에서 “침략적인” 테스트를 수행하도록 하고, 비트 전송률을 통화당 16kbps로 줄였다. 아무것도 도움이 되지 않았고, 매일 전화 회사에서 온 새로운 기술 지원자가 역사에 익숙하지 않아서, 다시 원점으로 돌아갔다. 아무도 왜 예전 라인이 작동하는지 설명할 수 없었지만, 새로운 라인은 그렇지 않았다. 우리 직원들은 설치된 시스템을 신뢰하지 못하기 때문에 고객과의 대화를 위해 휴대전화를 사용하기 시작했다. 우리는 AT&T에서 SIP 서비스를 통해 네트워크를 제어하는 방법을 고려했지만, 이 서비스에는 전용 T1이 필요했고 비용 절감이 사실상 필요하지 않았다. 마지막으로, 새로운 SIP 전화 서버에 POTS 회선을 연결하기 전에 마지막 수단으로서, 우리는 케이블 TV 제공 업체에 월 150 달러에 비즈니스 클래스 케이블 모뎀을 제공해 줄 것을 요청했다. 우리는 2 Mbps down과 768 kbps up을 구입했다. 그리고 우리는 전화 시스템만 그 시스템으로 옮겼다. – 그리고 나서 모든 문제가 사라졌다! 그 이후로 전화기는 훌륭했다. 심지어 이탈리아에서도 전화기도 작동하고 있다.

이야기의 교훈은 다음과 같다:

- 인터넷상의 VoIP는 저렴하고 실제로 잘 작동한다(ISP가 좋은 경우).
  처음에 만족하지 않을 경우 공급업체를 바꿀 준비를 해야 한다.
  아마도 당신은 작동시킬 공급자를 찾을 수 있을 것이다.
  문제를 해결하기 위해 공급업체를 찾는 것보다 공급업체를 전환하는 것이 훨씬 덜 고통스럽고 시간을 집약적으로 한다.

- 한 판매회사가 PSTN으로 들어가는 경로를 소유할 경우 VoIP는 문제가 없지만, 절감 효과가 거의 없기 때문에 아직 시도하지 않는다.
- 실내 LAN에서 실행되는 시스템 부분에 문제가 생긴 적은 없다.
  IP PBX 개념은 괜찮다.
  문제는 WAN과 인터넷을 통해 VoIP를 사용하려고 하는 "bleeding edge(최첨단)"를 넘었을 때만 발생했다.

6.10 | 스카이프

스카이프는 인기 있는 VoIP 서비스 제공업체이고, 그 시스템이 꽤 잘 작동하기 때문에, 우리는 여기에 대해 몇 마디 해야 할 것 같다. Skype의 기술은 약간 수수께끼다. 우리는 이만큼 알고 있다: 확실히, SIP 기반은 아니므로, Skype는 다른 VoIP 애플리케이션과 상호 작용하지 않는다(하지만, PSTN 게이트웨이에 대한 SkypeOut 및 SkypeIn 인터페이스에 내부적으로 SIP를 사용할 수 있음). 한동안 Global IP Sound(현재 Global IP Solutions)회사의 iSAC 코덱을 사용하고 있었고 SVOPC(Sinusoidal Voice Over Packet Codec)라는 이름의 사내 개발 코덱을 사용하고 있었다. 이는 16kHz의 샘플링 속도로 약 7kHz의 오디오 대역폭을 제공하는 광대역 코덱이다. Skype 4.0 릴리스에는 SILK라는 새로운 코덱이 2009년 초에 소개되었다. 이 모드에는 8kHz 오디오 대역폭을 사용하는 16kHz 샘플링 속도와 12kHz 오디오 대역폭을 사용하는 24kHz 샘플링 속도가 있다. 네트워크 상태에 따라 두 모드를 전환할 수 있는 것으로 보인다. 오디오 스트림은 암호화되어 있으며 RTP를 사용하지 않는다. 실제로 Skype는 방화벽이 자신의 존재를 발견하지 못하도록 하기 위해 스트림을 애매하게 하려고 시도하는 것으로 보인다. Skype는 KaZaA peer-to-peer 파일 공유 시스템을 개발한 Estonia의 엔지니어 그룹에 의해 개발되었다. 아마도, Skype는 그 시기에 발명된 기술을 사용했을것이다.
예를 들어, 일반적으로 사용자 데이터베이스는 중앙 데이터베이스가 아닌 사용자의 컴퓨터 내에서 분산된 방식으로 저장될 것이다. Skype의 흥미로운 기능 중 하나는 방화벽과 NAT을 우회하는 기능으로, 이 기능은 7장에서 다룬다. 듣자 하니, Skype는 특히 은밀하게 이 작업을 수행하는데, 이는 매우 다양한 조건에서 효과적이지만, 보안에 대해 우려하는 기업 IP 관리자들에게는 멈춘 상태이다. Skype의 인기가 지속될 경우 라디오 방송 스튜디오 시스템은 게이트웨이로 작동하는 서버를 사용하여 Skype에 멋들어지게 인터페이스 할 수 있는 방법을 찾아야한다. (이미, 몇몇 미국 TV 토크쇼와 뉴스 서비스에서 Skype 화상회의를 사용하여 일부 원격 게스트와 리포터들을 백홀(backhaul)하고 있습니다.)

물론, 스튜디오에 Skype를 실행하는 PC를 넣고 사운드 카드 출력을 오디오 믹서에 공급할 수도 있지만, 생산자가 전화를 어떻게 선별할 수 있을까? 그리고 스카이프의 전화를 받으려고 스튜디오에 또 다른 PC, 디스플레이, 키보드를 원하는가?

6.11 | 스튜디오 온-에어 시스템

여기는 아이싱(케이크 장식용으로 마무리 가공)과 케이크가 만나는 곳이다. IP 오디오 스튜디오 인프라는 공중전화 기반 IP를 사용하면, 좋은 토핑을 할 수 있다. 이 장의 시작 부분에 설명된 라디오 방송국 시나리오를 기억하는가? 이제 이해할 수 있듯이, 사무실 PBX와 공중파 시스템 간의 통화는 IP 기반 시스템을 통해 쉽게 이루어진다. 비즈니스 사무실과 스튜디오에서 통신 서비스를 공유해야 하는가? 스튜디오 간에 라인을 공유해야 하는가? 확인하고 확인해야 한다. 그래야 다음과 같은 여러 가지 방법으로 이익을 얻을 수 있다:

- 단일 공중 전화 시스템 서버는 풍부한 전화 기능을 갖춘 시설 내 모든 스튜디오를 제공할 수 있다.
- 일반적인 배선과 이더넷 스위치 인프라는 스튜디오 오디오 및 통신 요구를 모두 충족한다.
- On-air call director controllers는 IP를 통한 연결로 인해 정교한 장치가 될 수 있다.
- PC에서 실행되는 선별 수화(Call-screening) 소프트웨어는 동일한 네트워크를 통해 연결되며 통합 소프트 폰을 포함할 수 있으므로 작업을 원활하게 하고, 하드웨어 전화에 소비되는 돈을 절약할 수 있다.
- 믹싱 콘솔 제어 표면은 추가 연결이 필요 없는 전화 시스템 컨트롤러를 통합할 수 있다; 즉, 신호는 이미 네트워크 연결을 통해 전달한다.
  풍부한 상태 정보는 전화 제어 모듈 또는 콘솔의 메인 스크린에 표시될 수 있다.]
- DJ와 전화 대화의 녹음과 재생이 단순화된다.
  PC 기반 편집기는 기본 이더넷 연결을 사용하여 네트워크를 통해 직접 오디오를 보내고 수신한다.

IP 기반 스튜디오 전화 시스템은 LAN에서 실행되므로 QoS에는 아무런 문제가 없다. 우리는 모든 패킷이 도착할 것이고, 매우 적은 양의 지터를 가지고 신속하게 이를 수행할 것이라고 확신할 수 있다. 우리는 거의 공짜에 가까운 비용으로 충분한 대역폭을 가지고 있다.
(이런 경우는 아니지만, 우리는 스튜디오급 오디오를 그들에게 넘겨주지 않을 것이고, 당신은 이 책을 읽지 않을 것이다.)

따라서, 스튜디오/LAN 애플리케이션에서는 문제없이 IP의 모든 장점을 경험할 수 있다. IP는 여러 공급업체의 기기를 연결할 수 있도록 저비용의 범용적인 방법을 제공한다. IT 세계에 연결함으로써 발생하는 규모의 경제를 활용할 수 있다. PC가 모국어를 사용하여 대화할 수 있도록한다. 또한 고급 사용자 인터페이스를 지원하는 데 필요한 모든 제어 데이터와 함께 다양한 품질 수준의 음성 통신을 위한 풍부한 통신 경로를 제공한다. IP, 스튜디오 전화 시스템은 한쪽에는 통신 서비스와 PBX, 다른 한쪽에는 IP 기반 스튜디오 장비와 원활하게 연동한다. VoIP는 통화별로 자동으로 선택할 수 있는 고품질 코덱의 혜택을 누릴 수 있기 때문에, 미래에는 훨씬 더 높은 하이파이의 온-에어 통화를 가져다줄 가능성이 높다. 심지어 휴대폰 통화도 AMR-WB 코덱이 트랙션을 받기 시작하면 훨씬 나아질 수 있다. 또한 광대역 코덱이 없어도 IP가 스튜디오 오디오와 전화 시스템 간에 제공하는 순수한 디지털 인터페이스는 품질을 개선하는 데 도움이된다.

6.11.1 Line Echo Cancellation

이것은 방송 디지털 하이브리드에 의해 수행되는 고전적인 기능이다. POTS 라인이 스튜디오에서 사용되는 경우 송수신 오디오를 최대한 분리시켜야 한다. 스튜디오 응용프로그램에서, 하이브리드 인터페이스는 특히, 우수한 송수신 분리가 필요하다. 너무 많은 송신 오디오가 하이브리드를 통해 누출되어 믹싱 콘솔의 전화 입력에 공급되는 수신 오디오 신호에 나타날 경우 다음과 같은 원치 않는 영향이 발생할 수 있다:

- 호스트 음성을 왜곡한다.
  전화선은 송신 오디오가 반환되기 전에 송신 오디오의 위상을 변경하고 다른 주파수에서 다양한 교대로 변경한다.
  콘솔에서 원래 오디오와 누출 오디오가 혼합되고 다양한 주파수에서 위상 내 및 위상 외 오디오가 결합되어 호스트 오디오의 성능이 저하된다.
  이것이 발생하면 위상 추가 및 취소가 다른 주파수에 영향을 미치기 때문에 아나운서의 소리가 속이 빈 소리 또는 부딪치는 소리로 울린다.
- 오디오 피드백은 발신자가 open loudspeaker의 스튜디오에서 들려야 할 때 생성된 음향 연결로 인해 발생할 수 있다.
- 선을 참조하고 여러 하이브리드의 루프 주변의 이득이 통합보다 클 때, 피드백 울음소리(singing)가들린다.
- 누출이 매우 높으면 콘솔 전화 페이더가 두 신호에 모두 영향을 미치기 때문에 운영자는 로컬 호스트 오디오 및 발신자의 상대적 수준을 제어할 수 없다.

앞서 살펴본 바와 같이, 이러한 장애는 맨 끝에 있는 연결 때문에 디지털 통신 라인을 사용하는 경우에도 발생할 수 있다. IP에서 PSTN 게이트웨이 또는 IP PBX 내의 등가 기능에는 항상 적응 기능의 일부로 line Echo Cancellation (LEC)가 있어야 한다. 그러나 LEC가 "브로드캐스트 품질"로 상승하는 것은 항상 있는 일이 아니다. 이러한 이유로, VoIP 시스템에 연결된 공중 시스템에는 추가적인 "도움말" LEC가 필요할 수 있다.

6.11.2 오디오 프로세싱

스튜디오에 사용되는 디지털 하이브리드 인터페이스에는 오디오 처리 기능이 포함되어 있는 경우가 많으며, 여기에는 다음 중 일부 또는 전체가 포함될 수 있다:

- AGC, 입력(Studio 오디오 전송) 경로와 출력(전화 수신 오디오) 경로 모두에서 사용할 수 있다.
- 전송 오디오에서 오디오 응답 모양을 형성하여 이해도(intelligibility)를 향상시킨다.
  필터링 없이, 고화질 스튜디오 마이크는 너무 많은 저주파 에너지를 전화선에 투입한다.
- 전화 오디오의 Automatic multiband EQ는 현장의 다양한 전화 세트와 다른 코덱 및 음성 경로의 다른 장애로 인한 효과를 보완한다.
- 전화 오디오의 저주파 음성과 노이즈를 제거하는 필터이다.
- 호스트가 말할 때 전화 오디오의 볼륨을 자동적으로 낮추는ducker이다.
  이는 미적 목적과 기술적 목적 모두에 해당한다.
  첫번째로, 많은 토크 진행자들은 대화에 대한 통제권을 갖는 것을 선호하고 ducking은 그들이 그것을 성취하도록돕는다.
  기술적 이점에 대해, ducker는 효과적이거나 명백한 전송-수신 격리를 개선하여, 코어 하이브리드 성능의 결함을 보완한다.

6.11.3 Acoustic Echo Cancellation

라디오 스튜디오 운영에서 흔히 발생하는 성가신 점은 스튜디오에서 라우드 스피커를 사용하여 전화 통화를 청취함으로써 얻어지는 피드백이다(일반적으로 스튜디오의 토크쇼 게스트가 헤드폰을 착용하지 않아도 되는 것을 피하기 위해 수행됨). 이는 라우드 스피커에서 스튜디오 마이크로의 오디오의 음향 연결에서 비롯되었다. ducking은 "루프 주변"의 게인을 줄임으로써 도움이 된다. 그러나 전이중 작동을 손상시키고 발신자가 호스트의 말을 듣기 어렵게 만들 수 있다. 우리는 단지 ducker가 종종 미적이나 생산적 이유로 사용된다고 말하지만, 이것은 오직 수신경로의 감소만을 필요로한다.

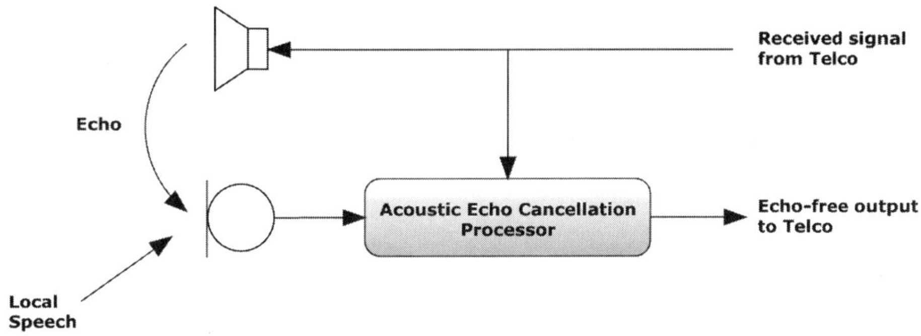

FIGURE 6.16

An AEC is required for smooth full-duplex conversation when a loudspeaker is used for hearing telephone audio in the studio.

ducker가 피드백을 처리하기 위해서는 전송 경로에 대한 보완적인 이득 감소도 필요하다. 또한 스튜디오에서 나오는 에코를 발신자가 들을 수 있는 근본적인 문제가 있다. 발신자가 이야기할 때, 목소리는 스튜디오 주변에서 돌더니 다시 보내진다.

room reflections와 왕복 전송 지연으로 인한 시간 분산 때문에, 이 음향 신호는 발신자에게 매우 주의를 산만하게한다. 음향 Echo Cancellation(AEC)가 정답이다(그림 6.16). 스튜디오 마이크의 오디오는 라우드 스피커를 통해 룸으로 전달되는 원치 않는 전화 오디오와 결합된 호스트의 음성으로 구성된다. AEC는 라우드 스피커 오디오를 제거하여 송신 오디오의 호스트만 발신자에게 반환된다. AEC는 수년간 고급 오디오 및 비디오 회의 시스템에 사용되어 왔다. 통신 델타, 2 x 12 및 N x 12와 같은 고급 방송 하이브리드와 공중파 시스템은 제한된 형태의 AEC를 포함하고 있다.

하지만 최근에야 AEC 기술이 진정으로 효과적인 단계로 발전했다. 다행히도, 모바일 및 VoIP 연결이 추가로 지연되어 거의 필수적이다. 좋은 소식은 AEC 알고리즘 설계의 획기적인 발전과 지속적으로 증가하는 전력 및 프로세서 칩의 비용 절감의 결과이다. 이런 최신 세대의 canceller는 경의로운 것이다. 발신자가 스튜디오의 스피커에서 고막을 찢는 듯한 볼륨으로 증폭시킬 수 있으며, 발신자 음성은 거의 들리지 않는다.

AEC는 최대 20kHz의 오디오 대역폭으로 작동하므로, 이제 온라인에서 광대역 VoIP 코덱을 사용할 준비가 되었다. 그리고 그들은 오랫동안에 걸친 문제를 해결한다: 오래된 "time-domain" AEC는 고정된 음향 경로에 의존했고 마이크를 약간 움직이면 빠르게 피드백으로 변질될 수 있었다. 새로운 세대의 AEC 장비에 사용되는 "frequency-domain" 기술은 움직이는 마이크와 다른 에코 경로 변화에 동적으로 적응할 수 있다. 이 새로운 AEC 기술은 헤드폰이나 이어버드를 사용하는 토크쇼 게스트가 계획하는 일에 서툴 수 있는 TV 스튜디오 응용프로그램에 특히 유용하다. 이러한 프로그램에서는 포켓용 마이크가 있는 이동해 다니는 호스트를 사용하는 것도 좋아한다. 오늘날의 고성능 AEC 기술은 연기자들이 움직이며 돌아다닐 수 있게 해주고, 방에 있는 모든 사람들이 폴드백 스피커로 전화하는 것을 들을 수 있게 해준다.

6.11.4 응용프로그램 예: 통신 VX 시스템

Telos VX 스튜디오 전화 시스템은 IP를 최대한 활용하여 방송에 확실한 장점을 제공한다(그림 6.17). 이는 비용을 절감하면서 다양한 매력적인 기능을 지원하는 IP의 능력을 보여주는 강력한 예이다. 또한 스튜디오 전화 인터페이스의 기술적 측면을 단순화하여, 아마도 고된 엔지니어의 삶을 좀 더 쉽게 만들 수 있을 것이다.

이 시스템은 다음 구성 요소로 구성된다:

- 통신회선에 대한 인터페이스는 SIP 신호를 제공하고, 회선 상태 제어를 수행하고, 오디오 스위칭을 관리하고, 오디오 처리 기능을 제공하며, 스튜디오 컨트롤러를 지원하는 메인 서버이다.
- 데스크톱 컨트롤러는 다음과 같다:
  IP 전화와 유사하지만 스튜디오용으로 특별히 설계되었다.
- Drop-in 콘솔 컨트롤러는 다음과 같다:
  IP를 통해 메인 서버로 통신한다.
- Assistant Producer VX 소프트웨어는 다음과 같다:
  이 프로그램은 운영자가 통화를 선별하고, 나중에 방송으로 통화할 통화를 기록하고, 발신자 우선 순위를 지정하고, 방송 인력과 공유하며, 노트를 연기자들이 읽을 수 있는 통화와 연결하며, 인스턴트 메시지를 교환하는 데 사용할 수 있는 Windows PC 응용 프로그램이다.

단일 서버는 수십 개의 전화선이 필요한 대형 멀티 스튜디오 시설의 기본이 될 수 있다. 단일 이더넷 RJ-45는 Livewire 오디오 및 제어 기능을 전화 시스템에 액세스해야 하는 모든 혼합 콘솔 및 컨트롤러에 전달한다. 또 다른 RJ-45는 SIP 제어 및 전화 오디오를 전송한다.

(모두 구성 옵션이 있는 단일 잭에 결합할 수 있지만, 2-잭 접근 방식은 스튜디오와 전화 시스템 사이에 견고한 방화벽을 생성한다.)

SIP PBX 또는 게이트웨이가 이미 설비의 비즈니스 측에 설치되어 있는 경우, VX도 여기에 연결하여 두 시스템 간에 라인을 공유할 수 있다. SIP 인터페이스가 없는 경우 게이트웨이를 사용하여 스튜디오 시스템을 POTS, T1/E1 또는 ISDN PRI/BRI 통신 라인에 연결할 수 있다. 용기가 있는 사람들은 SIP통신 트렁킹 서비스와의 직접적인 연결을 고려할 수 있다. 이 시스템은 간단한 기본 IVR(Interactive Voice Response) 기능을 제공한다. "법적 공지"가 있는 오디오 메시지는 발신자에게 자동으로 재생될 수 있다. 발신자는 실시간으로 말하기보다는 메시지를 남기는 옵션을 가질 수 있다. 그런 다음 메시지 파일에 액세스하여 방송 중인 다음의 플레이를 편집할 수 있다. (이 기능 중 하나가 call-in(시청자 전화 참가 형식) 프로그램의 특성을 변경할 수 있다. 바쁜 사람들은 종종 토크 진행자와 대화할 차례를 기다리지 않기 때문에 굳이 전화를 걸지 않는다. 발신자에게 "메시지 남기기"옵션을 제공하면 발신자의 범위를 TV쇼로 확장하여 전화하지 않는 사람들을 추가할 수 있습니다.)

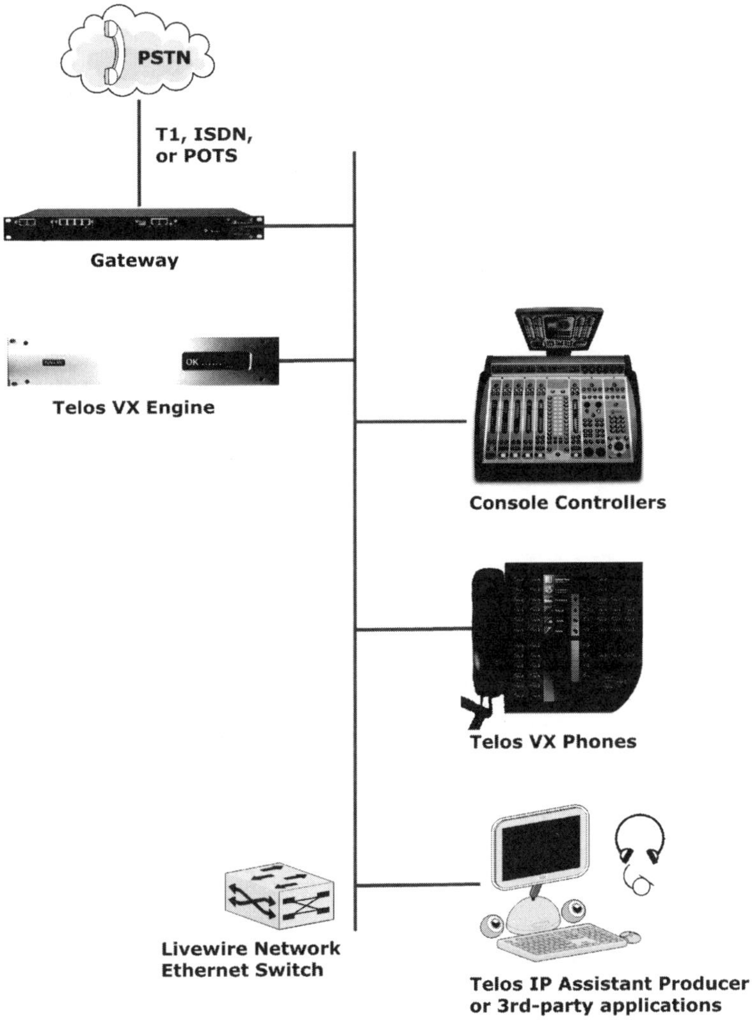

FIGURE 6.17

A studio on-air system can be easily integrated into AoIP and VoIP infrastructures, smoothly bridging the pro-audio and telephony worlds. All telephone, audio, and control is via IP/Ethernet. A gateway interfaces to the PSTN. Controllers can be hardware directors, console drop-in modules, or PC-based soft phones.

현대 CPU의 방대한 처리 능력 때문에 오디오 처리는 이전에 가능했던 것보다 풍부하고 품질이 높다. 하이브리드 사용자에게 일반적으로 익숙한 프로세싱 제품군이 제공된다: AGC, ducking 및 자동 EQ이다. 그러나 스튜디오당 매우 효과적인 AEC도 있다. TV 프로듀서들은 스튜디오 폴드백 모니터에 충분한 음량을 저장하고 이어폰에 신경 쓰지 않아도 되는 것을 좋아할 것이다 (어쨌든 전화 통화를 듣기 위해). 마지막으로, 이 시스템에는 각 발신자에 대한 LEC(디지털 하이브리드)가 있으며, 다국간 회의 중에 발신자 간에 피드백이 없고 명확한 연결을 허용한다. IP는 G.711(3.4kHz 대역폭) 코덱으로 제한되지 않으므로, VX 시스템은 광대역 하이파이 호출에 사용할 수 있다. AMR-WB가 장착된 휴대폰에서 걸려오는 전화가 오늘날의 유선전화 통화보다 더 잘 들리는 날을 상상해 보십시오! 또한 운영자는 이 시스템을 통해, 최대 8개의 페이더에 전화선 출력을 선택하여 배포할 수 있으므로, 독립적인 수준의 제어로 회의를 쉽게 관리할 수 있다.

또한 "VIP" 라인(즉, 인터뷰 게스트 또는 원격 인재용으로 예약된 라인)은 선택 버튼을 건너뛰어 페이더 전용으로 사용할 수 있다. IP 연결 콘솔에는 VX 시스템에 대한 풍부한 인터페이스가 있을 수 있습니다(그림 6.18). Line selector는 긴밀하게 통합될 수 있다. 페이더에 직접 할당된 VIP 회선의 경우, 아이콘에 벨소리, 홀드 등이 표시될 수 있다.

라인 상태이다.

발신자 ID는 콘솔의 메인 화면에 표시할 수 있다. VX 디렉터는 오디오와 함께 대량의 데이터를 전송할 수 있는 IP의 능력으로 인해 이전 세대 컨트롤러(그림 6.19)보다 크게 뛰어나다. 프리미엄 디렉터의 경우, 두 개의 대형 컬러 LCD는 라인 상태뿐만 아니라 제작자가 입력한 메모, 통화 대기 시간 등을 이전보다 더 미묘한 방식으로 표시한다.

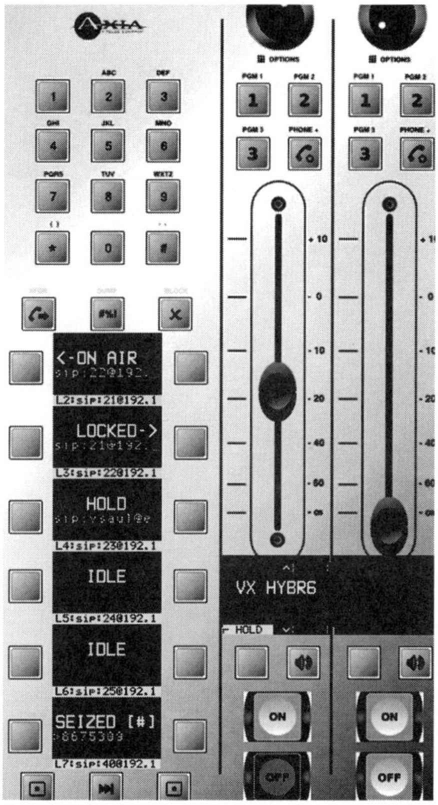

FIGURE 6.18

Axia iQ mixing console telephone control module. The IP network offers tight integration with a single RJ-45 connection.

풍부한 인터페이스를 갖춘 새 IP 디렉터는 재능을 발휘하여 페이더에 대한 통화를 직접 선택하고 할당할 수 있는 간단한 방법을 제공한다. 또 다른 주요 개선 사항은 Assistant Producer VX 소프트웨어 응용 프로그램이다. (그림 6.20)

이 기능은 call-in 토크 쇼에 대한 일반적인 통화 선별 기능을 제공하지만, 시스템의 IP 특성에 의해 여러 가지 향상된 기능을 제공한다. PC 인터페이스는 응답 및 통화, 우선순위 할당, 메모 쓰기 등을 포함한 모든 작업에 사용되므로, 통합 소프트 폰은 제작자의 삶을 복잡하게 만든다. 또한 멀티라인 하드웨어 전화를 설치할 필요가 없으므로, 비용이 절감된다. Livewire 오디오는 Livewire 드라이브 소프트웨어를 통해, PC에서 사용할 수 있으므로, 제작자는 나중에 재생하기 위한 호출을 쉽게 기록할 수 있다. PC 응용 프로그램으로 편집할 수 있다. 동일한 기기로 작동된다. 파일이 생성되면 네트워크를 통해 방송 스튜디오로 전송할 수 있다. 따라서 하나의 이더넷 케이블이 다음 모두에 사용된다.

FIGURE 6.19

Telos VX Desktop Director.

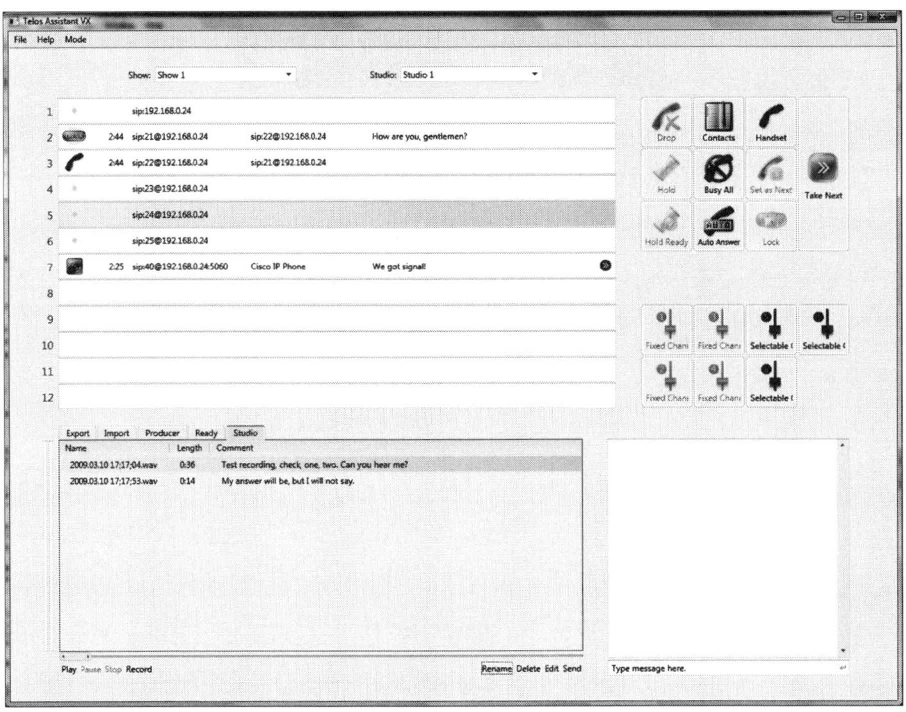

FIGURE 6.20

Telos Assistant Producer VX PC application. It provides the usual call management and communication between the talent and producer, but also features an integrated recorder, player, editor, audio file manager, and soft phone. All audio and control is via the network.

- 소프트 폰의 전화 오디오.
- 통화 녹음을 위한 Livewire 오디오.
- 녹음된 통화 파일을 제작자로 부터 스튜디오로 전송.
- 라인 선택 등을 위해 PC와 VX 메인 박스 사이의 데이터 메시지.
- 제작자와 방송 스튜디오 간의 통화 노트 및 IM과 같은 데이터 메시지.
- 발신자 정보(예: 전화 횟수), 기여 품질, 경연대회 우승 여부 등, 발신자 정보를 데이터베이스로 조회.
- 웹 검색, 전자 메일 등.

이것이 IP의 힘이 현실화된 것이다.

오래된 기술로 이러한 수준의 기능을 수행하는 것은 비현실적이었을 것이다.

6.12 | 응용프로그램 예: Nx6와 Nx12 통신

시설에 VX 통신 시스템의 정교함이나 multistudio 기능이 필요하지 않은 경우, 더 작은 Nx6 또는 Nx12 전화 인터페이스도 Livewire 인터페이스를 갖는다. 이러한 케이블은 단일 스튜디오 응용프로그램용으로 제작되었으며, POTS 또는 ISDN BRI 통신 라인에 대한 on-board 연결을 포함한다. 또한 Livewire 오디오와 IP 제어 기능을 모두 지원하므로, IP 기반 스튜디오 설치에 적합하다. 실제로 Livewire 장착 스튜디오를 목표로 하는 Nx6 버전은 기존의 아날로그 또는 AES 오디오와 연결되지 않아, 필요하지 않을 때 비용을 절감해 준다.

6.13 | 변형 기술

방송국의 청취자에서 스튜디오로 연결되면 궁극적으로 엔드 투 엔드 (end-to-end) 기반의 IP로 전환될 때, 거의 확실하게 할 수 있듯이, 상황은 눈에 띄게 변화할 수 있다. 우리는 이미 더 높은 정확도를 얻을 가능성을 살펴보았다. 하지만 그것은 단지 즉각적이고 다음 단계일 뿐이다. 예를 들어,음성과 함께 데이터에 대한 제약이 없는 경로를 통해 토크쇼의 프로듀서 또는 호스트는 방송 중일 때 발신자와 문자 채팅을 할 수 있다. 발신자가 방송이 될 예정 시간을 자동으로 업데이트 할 수 있다. 즉석투표가 있을 수 있다. 청취자의 PC 또는 스마트폰에 추가 텍스트 또는 시각 정보를 제공하는 창을 열어 둘 수 있다.

이는 청취자와 프로그램 간의 관계의 본질을 혁신할 수 있는 잠재력을 가지고 있어 연결을 보다 투명하고 개방적으로 만들 수 있다. 즉, 풍부한 상호 작용의 매력을 사용자에게 제공하는 Facebook과 같은 인터넷 응용프로그램 스타일에 더 가깝다.

앞으로 더 나아가, 비디오 스트리밍이 인기를 끌면 인터넷 링크를 통해 발신자를 보고 들을 수 있다. 새로운 기술 적용의 첫 단계는 이전에 왔던 것의 기능을 복제하는 것이지만, 일단 새로운 플랫폼이 자리잡으면, 창의적인 사람들은 그것을 사용하는 새롭고 예기치 못한 방법을 발명한다.

IP는 이미 우리에게 많은 놀라운 것들을 보여준 강력하고 놀라운 원동력이다. 더 많은 것이 진행되고 있는 것은 당연한 것이다.

CHAPTER 07

IP Codecs

이 책은 주로 LAN의 스튜디오 등급 오디오 시스템에 전념하고 있다. 우리는 6장에서 VoIP 전화로 우회했지만, IP 스튜디오 시스템을 외부 세계에 인터페이스하는 맥락에서 거의 항상 전화 연결을 포함한다. 하지만 이미 스튜디오에서 서서히 빠져나온 후, 우리는 조금 더 나아가기로 결정했다. 이 챕터에서는 IP 코덱에 대해 살펴보겠다. 이러한 장치는 원격 방송, 인터스테디오 링크 또는 장거리 오디오 네트워크를 구성하는 데 사용되는 장치 및 시스템이다. 일부는 거의 동일한 방식으로 신호와 IP 오디오 전송을 사용하여 VoIP 전화와 시스템에 가까운 사촌이다. 이 둘을 구분 짓는 것은 방송 오디오 품질을 달성할 수 있다는 것이다. 가장 정교한 기능은 공용 인터넷 및 휴대 전화 링크의 불완전한 조건에서 신뢰할 수 있는 작동을 위해 최적화되어 있다. 먼저, 오늘 우리가 어떻게 여기까지 왔는지 생각해 봅시다. 대부분의 독자들은 ISDN이 원격 backhaul 응용 프로그램을 위해 방송사에 어떤 도움이 되었는지 기억할 것이다. 정말, 1990년대 초에 처음 등장했을 때는 소규모의 혁명이었다.

마침내, 전화망의 디지털 특성이 단지 치명적인 최종 사용자들에게 드러났다. 처음으로, 전화 접속 네트워크를 높은 정확도의 원격 장치에 사용할 수 있었다. 이전에 제공된 유일한 고정확성 전화 서비스였던 아날로그 "브로드캐스트 루프"와 비교하면, ISDN은 놀라운 것이었다. ISDN은 여전히 완벽히 우수한 기술이지만, 몇 가지 단점이 있다. 주 원인은 사용료가 분 단위로 청구된다는 것이다. 또 다른 하나는 원격 측에 선을 설치하는 것이 보통 주당 리드 타임을 가지며 상당한 설치 비용이 발생한다는 것이다. 6장에서 지적했듯이, 통신회사는 원래 인터넷이 대중에게 전달되는 방식으로 ISDN을 구상했다. 하지만, DSL은 이제 그 역할을채운다. 방송사는 ISDN 기본 요금 서비스의 몇 안 되는 사용자 중 하나로 남아 있지만, 통신사가 인프라 유지 비용을 정당화할 수 있는 충분한 비즈니스를 제공하지 못한다.

그래서 우리는 현재 존재하는 인터넷과 다른 IP 네트워크로 대체한다. 많은 원격 사이트에는 임시 방송을 위해 납치될 수 있는 기존 IP 연결이 있다. 휴대전화 네트워크를 통한 고속 IP 링크도 대도시 내 거의 모든 곳에서 접속할 수 있는 기회를 점점 더 많이 제공하고 있다. 국제적인 연결은 문제없고, 분당 요금은 없어졌다.

7.1 | 도전

LAN에서, 패킷의 삶은 쉽다. 대역폭도 많고, 큰 지터도 없고, 아무것도 떨어지지 않는다. 그러므로, 스튜디오급 AoIP의 성공이다. VoIP의 경우, LAN의 안전한 편의를 위해 필요한 경우, 고급 QoS와의 링크가 있는지 확인하시기 바란다. 하지만 방송 IP 코덱은 더 어려운 세상을 위해 고안되었다. 인터넷과 모바일 링크에서는 QoS 보증이 없다. 청각적 결함을 방지하려면 IP 네트워크를 통한 오디오 전송을 위한 장비를 이러한 조건에 대처하도록 설계해야한다.
구체적으로 (2장에서 설명한 바와 같이) 도전은 다음과 같다:

지터

IP 오디오 스트림의 경우 가장 빠르게 도착한 패킷과 최신 패킷 간의 시간 간격 차이(각각 올바른 도착 시간과 비교)를 지터라고한다.
즉, 지터는 주어진 패킷 집합에서 겪은 도착 시간의 오류 범위를 나타낸다.
인터넷에서는 이 범위가 수십 밀리초에서 수백 밀리초 사이이다.
반면, ISDN에는 중요한 지터가 없다.
수신기의 긴 버퍼를 사용하여 최대 예상 지터 시간을 충족하거나 초과할 수 있으며, 이 버퍼를 사용하여 흐름까지도 일관되고 연속적인 오디오를 제공할 수 있다.
그러나 여기에는 다음과 같은 비용이 수반된다:
오디오 지연.
외진 곳의 코덱은 종종 양방향 방식으로 사용되기 때문에, 이러한 지연은 자연스럽게 말하는 것을 어려워하는 연기자들에게 문제를 일으킬 수 있다.
그리고 패킷이 최대 버퍼 시간보다 늦게 도착할 가능성이 항상 있다.
따라서, 고정 버퍼에는 제한된 유틸리티만 있다.

패킷 손실.

손실된 패킷은 인터넷에서 일반적인 상태이다.
과부하가 걸린 라우터 노드가 의도적으로 패킷 흐름의 일정 비율을 떨어뜨릴 수 있도록 설계되었다.
IP 코덱은 네트워크의 불완전 함에도 불구하고 오디오가 부드럽게 흐르도록 이 조건을 해결해야 한다.

대역폭 보장이 없다.

마지막으로, 대역폭에 대한 보장이 없다는 사실에 대처해야 한다.
IP 코덱이 그들의 심장에 효율적인 오디오 코딩 알고리즘을 가지고 있는 이유다.
이 시스템은 가능한 최저 비트 전송률로 높은 정확도의 오디오를 전송하도록 세심하게 설계되었다.

그러나 매우 효율적인 코덱도 이러한 조건에서는 최적화하기가 어렵다. 코덱 비트 전송률을 높은 값으로 고정하여 높은 정확도를 얻으면 네트워크가 해당 속도를 지원할 대역폭을 충분히 제공하지 못하여 오디오 작동이 중단될 수 있다. 반면에 우리가 보수적이 되기로 결정하고 코덱 비트 전송률을 낮은 값으로 설정하여 dropout을 피할 수 있다고 확신할 수 있다면, 오디오 품질을 희생시킬 수 있다. 따라서, 효율적인 코덱보다 더 나은 코덱은 네트워크 상태에 동적으로 적응할 수있다. 이러한 문제를 처리하는 전략은 코덱이 필요한 작업에 따라 달라진다. 일반적으로 응용프로그램이 많은 지연 시간을 견딜 수 있는지 또는 낮은 지연 시간을 유지해야 하는지에 따라 솔루션의 특성이 결정된다.

7.2 지연이 문제가 되지 않을 때

지연이 큰 문제가 되지 않는 IP 코덱에는 많은 응용프로그램이 있다. 예를 들면 상호작용이 관련되지 않는 콘서트나 스포츠 프로그램의 방송일 것이다. 양방향 연결이 있다고 가정하면, 수신기에 긴 버퍼와 손실된 패킷을 복구하기 위한 일종의 재전송 방법을 통해 지터와 손실된 패킷 문제를 모두 해결할 수 있다. TCP는 그러한 신뢰성 서비스를 제공한다. 어디에나 있기 때문에, 자연스러운 해결책이다. 수신기가 손실된 패킷을 감지하면 소스가 재전송을 요청하기 때문에 모든 패킷은 결국 오디오 디코더에 도착한다. 그러나 교체 패킷이 도착하는 데 걸리는 시간을 수용할 수 있을 만큼 수신 버퍼가 길어야 하기 때문에, 비용은 다초 지연(multisecond)이다. 인터넷에서 오디오 스트리밍이 TCP를 자주 사용하기 때문에 이 버퍼링의 효과를 경험했을 것이다. 웹 링크나 재생 버튼을 클릭한 다음 기다린다. TCP의 흐름 제어 알고리즘은 불필요하게 대역폭을 제한할 수 있기 때문에 문제가 되기도한다. TCP의 대안은 RFC 4588, RTP Retransmission에 말한 재전송 방법이다. 이 재전송 방법을 구현하려면 RFC 4585에 정의된 확장 RTP 프로필의 지원이 필요하다. 따라서 RTP의 짧은 지연 시간과 TCP에서 제공하는 전체 복구/신뢰성이 타협된다. 수신 버퍼가 도착하면 복구된 패킷을 스트림에 슬롯화 할 수 있을 만큼 충분히 길어야 하기 때문에 지연 시간이 추가된다. 그러나 TCP의 "wait-forever" 정책과 달리, 지연 시간은 지정된 시간 값으로 제한된다. 또한 TCP의 흐름 및 속도 제어 메커니즘의 문제를 방지한다. 또한 복구된 패킷이 독립적인 스트림에 전송된다는 흥미로운 속성이 있어 즉, 수신자가 수신 패킷을 무시하고 주 RTP 스트림을 듣도록 선택할 수 있다. 이 체계는 대기 시간이 짧은 양방향 응용프로그램에서는 만족스럽지 않을 수 있다. RFC의 저자들은 다음과 같이 말한다: "멀티미디어 스트리밍의 경우, 사용자는 세션 설정의 일부로 초기 지연 시간을 허용할 수 있으므로 몇 초의 단대단(end-to-end) 지연이 허용될 수 있다. 이 문서에 정의된 RTP 재전송은 이러한 응용프로그램을 대상으로 한다."

THE INFINITE BUFFER File transfer offers a way to get audio from one place to another over the Internet with no concern whatsoever for jitter and dropped packets. TCP is always used to ensure reliability for such transfers, so the audio data always arrive intact. With some stretch, this can be thought of as an IP codec with a very long receive buffer. And as we said, with a long enough buffer, all problems disappear.

7.3 | 지연이 문제가 될 때: 낮은 지연 달성

지연이 문제가 될 때, 재전송이 유용하지 않을것이다. 양방향 응용프로그램을 위한 브로드캐스트 IP 코덱은 목적에 맞게 최적화되어야한다. 다음과 같이 적절한 요소를 모아 놓은 통합 시스템이 필요하다.

7.3.1 오디오 코딩

MPEG AAC 제품군 코덱은 항상 상당히 우수한 오류 보정 기법을 사용했지만, 패킷이 없는 전송 경로에서 발견된 비트 오류에 대해 최적화되었다. 최근의 작업으로 은닉 기술이 확장되어 패킷 손실에도 효과적으로 작용할 수 있게 되었다. 똑똑한 기술이다. 코덱은 오디오의 스펙트럼 모양을 지속적으로 측정한다. 코덱에는 인지 압출 방식(perceptual coding) 기능의 일부로 이미 시간 대 주파수 영역 변환이 있어야 하므로 이 작업은 쉽다. 패킷 손실이 감지되면, 스펙트럼 값을 사용하여 백색 소음을 필터링하여 인조의 대체물이 생성된다. 귀에는, 이 소리가 원본과 매우 비슷하게 들린다. 진폭은 패킷의 각 끝에서 이전 및 이후 패킷과 일치하도록 조정되므로 splice에서 "pop" 소리가 들리지 않는다. 이것은 실제로 매우 효과적일 수 있다는 것이 밝혀졌다. 20%의 랜덤 패킷 손실을 알아들을 수 없게 감출 수 있다. MPEG AAC는 효율적인 코덱이기도 하며, 스펙트럼 밴드 복제 (SBR)를 추가하면 MPEG 제품군에서 가장 효율적이다. SBR을 사용하는 AAC는 공식적으로 HE-AAC (고효율 AAC)라고 불리지만, 상업적으로 AAC +라고도 한다. 단점은 지연 시간이 150ms 정도로 상당히 길다는 것이다. 이는 왕복하는데 300ms를 의미하며, IP 패킷화 및 버퍼링 프로세스에 대해서는 더 많은 양을 의미하므로, 대화형 양방향 대화에는 무리가 있다. AAC-LD(낮은 지연)가 구조된다. 약 50ms의 처리량 지연이 있으므로, 이 수치에 훨씬 좋다. 그러나 일반 AAC보다 비트 효율이 30%나 낮다. SBR은 AAC에 약 30 %의 효율성을 추가하기 때문에 AAC-LD와 결합할 수 있다면 일반 AAC의 코딩의 힘을 가진 저 지연 코덱을 가질 것이다. 그리고 이것이 바로 새로운 AAC-ELD 코덱이 하는 일이다. 24kbps까지 상당히 높은 정확도를 자랑하며, 64kbps 이상에서 사용할 경우, 탁월한 정확도를 자랑한다. 128kbps에서는 원본과 구분할 수 없을 것으로 간주된다. AAC-ELD의 폭넓은 비트 전송률은 IP 네트워크의 요구에 잘 부합하다. 왜냐하면 매우 광범위하기 때문이다. 휴대 전화 연결은 40kbps로 제한될 수 있지만, 전용 링크의 크기는 원하는 대로 지정할 수 있으며, 256kbps, 384kbps 이상의 코덱 속도를 지원한다. 국제 인터넷 연결은 64~96kbps 속도를 지원할 수 있다. 다른 저 지연 코덱도 있는데, 대부분은 VoIP 전화 세계에서온다. 몇몇은 꽤 충실하지만, 종종 연설을 목표로 하고 음악에 그렇게 좋은 소리를 내지 않는다. 대부분 인간의 언어 생산에 대한 분석을 바탕으로 한다. 대조적으로, MPEG 코덱 계열은 귀가 일반적인 소리를 어떻게 인식하는지에 따라 "지각적"기술을 활용한다. 당연히, 이들은 배경 사운드와 혼합된 음악이나 음성과 같은 비 음성 오디오 자료로 더 잘 수행된다. 이 두 가지가 혼합된 하이브리드 코덱도 있다. 전반적으로 흥미로운 코덱 옵션이 많이 있지만(제6장의 표 6.1 참조), 일반적인 오디오 재료에 대한 우수한 성능과 많은 공급업체 제품 전반에 걸친 광범위한 구현이 MPEG AAC 제품군의 조합에 비교할 수 없다.

7.3.2 전송

네트워크를 있는 그대로 받아들여 한쪽 끝에서 다른 쪽 끝까지 안정적으로 음성을 얻는 전략을 적용해야한다. 세 가지 옵션이 있으며, 그 중 하나만 지연이 적은 상호적인 응용프로그램에 적합하다.

- TCP는 재전송을 통해 손실된 패킷 문제를 해결하지만, 앞서 설명한 대로 지연 패널티를 부과한다. 지연이 적은 응용프로그램에는 이 기능을 사용할 수 없다.
- 패킷 손실을 처리하는 또 다른 방법으로 FEC(Forward Error Correction)가 제안되었다. 원칙은 간단하다: 패킷의 원래 복사본과 일부 형식이 모두 네트워크에서 전송된다. 하나가 분실되면 사본이 아니기 때문에 수신기가 이를 대체품으로 사용할 수 있다. 원본 복사 시퀀스의 구조는 성공적인 복구 기회를 극대화하기 위해 구성된다. 원본과 복사본을 서로 인접하게 두면 둘 다 손실될 확률이 높아지기 때문에 원본과 복사본을 인접하게 둘 수 없

다. 최소 2 x 2 FEC는 4개의 패킷을 버퍼링해야 하는 반면, 5 x 5 FEC는 25개의 패킷 버퍼가 필요하다. 후자는 더 많은 시간적 여유를 가지므로 손실을 더 잘 메울 수 있다. 하지만 불행하게도, 우리는 다시 중요한 지연으로 돌아가 보자: 5 x 5의 경우, 일반적인 패킷 크기와 600ms 정도이다. 또한 FEC는 스트림이 더 많은 대역폭을 차지하게 하고 패킷을 손실하고 있는 네트워크는 이미 한계에 가까운 네트워크이기 때문에 대역폭 요구 사항을 추가하면 문제를 해결할 수 있을 만큼 문제가 발생할 수 있다. FEC가 의미가 있는 경우가 있을 수 있지만, 일반적으로 공용 인터넷의 오디오에는 유용하지 않다.

- 세 번째 옵션은 VoIP 및 Livewire로 전송하는 동일한 RTP 및 UDP를 사용하는 것이다. 은폐 기능과 다음에 설명될 고급 적응 기능과 결합하면 오늘날의 공용 인터넷을 통해 저 지연, 고 정확도 오디오에 가장 적합한 접근 방식을 찾을 수 있다.

7.3.3 수신 버퍼 적응

확실한 QoS 네트워크가 없는 한, 지터를 예측할 수 없다. 각 패킷은 전송 시간에 영향을 미치는 서로 다른 네트워크 부하 조건을 따른다. 사실, 각각의 패킷은 다른 경로를 택할 수 있다. 중단이 없는 오디오의 경우, 수신기의 버퍼가 네트워크가 제공하는 가장 긴 패킷 전송 지연을 수용해야 한다. 패킷이 버퍼 시간 외에 도달하면, 손실된 것과 같다. 반면, 긴 버퍼는 앞서 언급한 것처럼 긴 오디오 처리량 지연으로 해석된다. 따라서 실제로 존재하는 조건에 맞게 버퍼를 최적화하고자 한다. 또한 변화하는 네트워크 상태에 적응하기 위해 필요에 따라 이러한 사항이 달라지길 원한다. 하지만 네트워크 상태를 어떻게 감지할 수 있을까? 패킷 손실이 감지되면 TCP가 흐름 속도를 조정하므로, 첨부된 장비가 네트워크에 응답하는 데 오랜 시간이 걸린다. TCP는 손실이 감지될 때까지 속도를 높인 다음 다시 꺼짐으로써 네트워크에서 지원되는 가장 빠른 속도를 지속적으로 검색하고 있다. 여기서는 오디오 전송에 TCP를 사용하지 않지만 수신 버퍼 조정을 위해 이 아이디어를 정확히 차용할 수 있다. 평균 길이 버퍼(average-length buffer)로 새 연결을 시작한다. 패킷 손실이 감지되면, 버퍼 길이를 확장한다. 극단적인 경우 아닌 한, 코덱이 패킷을 숨기기 때문에 손실된 패킷의 효과가 들리지 않는다. 한편, 버퍼 알고리즘은 지속적으로 실행되지만 천천히 밀어서 버퍼 길이를 줄인다. 이 피드백 루프는 버퍼가 현재 네트워크 조건에 맞는 최적의 길이로 자동 조정되도록한다. 낮은 지터 연결이 있는 네트워크에서는, 지연을 최소화하기 위해 버퍼가 작게 만들어진다. 그러나 지터가 높으면, 오디오 중지가 발생하지 않도록 버퍼가 길게 만들어진다. 이 버퍼 길이 조정에서는 시간을 압축하거나 늘려야 하며, 이 작업은 들리지 않게 수행되어야한다. 다행히 이 기능을 사용하는 많은 오디오 편집기에서 시연할 수 있다. (대부분의 방송사들은 time squeeze/stretch processing이 가능한 불경스러운 지연 장치에 익숙할 것이며, 이러한 장치는 일반적으로 여기서 말하는 버퍼 조정보다 훨씬 더 광범위한 시간 처리를 처리한다.)

7.3.4 코덱 비트 전송률 적응

AAC-ELD 코덱의 중요한 특징은 청각적 결함을 일으키지 않고 비트 전송률을 “gearshift” 할 수 있다는 것이다. 대역폭 감지 알고리즘과 함께 브로드캐스트 코덱은 비트 전송률을 사용 가능한 네트워크 대역폭에 자동으로 조정할 수 있다. 알고리즘은 이동 가능한 최대 속도를 지속적으로 네트워크를 탐색하고 코덱을 이 속도로 설정한다. 네트워크의 용량이 크면 오디오의 정확도가 최대한 높다. 네트워크의 대역폭이 제한되면, 코덱이 더 낮은 비트 전송률로 조정되어 오디오가 통과하도록한다.

7.3.5 Putting It Together

따라서 이상적인 저 지연 양방향 IP 코덱 시스템은 다음과 같은 특성을 갖는다:

- 효과적이고, 들리지 않는 패킷 손실 은닉이다. (재전송은 너무 많은 지연을 초래하므로 패킷 손실은 은닉으로만 해결해야 한다.)
- Adaptive Receiver Buffer(어댑티브 수신 버퍼), 필요한 시간 압축/스트레치 기능을 제공한다. (지터는 시간이 지남에 따라 변하고 있으며, 버퍼는 적응해야 한다.)
- 가장 낮은 비트 전송률에서 최대한의 오디오 충실도를 얻을 수 있는 효율적인 코덱이다.(특히 모바일 네트워크에서는 속도가 낮을수록 오디오가 전달될 가능성이 높아진다.)
- Adaptive 코덱 비트 전송률, 동적으로 네트워크 조건을 수용한다.

이 패키지는 곤란한 IP 네트워크에서 발생하는 문제에 대한 최신 솔루션이다. 이러한 구성 요소는 서로 보완하여 지연 시간이 적은 고품질 오디오를 제공한다.

7.4 | 딜레이와 에코

우리가 사용하는 ISDN은 지연 시간이 거의 없기 때문에, ISDN 코덱의 지연은 네트워크가 아니라 오디오 코딩 프로세스 자체에서 비롯된다. 인기 있는 MPEG AAC 및 Layer 3(MP3) 코덱은 각각 약 150ms의 지연 시간을 가진다. 이것은 왕복하기에 너무 많은 금액이기 때문에, 통상적인 관행은 G.722를 반환 경로에 사용하여 정확도가 낮을때, 낮은 지연을 줄이는 것이다. G.722는 약 20ms 지연이 있으므로, AAC와 G.722와의 연결은 ISDN을 통해 약 170ms 왕복 지연을 갖는다. AAC-ELD 코덱의 지연 시간은 약 60ms이다. 양쪽 방향에서 사용되며, 이로 인해 코딩 프로세스에서 120ms의 왕복 지연이 발생된다. IP 네트워크 연결이 양호할 경우, 패킷화 및 버퍼링에서 약 50~100ms 지연이 발생하여 총 지연 시간이 170~220ms에 이를 수 있다. 양방향 대화로 받아들여질 수 있지만, 한계를 넘고 있다. 사람들이 익숙해진 휴대전화 대화의 지연과 거의 비슷하기 때문에 우리는 재능이 합리적으로 만족할 것으로 기대할 수 있다. 마지막 장(그림 6.5)에서 지연과 진폭이 전화 통화에서 에코로부터 오는 골칫거리에 어떻게 기여하는지 보여주는 그래프를 기억하는가? 여기서도 같은 이야기이다. 완벽한 시스템에서는, 사람의 이어폰으로 연예인의 목소리가 늦어지는 일은 없을 것이다. 연예인을 배치하고 백홀에 IP 코덱 경로를 사용하는 경우를 고려한다. 외진 위치에 있는 로컬 믹서가 재능 있는 마이크 오디오를 헤드폰으로 직접 전송하고, 스튜디오의 mix-minus는 코덱 피드가 반환되지 않도록 차단하여 코덱 지연을 방지한다. 하지만 재능 있는 오디오가 되돌아오는 데는 의도하지 않은 원인이 있다. 하나는 스테이션 끝의 스튜디오 헤드폰에서 발생하는 오디오 누수이며, 이는 높은 모니터링 볼륨과 불완전한 헤드폰 분리로 인해 발생한다. 메아리로 인한 짜증은 지연 시간과 진폭의 기능이기 때문에 진폭을 줄일 수 있는 것은 무엇이든 도움이 될 것이다. 예를 들어, 귀 바깥("개방식")의 헤드폰을 사용하지 않는다.

7.5 | 통화 설정: SAY HELLO TO SIP(반복)

브로드캐스트 IP 코덱은 특수 용도의 VoIP 전화라고 생각할 수 있다. 우리는 대개 IP 코덱이 대상 코덱을 찾아 연결하기 위해, 다이얼링 기능을 사용하여, ISDN에 동등한 것처럼 작동하기를 원한다. VoIP와 관련하여 6장에서 만난 동일한 세션 시작 프로토콜(SIP)를 사용하여 IP 코덱에 서비스를 제공할 수 있다. 이는 IT 세계를 위해 우리가 어떻게 하면 수익성 있게 작업할 수 있는지를 보여주는 또 다른 예이다. SIP에서 다른 구성 요소가 없는 두 장치를 연결할 수 있지만, 일반적으로 네트워크 어딘가에 설치된 SIP 서버를 사용하여 방화벽을 탐색하고, 관련 사용자에게 "그룹 목록" 기능을 제공하며, 연결된 IP 번호에 관계없이 대상을 찾을 수 있도록 재배치 서비스를 지원하는 것이 일반적이다. VoIP 전화와 마찬가지로 SIP는 SDP(Session Description Protocol)의 전화 기술 역할을한다. 이 신호는 각 코덱에서 사용 가능할 수 있는 코덱을 끝내고 시스템이 사용 가능한 코덱 중, 최적의 코덱을 협상할 수 있도록 한다. 코덱 사용자는 연결을 시도하기 전에 코딩 방법을 알거나 설정할 필요가 없다. 그냥 '전화'만 하고 시스템이 알아낼 수 있게 하면 된다. 그러나, 우리는 SIP를 사용할 의무가 없다. 전용 링크를 통한 nailed-up 연결의 경우, IP 번호만 직접 입력하면된다. 송신기는 수신기의 IP 주소와 오디오 흐름을 지정한다. "통화" 패러다임을 사용할 필요가 없는 애플리케이션의 경우 간단한 IP 주소 접근 방식이 완벽하게 작동한다.

7.6 | SIP 서버

SIP를 사용하는 시스템은 프록시와 등록 서버가 실제 서비스 역할을 하도록 요구한다. 두 개의 SIP 끝점이 다른 SIP 인프라 없이 통신할 수 있지만, 이 접근 방식은 공용 교환 전화 네트워크가 제공하는 전화 걸기 스타일 연결을 복제하지 않는다. SIP는 PSTN에 있는 통화 처리 기능 및 기능 중 상위 집합(전화 걸기, 전화 벨 소리 발생, 벨소리 신호음 또는 통화 중 신호음 수신)을 지원할 수 있는 IP 기반 통신용 신호 및 통화 설정 프로토콜을 제공한다.

7.6.1 방화벽과 NAT

2장에서 보았듯이, 네트워크 주소 변환기(NAT)가 IP 경로에 있을 때, 모든 연결은 내부의 장치에서 시작해야 한다. 즉, NAT 내부의 모든 코덱은 보이지 않을 뿐만 아니라 다른 쪽의 다른 코덱에도 연결할 수 없게된다. 방화벽도 같은 효과를 가지고 있다. 이 일에 대해 우리가 뭘 할 수 있을까? 간단한 솔루션은 스튜디오 코덱을 직접 공용 인터넷에 올려 NAT/Firewall보다 뒤쳐져도 원격 사이트에서 코덱을 볼 수 있도록 하는 것이다. 그러나 스튜디오에서 원격 코덱으로 전화를 거는 것은 불가능할 것이며(후자 역시 원격 크루(crew)가 달성할 수 없는 공공 인터넷에 직접 접속하지 않는 한), 인터넷 상에서 방화벽 보호가 없는 것을 갖는 것은 어쨌든 문제를 야기하는 것이다. 그래서 대안을 생각해 볼 필요가 있다.

웹 트래픽은 이러한 NAT/Firewall 장치를 통해 두 가지 방향으로 모두 이동한다는 점을 고려한다.이는 일반적으로 NAT 또는 방화벽이 "대칭"이기 때문에 발생하여 즉, 패킷 스트림이 내부에서 외부로 전송될 때 NAT/firewall은 일정 기간 동안 반환 경로를연다. 방화벽 외부에 배치된 SIP 서버는 방화벽 내부에 위치한 코덱을 수신하고 호출할 수 있다. 코덱은 서버에 등록한 다음 NAT/firewall을 통해 열린 반환 경로를 활용하여 승인을 전송한다. 서버는 경로를 열린 상태로 유지하기 위해 정기적으로 추가 메시지를 보낸다. 한 코덱이 다른 코덱과 연결하려는 경우 다른 코덱이 아니라 SIP 서버에 직접 연결한다. 서버는 다른 코덱을 찾을 위치를 알고 있고 코덱에 대한 경로가 열려 있으므로(사전 등록에서) 서버가 연결이 요청되고 있다는 신호를 보낼 수 있다. 각 코덱은 이제 메시지와 오디오 스트림을 다른 코덱으로 전송할 수 있으므로, 다른 코덱이 사용할 수 있는 NAT/firewall을 통해 직접 반환 경로를 열 수 있다. (그림 7.1을 참조.)

매우 제한적인 NAT 및 방화벽을 통해 SIP 서버는 설정 메시지의 전달 역할을 할 수 있다. 극단적인 경우, 서버가 오디오 스트림을 전달해야 할 수도 있다.

7.6.2 Z/IP 서버 통신

Telos Z/IP 서버는 Z/IP 코덱을 지원하도록 설계되었다. SIP 서버와 비슷하지만, 브로드캐스트 코덱 응용 프로그램용으로 특수화되어 있다.

이 기능은 다음과 같다:

- 디렉토리 서비스.

  다른 장치를 쉽게 검색할 수 있다. 사용자는 디렉토리에서 장치의 가시성을 제어한다.

  장치는 (1) 모두에게 보이거나, (2) 속한 그룹에만 보이거나, (3) 디렉토리에 표시되지 않을 수 있다.

  장치는 항상 그룹에 속한다(기본적으로 "공용" 그룹에 속함).

  사용자는 그룹 이름을 아직 사용하지 않는 한 언제든지 그룹을 생성할 수 있다.

  다른 사람에게 그룹 암호를 지정하면 같은 그룹에 자신의 장치를 추가할 수 있다.

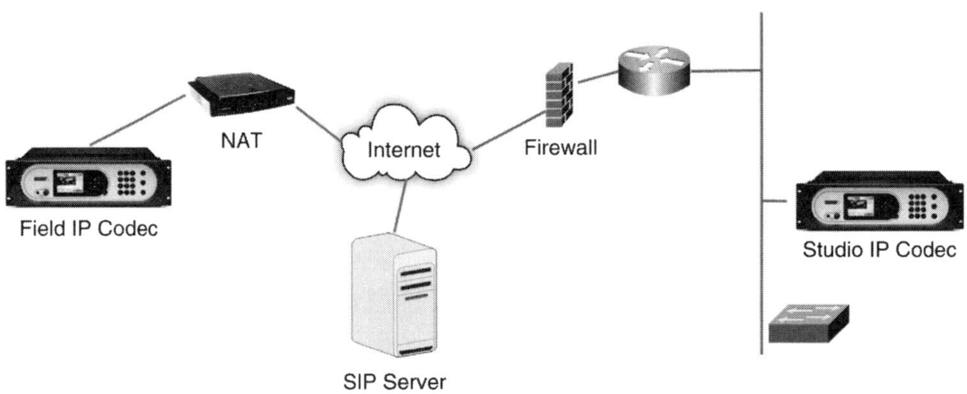

FIGURE 7.1

A SIP server placed on the network outside of firewalls and NAT routers is the secret to IP codecs being able to reach each other.

  이를 통해 그룹에만 표시되는 장치를 볼 수도 있다.

- 서비스 존재.

  사용자가 "버디(buddies)"의 연결 상태를 볼 수 있다.

- NAT를 가로지르는 서비스.

  장치가 공용 주소와 NAT 유형(있는 경우)을 검색할 수 있다.

  일반적으로 NAT 뒤에서 연결할 수 없는 장치에 대한 연결을 열어 수신 호출을 허용한다.

  보다 제한적인 NAT 유형의 경우 서버는 신호 정보를 중계하여 연결 설정을 지원한다.

  가장 제한적인 NAT 유형의 경우 서버는 미디어 전달로도 작동할 수 있다.

- 지오로케이션 서비스.
  장치가 지리적 위치와 대상 장치의 위치 및 경로 (시각 추적 경로)를 결정할 수 있다.
- QoS 데이터 수집.
  서버는 장치에서 보고한 통화 QoS 데이터를 추적한다.
  이 정보는 패킷 드롭 패턴, 달성된 비트 전송률 등에 대한 몇 가지 통찰력을 제공할 수 있다.

SIP 서버는 공용 또는 개인일 수 있으며 Z/IP 서버에서도 동일한 작업이 가능하다.]
Telos는 Z/IP 클라이언트가 자체적으로 지원할 필요 없이 사용할 수 있는 공용 서버를 운영하거나, Z/IP 소유자가 개인 서버를 설치할 수 있다.]

7.7 | 네트워크

IP의 한 가지 이점은 IP를 사용하는 방법이 매우 많다는 것이다. 로컬 네트워크에서 위성에 이르기까지 다양한 옵션을 선택할 수 있다.

7.7.1 공용 인터넷

인터넷은 거의 독점적이고 비용이 적게 든다는 두 가지 장점을 가지고 있다. IP 연결을 거의 모든 곳에서 찾을 수 있으며, 설치 대기 중에 연결하거나 많은 경우 비용을 지불하지 않고 연결하기만 하면된다. 서비스 보증이 없기 때문에, 당신은 기회를 잡는다. 그러나 적응 형 코덱 기술로 인해, 인터넷은 많은 방송 응용 프로그램에 대해 합리적인 제안이 된다. 이미 비행기에서 성공적인 원격 방송이 있었다. 국제적인 접속도 국내 접속처럼 쉽다. 인터넷을 통해 사용하도록 만들어진 브로드캐스트 코덱은 통합 추적 기능과 네트워크 조건 그래픽 기능을 통해, 이러한 기능이 발생할 때 문제의 원인을 확인할 수 있다.

7.7.2 전용 링크

studio-to-transmitter 링크 및 기타 높은 신뢰성의 point-to-point 응용프로그램의 경우, 성능을 보장한 통신 IP 링크를 주문할 수 있는 경우가 많다. 패킷 손실, 지터, 지연 및 대역폭은 서비스 수준 계약에서 지정된다.

7.7.3 MPLS 서비스

MPLS 서비스는 보장되지 않는 공용 인터넷 서비스보다 더 비싸지만 전용 링크나 ISDN보다 비용이 적게 드는 우수한 비용/성능 타협을 제공하므로 IP 코덱 응용프로그램에 적합하다.

7.7.4 모바일 IP 서비스

업링크 속도가 빠른 모바일 IP 서비스를 원격에 사용할 수 있다. CDMA 세계에서 EVDO Rev A는 우리가 사용할 수 있을 만큼, 빠르며 미국에 널리 배치되어 있다. 업링크의 최대 속도는 1.8Mbps이지만 정상 조건에서 사용자는 약 500-700kbps의 속도를 경험한다. EVDO Rev B는 더 빠른 속도를 보장한다. 대역폭이 공유되고 초과 신청으로 인한 패킷 손실 또는 대역폭이 불충분 할 가능성이 있지만, IP 코덱을 사용한 일부 시도는 성공했다. 유럽에서는 GSM이 일반적으로 업 링크 방향으로 충분히 빠르지 않지만 고속 업 링크 패킷 액세스(HSUPA, Enhanced Uplink [EUL]라고도 함)라는 빠른 서비스가 온라인으로 제공되어 최대 5.76Mbps 대역폭을 제공한다.

EVDO와 HSUPA 모두 기술 사양에서 QoS 기능을 갖추고 있지만, 모바일 공급업체가 이를 고객에게 전달할 것인지 또는 어느 정도까지 전달할 것인지는 분명치 않다. 이러한 서비스에 대한 액세스 권한은 일반적으로 PC 카드 또는 USB 라디오 장치를 통해 이루어진다.

이러한 케이블은 랩탑(Laptop) PC와 함께 사용하도록 설계되었지만 적절한 커넥터와 소프트웨어가 포함된 브로드캐스트 코덱에 연결할 수 있다. 외부 박스를 사용하여 유선 이더넷 연결을 통해 PC 카드를 코덱에 연결할 수 있다. 마지막으로, 이러한 모바일 IP 연결을 개인 WiFi "핫스팟"으로 전환하는 장치를 사용하는 것이 점점 보편화되고 있다. 랩탑(Laptop)과 스마트폰은 거의 보편적으로 WiFi를 지원하므로, 이 방법을 사용하면 쉽게 WiFi에 연결할 수 있다.

브로드캐스트 IP 코덱이 작동하려면 WiFi 인터페이스가 필요하다(섹션 7.7.7 참조).

7.7.5 무선 이더넷

이더넷 링크에 사용할 수 있는 무선 시스템이 시장에 많이 출시되어 있다. 대부분의 ISM 대역은 2.4, 5.2 및 5.6GHz에서 작동한다. 하이 게인 안테나와 가시선 경로를 통해 최대 수십 km/km의 범위까지 설정할 수 있다. 비트 전송률은 수십 메가비트이므로, 일반적으로 오디오 애플리케이션에 필요한 대역폭보다 훨씬 더 많다.

7.7.6 WiMax

이는 상호운용성을 보장하는 표준에 부합하는 이더넷 무선이다. point-to-point 작업에 사용되는 일반적인 이더넷 라디오와 달리 여러 사이트에서 공통 채널과 인프라를 공유할 수 있다. 채널이 공유되기 때문에, 대역폭에 대한 초과 신청 및 논쟁의 가능성이 있다. 아마도 WiMax 공급업체와 공급자는 보장된 서비스 품질을 제공하기 위해 어떤 형태의 우선 메커니즘을 도입할 것이다.

7.7.7 WiFi

IP 코덱은 대개 WiFi 무선 링크에서 문제없이 작동한다. 그러나 일반적으로 전체 IP 경로의 일부일 뿐이며, 가능한 DSL 연결을 원격 사이트의 필수 위치로 확장할 수 있다. 다시 말하지만, 대역폭은 수십 메가 비트에 있으며, 일반적으로 필요한 것보다 훨씬 많다.

7.7.8 인공위성

이제 많은 위성 서비스를 IP 기반으로 하며 point-to-point 및 point-to-multipoint 링크 모두에 사용할 수 있다. 위성은 다른 IP 연결 방법에 비해 확실히 이국적이지만, 단말 장비의 관점에서 보면 다른 링크와 거의 비슷하게 보인다.

7.8 EBU N/ACIP 표준

라디오 프랑스의 Mathias Coinchon과 스웨덴 라디오의 Lars Jonsson이 이끄는 유럽 방송 연합은 방송 IP 코덱 표준을 제작한 협업 프로세스를 수립했다. 상호운용성에 대한 N/ACIP(Norm/Audio Autodesk on IP) 요구사항은 2008년 4월에 EBU Tech 3326으로 발표되었다. 규정을 준수하려면, 각 제조업체에서 핵심 기능 구성 요소 세트를 지원해야한다. 공급업체는 필요한 코어에 자체적인 향상된 기능을 추가할 수 있지만, 이러한 기능이 다른 공급업체의 제품과 함께 작동한다는 보장이 없다. 표준은 다음과 같이 지정한다.

- 통신 프로토콜:
  포트 정의 및 패킷 손실 복구 메커니즘을 포함하여 IP 위에서 사용된다.
- 오디오 코딩 알고리즘:
  3개의 코덱 카테고리 지정:
  필수, 권장 및 선택 사항.
- 오디오 프레임 캡슐화:
  코덱 프레임을 전송 계층 IP 패킷으로 캡슐화하고 프레임을 정의하는 것이다.

■ 신호:

연결 설정 및 종료 절차를 정의하고 사용할 오디오 코딩과 같은 수신기의 신호 파라미터를 정의한다.

이 표준은 세 가지 유형의 오디오 기여도를 인식한다:

■ 리턴 채널이 없는 단방향이다(예: 위성 링크)

■ 리턴 오디오가 협대역(narrowband)이고 큐잉(cueing) 목적으로만 사용되는 양방향 (예: 콘서트, 스포츠 행사 - 대기 시간은 문제가 되지 않음)

■ 양방향 광대역 오디오를 이용한 양방향성 오디오(예: 원격 게스트와의 인터뷰, 광범위한 재능을 가진 토론 프로그램 지연 속도가 문제다)

7.8.1 전송 프로토콜

N/ACIP의 기본 네트워크는 항상 IPv4여야한다. RTP/UDP는 필수 전송으로 지정된다. 유니캐스트는 필수 사항이며, 옵션으로 IP 멀티캐스트를 지원하는 것이 좋다. RFC 4588에 따른 재전송에 의한 손실 패킷 복구를 옵션으로 사용할 수 있다. 이 재전송 방법을 구현하려면 RFC 4585에 정의된 확장 RTP 프로필의 지원이 필요하다. TCP는 재전송 복구를 위한 또 다른 옵션으로 사용될 수 있다. 다시 말하지만, 지연 시간이 문제이며, N / ACIP 문서에는 다음과 같은 주의사항이 포함되어 있다: TCP의 혼잡 방지 메커니즘은 패킷 손실 및 장거리 왕복 지연이 있는 네트워크에서 연속 스트림에 문제를 초래할 수 있다. 전송 오버헤드가 TCP보다 높다.

프레임은 RFC 4571, 연결 지향 전송을 통한 RTP에 따라 수행되어야 한다. 본 문서에서, 전진 오류 수정은 N/ACIP 문서에 따른 "현재 진행 중인 작업"이다. 고려중인 옵션은 일반 전진 오류 수정을 위한, RFC 5109, RTP 페이로드 형식에 설명된 옵션이다.

7.8.2 오디오 코딩

표준은 다음과 같은 코덱을 지정한다:

의무적

- G.711 A-law and u-law
- G.722 at 64 kbps
- MPEG-1/2 layer 2 at 32384 kbps
- 12/16/20/24 비트 및 32/48-kHz 샘플링 속도에서 PCM 선형이다 (휴대용 장치의 경우 옵션, 12비트는 모두 옵션).

권장

- MPEG-4 AAC
- MPEG-4 AAC-LD
- MPEG-1/2 layer 3 at 32320 kbps

선택적

- MPEG-4 HE-AACv2
- Enhanced APT-x
- Dolby AC-3
- AMR-WB+

7.8.3 신호

SIP를 양방향 링크의 신호 방법으로 사용해야한다. SDP(세션 기술 프로토콜)는 사용 가능한 코덱을 나열하는 데 사용된다. 코덱 협상은 RFC 3264에 설명된 모델을 사용해야 하며, 세션 설명 프로토콜이 포함된 제안/응답 모델을 사용해야한다. IP 멀티캐스트의 경우, SAPv1이 세션 발표에 사용된다. 기본적으로, 통화는 동일한 코덱을 사용하여 양방향으로 설정된다. 그러나, 각 방향에서 서로 다른 코덱을 사용하는 것이 좋다. 또한 이미 설정된 연결 중에 코덱을 변경할 수도 있다.

7.8.4 N/ACIP에서 누락된 내용은 무엇인가?

필수 코덱에는 효과적인 은닉 메커니즘이 없으므로, QoS 보장 네트워크 또는 재전송의 형식을 함께 사용해야 한다. 그렇지 않으면 패킷 손실로 인해 성가신 pops 및/또는 오디오 중지가 발생할 수 있다. 재전송은 필수가 아니므로, 짧은 지연 시간이 필요한 양방향 응용 프로그램에 컴플라이언트 장치는 유용하지 않을 수 있다. 그리고 재전송으로 인해 양방향 응용 프로그램에 대해 대기 시간이 허용되지 않게 증가하기 때문에, 이를 포함하는 장치는 여전히 만족스럽지 않을 수 있다. 필수가 아니지만 MPEG AAC를 권장하는 코덱은 은폐가 좋으므로, 장치가 포함될 때 솔루션이 될 수 있다. SIP 서버는 표준에 언급되어 있지 않지만, 실제 응용프로그램에는 유사한 기능을 제공하는 서버가 필요하다. 특히, 하나 또는 둘 다 코덱 뒤에 있는 경우, 방화벽과 NAT을 통과해야한다. 브로드캐스트 코덱 사용자는 대개 오디오와 함께 데이터를 가지고 싶어한다. 가장 간단한 GPIO를 사용하면, 현장의 운영자가 스튜디오에서 오디오 플레이어를 다시 시작할 수 있다. 보다 정교한 응용프로그램에는 스테이션 자동화 시스템 확장 또는 공중 전화 프로덕션 소프트웨어 인터페이스가 포함될 수 있다. IP 링크는 공유되는 데 문제가 없으므로, 코덱이 전혀 필요하지 않다.

그러나 코덱 장치가 타이트한 시간 동기화가 필요한 경우나 코덱이 방화벽을 통해 펀치 할 수 있는 경우 (SIP 서버에 액세스 할 수 있기 때문에)와 같이 루프에 사용하기에 좋을 수도 있지만 표준 IP 데이터 트래픽은 차단되어 있다. 이를 인식한 N/ACIP 사람들은 이 기능을 구현하는 방법을 포함하도록 표준을 업데이트하는 것에 대한 토론(2009년 1월)을 시작했다.

CO-OPETITION One sun-dappled fall morning, a small group drawn from around the world found themselves doing something unexpected. While drinking coffee and eating sweet rolls at a guesthouse among the swaying trees on the Case Western University campus in Cleveland, these competitors who would normally be eying each other suspiciously were having a friendly chat. It was early in the 1990s and ISDN codecs were just making their entrance. One broadcast codec vendor, who was not in attendance, had chosen to implement MPEG-1 audio layer 2 in a nonstandard way (even naming it something else), and the others had decided to counter by ensuring compatibility among their products. They had the support of the developers of the MPEG coding algorithms, who were also represented at the meeting. The result was constructive: Everyone present agreed to use common protocols so that products from all would work smoothly together. They also agreed to arrange testing to confirm that their engineers had got the implementations right. The plan decided that day in Cleveland has endured and continues to benefit the broadcast community right up to the present.

7.9 | Livewire를 이용할 수 있는 IP 코덱

7.9.1 Z/IP 통신

Zephyr/IP는 N/ACIP 호환 IP 코덱 제품군이다. 필수 G.711, G.722, PCM 및 MPEG 2계층 코덱 외에도 MPEG AAC, HEAAC 및 새로운 AAC-ELD 코덱도 포함된다. (그림 7.2를 참조합니다.)

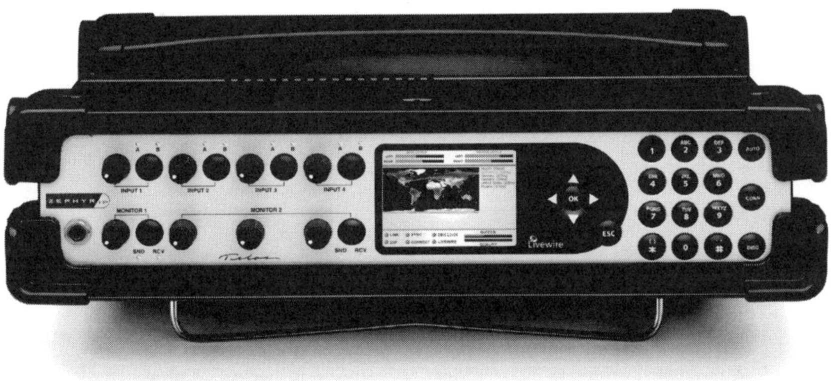

FIGURE 7.2

N/ACIP-compliant Telos Z/IP codec. It includes adaptive features for operation over non-QoS networks.

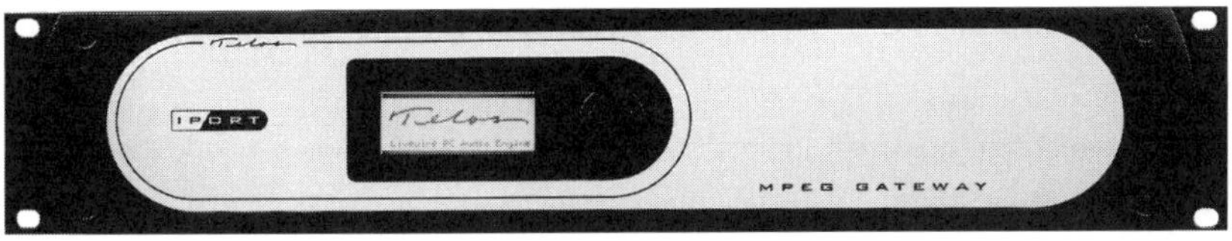

FIGURE 7.3

Telos iPort eight-channel codec.

AAC-ELD 코덱을 적응형 수신 버퍼와 함께 사용하고 자동으로 조정되는 비트 전송률을 사용하는 경우, 위에서 설명한 저지연 전략이 완전히 구현된다. Z/IP에는 이 기술을 사용하는 AoIP 기반 스튜디오에 직접 연결할 수 있도록 Livewire 인터페이스가 포함되어 있다.

7.9.2 iPort 통신

iPort 통신은 Livewire에 구축된 스튜디오 시설에 적합하다. 예를 들어, 스튜디오 및 송신기 사이트 등 두 위치 간에 최대 8개의 양방향 스테레오 오디오 경로가 필요한 두 위치를 연결하는 데 사용할 수 있다. 사용자의 관점에서 보면 원격 위치의 오디오 채널이 로컬인 것처럼 보인다. VPN, 위성 링크, 이더넷 라디오 시스템, 통신 또는 ISP가 제공하는 QoS 제어 IP 서비스와 같은 IP 채널을 통한 전송에 MPEG 인코딩 및/또는 디코딩이 필요한 모든 응용프로그램에 사용할 수 있다. 여기에는 MPEG AAC, HE-AAC, HE-AACv2, AAC-LD 및 3계층(MP3) 코덱이 포함된다. (그림 7.3을 참조한다.) iPort에는 모든 오디오 및 제어용 이더넷 잭은 두 개만 있다: 하나는 Livewire I/O용이고 다른 하나는 WAN 연결용이다. 여기서도, IP 오디오의 장점을 볼 수 있다. 아날로그 양방향 스테레오 채널 8개를 구동하려면 32개의 XLR 커넥터와 A/D 및 D/A 컨버터가 필요하다.
AES3는 XLR의 수를 16개로 줄였다. – 단 한개의 RJ-45만큼 효율적이고 저렴한 비용은 아니다. iPort를 16-streo-channel 인코딩 전용 모드로 설정할 수 있다. 일반적으로 SHOUTcast 또는 Steamcast와 같은 서버에서 인터넷 스트리밍, 휴대폰으로 방송 및 오디오 배포 시스템을 위해 인코딩하는 데 사용된다.

"THE REAL WORLD": KIWI IP

"The challenge was to build a 256 _ 256 audio routing network to serve 25 remote stations across an IP WAN with the possibility to route any source from any location to any destination. Without IP, this would have been crazy expensive. And probably racks full of stuff. With IP, we delivered a compact, impressive system at a remarkably low cost."

Igor Zukina, Director of Engineering, Streamcom, New Zealand.

This project is an excellent example of how IP can simplify systems and reduce cost(see Figure 7.4). Igor describes the system:

PungaNET is a real-time national audio distribution and contribution network that connects 25 radio stations across New Zealand. Each station has eight audio inputs and outputs that can be cross-connected system-wide in any needed configuration.
The network also provides TCP/IP connectivity for standard office applications such as file sharing, VoIP, and Internet access. A public web site provides Internet streaming of programs for all member stations. The system was commissioned at the beginning of 2009.

Routing and management (booking and scheduling) is provided by a central management system, which is a software application with a web user interface that is accessible across the network. Audio equipment is provided by Telos/Axia and the central switching equipment by New Zealandbased XI-Audio. Cisco routers are used at the network edges.

A requirement for the system design was that it be based on a standard private IP networking service available from Telecom New Zealand. This is a product made to provide secure IP service for businesses between their office locations. These IP networks are much lower cost than the old synchronous circuits that were used in the past to interconnect audio codecs. The IP network can provide QoS, with various levels being available at a range of price points. We chose an "interactive class network," which is a product sitting between the cheapest "business data" and the most expensive "real-time" class-of-service networks. The central site has a 60-Mbps circuit and each station has a symmetrical 2-Mbps circuit. The latency of the data network from the sites to the center is around 1015 ms, although for one of the most remote rural sites it is 45 ms. Network jitter is constantly monitored and is around 5 ms. No lost packets have been detected so far.

Telecom New Zealand has a basic network configuration that they offer at a good price, but when you request custom configurations, the cost skyrockets. For Punga- NET we required multiple levels of queue priorities, which would be custom. We had in the past ordered custom-configured circuits for a number of customers, and these become a support nightmare. For example, the special settings were lost during every major telco network maintenance cycle. This may not be a problem with all providers, but it is something to consider during system design: Keep it simple where you have no direct control. To avoid this problem, we decided to install our own IP routers at the network edges, and use a single class-of-service network from Telecom New Zealand. This provides us with full packet tagging and queue management under our own control.

With 2-Mbps links at the stations and the need for eight stereo channels, audio coding is required. We use a few different codecs:

- Audio distribution: Discrete stereo AAC-LC at 128 kbps
- Audio contribution: Discrete stereo AAC-LD at 128 kbps

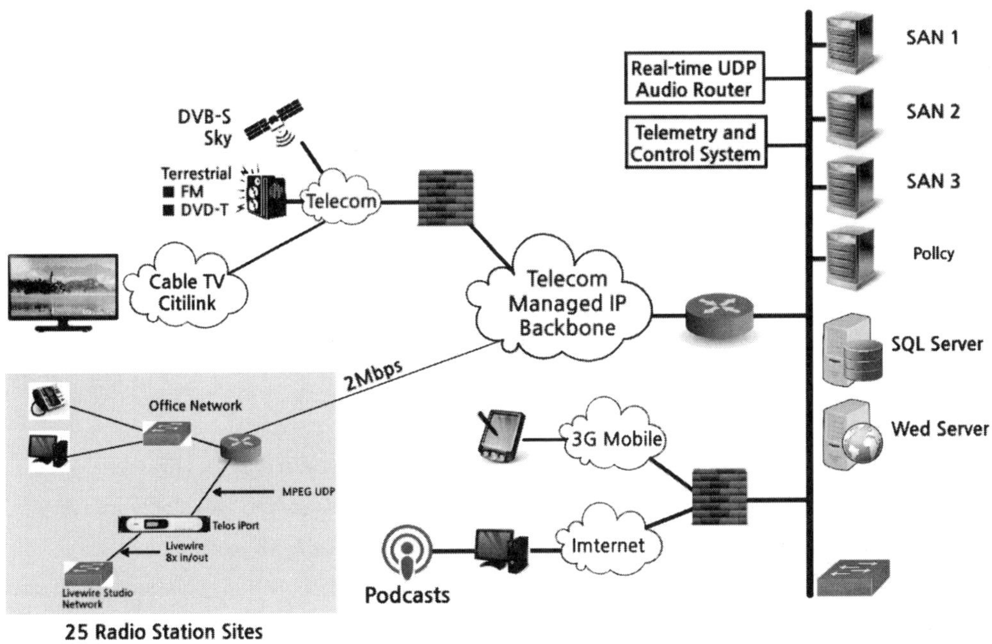

FIGURE 7.4

PungaNET system diagram

- Intercom: Mono AAC-LD a 64 kbps
- Internet stream: Parametric stereo HE-AACv2 at 28 kbps

The MPEG AAC family offers a range of bitrate and delay trade-offs. For on-air audio, we went with standard AAC for its high fidelity. For the intercom system, low audio latency is more important than fidelity, so we chose AAC-LD for that. For Internet streaming, we use HE-AAC for its very high bitrate efficiency.

We didn't want to use IP multicast in PungaNET's WAN due to our desire to stay with a standard telco IP product. Therefore, we contracted with local firmXI-Audio tomake a unicast UDP audio stream router that gives the same result but keeps the routing entirely within our hands. The router runs on off-the-shelf PC hardware, so cost was much lower than a traditional audio router would have been. It is located at the central site.

Each station has a Telos iPort, which encodes and decodes eight channels of audio. The iPort outputs are UDP/IP streams. Each of these is mapped to a port on the UDP router. The router receives the stream and sends it to the required destination, or copies of the stream to multiple destinations, if needed. The outputs from the router are mapped to the iPort decoder inputs at each station. The router has 256 inputs and 256 outputs, all carried over one RJ-45. From a user perspective, it works just like a traditional audio crosspoint router.

The UDP switch is controlled by Axia's Pathfinder router control software, which provides a user interface and automatic management of route changes.

GPIOs are provided by Axia devices at the stations. These are switched along with the audio in the router and managed by Pathfinder.

PungaNET provides scheduling of live-to-air content. A master control-like facility is required, which can provide cross-mix transition from local audio to network audio, from one network program to another, and from the network back to local. This mixing is performed by a V-mix instance (supplementary audio mixer function) with the station iPorts.

The central router management (CRM) system provides a web-based management tool. Users at each station can log on to the CRM over the network to manage and schedule network and local resources. The system's database and business logic provides a large set of resource scheduling and controlling mechanisms. Users can share studio resources to selected members of the network, configure intercom routes, or simply schedule on-air programming. Program providers can publish their schedules to the program guide.

There is a Pathfinder server at each station. The CRM system interrogates each individual Pathfinder at all the remote locations and collects information about all audio and GPIO devices, ports, and Pathfinder router organizations.

When a user schedules channels and resources in the CRM system, event scripts are created and loaded to each Pathfinder scripting engine for execution. Schedule events are downloaded to each Pathfinder server 48 hours in advance so that a fault or maintenance of the CRM system will not affect system routing.

All stations have Axia Livewire-based studios. The Telos iPort has a direct RJ-45 connection to the studio Livewire network that conveys all eight in/out audio channels.

Thus, there is no analog or AES3 anywhere in the system.

7.10 | 통합

이것은 익숙한 이야기가 되어가고 있지 않은가? IP로 이동하는 방송 코덱과 전화기가 VoIP로 이동함에 따라, 일종의 통합이 불가피해 보인다. 두 기술 모두 SIP/SDP를 사용하기 때문에 전화 등급 코덱을 사용하여 공용 스위치 음성 네트워크와 상호 작용하도록 특정 통화를 지정할 수 있다. 해당 업계의 일부 제안이 있는 바와 같이, 휴대폰은 향후 VoIP를 잘 사용할 수 있을 것이다. 일부 방송사가 전화와 코덱에서 ISDN PRI나 T1을 공유하는 것이 비용을 절감할 수 있는 방법이라는 사실을 알게 된 것처럼, 통신이나 ISP가 제공하는 IP 서비스를 공유할 수 있는 기회가 있을 것이다. 스튜디오 내에서 곧 방송 코덱, 공중전화 시스템, 라우팅/믹스 모든 것을 IP 도메인에 갖게 될 것이다. 더 간단해지고, 더 저렴해지고, 더 흥미로워질 것이다.

A DIFFERENT KIND OF CODEC Once our distant ancestors developed language, humans could benefit from the experiences of others. But the bandwidth of speech is so low compared to the rate of human sensory data that it required huge compression and decompression at each end of the communication channel. This process of describing and interpreting was enabled by detailed world models that everyone carried in their heads and "mapped" their experiences to.

Because these world models vary from person to person, the coding is lossy, and misunderstandings are inevitable. But the imprecision also makes words more intimate and personal. If some words particularly resonate with you, it's because they are natively supported in the way you view the world.

From appreciation of this condition came Alfred Korzybski's famous premise: The map is not the territory. His point, of course, was that an empirical description, however precise, could not truly recreate the human experience of the actual environment, but it could provide a useful presentation of its structure.

On the other hand, it seems the underlying grammar of languagethe deep structure is pretty much hardwired among humans. (This insight was one of Noam Chomsky's major contributions to linguistics.)

The result is that as we process words, we intrinsically assess the trustworthiness of their source. We can learn not to believe everything we hear, or to distrust certain people. Much of this comes from a misalignment of people's maps. Think about your last

A DIFFERENT KIND OF CODECcont'd conversation with the general manager. Perhaps we need some kind of codec negotiation procedure at the start of each conversational interaction with partners with whom we haven't already established the necessary common ground?

This poses a special problem for authors of books such as this one. Since we don't know you, we can only imagine what your experience, and thus your maps, might be. We can only hope the coding loss in our communication channel with you is low.

CHAPTER 08

문제점의 이해

이더넷은 수백만 개의 설치와 수년간 입증을 통해 신뢰할 수 있는 서비스를 갖춘 성숙한 기술이다. 기본 배선, 네트워크 레이아웃 및 구성 원리를 따른다면 핵심 네트워킹 기술에 문제가 있을 가능성이 매우 낮다. 그럼에도 불구하고, 실시간 오디오 응용 프로그램은 특별한 경우이며, 특정 지식이 도움이 될 수 있다. 여기서는 AoIP와 Livewire에 초점을 맞춘 일반적인 이더넷 및 IP 문제 해결 주제를 다룬다.

8.1 | 예방

하지만, 문제 해결을 시작하기 전에, 다운타임을 방지하는 가장 좋은 방법은 우선 네트워크를 잘 구축하는 것이다. 고급 케이블, 공장에서 만든 좋은 품질의 패치 코드 등을 사용하십시오. 펀치다운 및 플러그 설치에 주의해야한다. 패치 코드를 직접 만들 경우, 스트랜드 와이어 케이블에 의해 만들어져야한다. 솔리드 컨덕터는 보통 RJ-45 플러그에서 오른쪽으로 많이 구부릴 때 균열이 발생하여 간헐적 작동 오류 및 비트 오류가 발생할 수 있다. 사용 중인 케이블에 적합한 플러그를 반드시 사용하십시오: 스트랜드 와이어용으로 설계된 RJ-45 플러그가 솔리드 도체를 통과한다.

8.2 | 기본 네트워크 테스트와 진단

8.2.1 링크 테스트

2계층 테스트, 링크 테스트는 스위치와 동일한 LAN에서 지정된 네트워크 장치 사이의 연결을 확인한다. 링크 테스트 중에 IEEE 802.2 테스트 패킷은 동일한 VLAN이나 브로드캐스트 도메인의 지정된 네트워크 디바이스로 전송된다. 원격 장치는 802.2 테스트 응답 패킷으로 응답할 수 있어야 한다. 대부분의 스위치는 웹 또는 명령 라인 인터페이스를 통해 이 테스트를 지원한다.

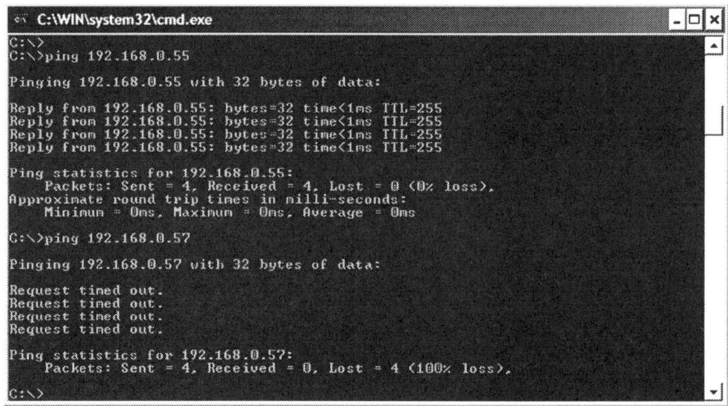

FIGURE 8.1

Accessible from the Windows command prompt, ping is a basic test of IP connectivity. In this example, the first ping was successful and the second was unsuccessful.

8.2.2 Ping과 트레이스라우트

3계층 테스트인 ping은 IP 지원 장치의 기본 "접근성"을 확인하는 간단하고 효과적인 방법이다(그림 8.1) Ping은 테스트 패킷을 장치로 보내고 에코 응답을 기다린다. Windows PC는 명령 프롬프트 창에서 이 작업을 수행할 수 있다. ping x.x.x.x.x를 입력한다. 여기서 x.x.x.x는 IP 주소이다.

에코를 받는다면, 기본 연결(레이어 1, 2, 3 포함)은 괜찮다. 네트워크에서 DNS 서버를 사용할 수 있는 경우, 장치의 도메인 이름을 IP 주소로 대체할 수 있다. TraceRoute(흔히 tracert로 줄임)는 패킷이 네트워크를 통과하는 경로와 각 라우팅 노드에서 지연의 예상치를 보여 주는 ping의 보다 정교한 버전이다.

8.2.3 속도와 이중모드

이더넷 링크는 10Mbps, 100Mbps 또는 1000Mbps, 전이중 또는 반이중 될 수 있다. 대부분의 장치는 다양한 모드를 지원한다. Livewire의 경우, 양쪽이 지원할 수 있는 최대 속도와 전체 이중화를 항상 원한다. 스위치와 연결된 장치가 모두 자동으로 설정된 경우, 양측은 자동으로 올바른 모드로 협상한다.

THE CASE OF THE DUPLICITOUS DUPLEX Beware of this common problem: You can configure Ethernet ports for specific modes manually, but you should not do this. The main problem is with the duplex setting. If you set this manually to full duplex on a connected device, the switchin compliance with a flawed IEEE standardwill most frustratingly and counterintuitively set itself to half duplex, which will cause audio breaks and other troubles. Livewire equipment is always set to the Auto mode by default, so this problem will not arise with those devices. But look out for this with other equipment, such as PCs. Unless there is a wellreasoned purpose to do otherwise, switch ports should always be configured to Auto.

8.3 | 이더넷 스위치 진단과 구성

8.3.1 링크, Activity, Duplex 그리고 LED 속도

이더넷 스위치 및 기타 장치의 전면 패널에 있는 링크 LED는 케이블이 연결되어 있는지 여부와 저수준 연결이 양호한지 여부를 알려준다. 이더넷 문제 해결 상황에서는 항상 링크 LED를 확인하는 것이 좋다. 링크에 Livewire 오디오 스트림이 있으면 activity LED(일반적으로 황색 또는 녹색)는 계속 켜질 것이다. 그 이유는 LED를 구동하는 로직이 정상 트래픽에 의해 볼 수 있도록 정해진 시간에 확장되기 때문이다. Livewire 패킷은 LED가 꺼질 기회가 없는 빠른 속도로 네트워크를 통과하고 있다. 이중(duplex) 및 속도 LED가 존재할 때 올바른 값을 나타내야 한다. 1000Mbps 링크 용량을 기대하는 엔진은 100kbps로 만족하지 않는다. 그리고 전이중 방식은 항상 요구된다.

8.3.2 고급 스위치 진단

하이엔드 이더넷 스위치는 진단 툴을 제공한다. 대부분은 사용하기 쉬운 출발점으로 웹 인터페이스를 제공한다 (그림 8.2). 또한 웹 GUI가 제공하는 것보다 더 정교한 구성과 모니터링을 위한 명령 프롬프트 통신 인터페이스도 있다. 포트 대역폭 사용률을 확인하는 것도 좋은 문제 해결 항목이다. 이렇게 하면 작업 링크가 있는지, 오디오 패킷이 제대로 흐르고 있는지 확인할 수 있다. 사용률이 너무 높으면 스위치의 멀티캐스트 구성에 문제가 있을 수 있으며, 이로 인해 패킷이 해당 패킷으로 전송되어서는 안된다. Livewire Livestream의 대역폭 소비량은 약 3Mbps이다. 단순 계산에서는 포트를 통과하는 활성 스트림의 수를 제공한다. 일부 스위치에서는

SNMP(Simple Network Management Protocol)를 통해 보다 심층적인 정보를 얻을 수 있다. SNMP 및 원격 모니터링(RMON)은 TCP/IP 인터넷 제품군의 일부이다. (RMON은 SNMP를 기반으로 구축되어 있으므로 밀접한 관계가 있다.) 공급업체별로 독립적으로 네트워크 장비 작업을 탐색하고 모니터링할 수 있는 방법을 제공한다. 예를 들어, 이더넷 포트는 모든 제품에 이러한 포트가 사용되도록 되어 있는 상태를 표준으로 통신한다. 거의 모든 정교한 이더넷 스위치는 이러한 기능을 제공하며, 트래픽을 모니터링하고 작동을 점검하는 데 유용한툴이다. SNMP와 RMON을 사용하려면 정보를 제공하는 소프트웨어 응용 프로그램이 필요하다. 예를 들어, Hewlett-Packard의 OpenView를 사용할 수 있다. (H-P는 많은 스위치와 함께 TopTools라는 더 간단한 버전을 제공한다.) MIB(Management Information Base)는 SNMP 내의 정보를 구성하는 데 사용된다.

8.3.3 스위치 구성

시스템을 올바르게 작동하려면 적절한 스위치 구성이 필수적이다. Livewire는 멀티캐스트를 사용하기 때문에 이더넷 스위치의 기본 out-of-the-box 구성이 작동하지 않을 수 있다.

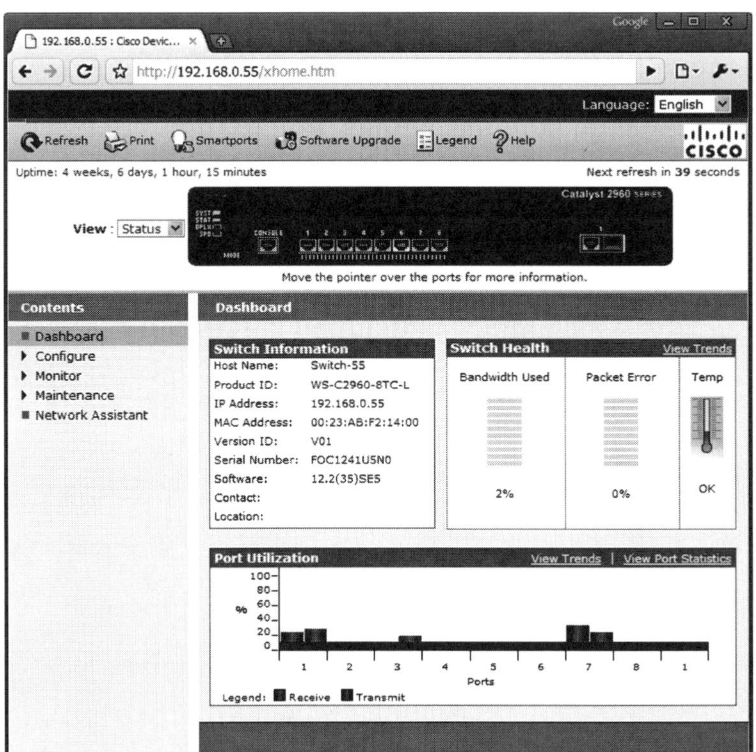

FIGURE 8.2

Managed switches provide a web page to check their status. Here is a typical one, showing general status and port bandwidth utilization.

IGMP는 반드시 켜야 하며, VLAN 매개 변수를 사용하는 경우, 설정되어야한다. 이 주제는 3장과 5장에서 잘 다루어 있으므로, 여기서는 자세히 설명하지 않겠다. 하지만, 우리는 이 사실을 상기시켜주었다. 왜냐하면 우리의 경험상 이것이 (케이블 관련 문제 이후) 두 번째로 흔한 문제의 원인이기 때문이다. Axia에서 테스트 한 스위치의 경우 회사 웹 사이트에 게시 된 "사전 준비된" 구성이 있다. http://www.axiaaudio.com/manuals/default.htm을 참조하고 "Ethernet Switch and Adapter Documents"섹션으로 스크롤하여 특정 스위치에 권장되는 구성과 비교하여 구성을 확인하십시오.

8.4 케이블 테스터

"이건 케이블이야. 항상 %&#@!* 케이블이야!" 라고 스티브의 첫 번째 사장이 말했다. 이것은 아날로그 오디오 시절이었고, 대부분 그가 옳았다. 이비율은 이더넷 시스템에서 약간 더 높을 수 있다. 실제로 많은 설문 조사에서 그 시절에 '네트워크 매체'를 70~80퍼센트 비난하고 있었다.

이는 설치의 신호 전달 부분을 구성하는 케이블, 커넥터 및 하드웨어 구성 요소를 나타낸다. Wiggling 및 unplug-plug 작업은 합법적이고 효과적인 문제 해결 방법이다. 하지만, 보다 정교한 점검을 수행할 수 있도록 하는 케이블 테스터가 많이 있다. 단순한 전도성 테스터부터 TIA/EIA 표준을 준수하는지 테스트하는 정교한 장치까지, TDR(시간 영역 반사계)를 통해 고장을 감지하는 기능까지 다양하다. 여기에 표시된 테스터는 사용 가능한 범위를 나타낸다.

라인의 맨 위에 Agilent Framescope 350과 Fluke DSP-4000 제품군이 다음 사항을 인증할 수 있다.케이블은 혼선, 감쇠 등과 관련하여 지정된 카테고리 요구 사항을 충족하며, 여러 가지 다른 정교한 테스트를 수행할 수 있다. (그림 8.38.6을 참조합니다.)

8.5 스니퍼

스니퍼는 PC에서 실행되는 소프트웨어 응용프로그램으로, 이더넷 링크에서 흐르는 패킷을 수신할 수 있다. 하이엔드 이더넷 스위치에는 당신이 선택한 어떤 다른 포트에서 트래픽을 미러링(복사)하는 모니터링 포트를 지정할 수 있는 포트 미러링 기능이 포함되어 있다. 스니퍼를 실행하는 PC가 모니터링 포트에 연결된다. PC 기반의 스니퍼는 광고 채널과 같은 것들을 확인하는 데 매우 유용하다. 빠른 PC와 좋은 네트워크 카드를 사용하면, 작고 자주 사용하는 Livestream 오디오 패킷도 성공적으로 캡처할 수 있다. WireShark는 현재 PC 기반 sniffer 챔피언으로 Windows와 Linux 모두에서 사용할 수 있다 (그림 8.7). www.wireshark.org.에서 무료로 이용할 수 있다.

기본 작업에 필요한 모든 기능을 갖추고 있다. 필터를 설정하여 캡처를 보려면 필요한 특정 데이터로 제한하고 타임스탬프를 만들고 다양한 트리거 조건에서 캡처를 시작해야 한다. 데이터는 나중에 분석하기 위해 파일에 기록할 수 있다. 빠른 패킷 속도에 문제가 없고 이더넷 스위치 포트 미러링이 필요하지 않으며 나노 초 단위 정확한 타임스탬프를 제공하는 하드웨어 프로브 기반 스니퍼 있다. 이것들은 비용이 많이 들고 대부분 개발 연구소 용도를 위해 만들어졌다. 여러분이 이들 중 하나를 사용할 필요는 거의 없지만, 이런 것들이 존재한다는 것을 아는 것은 좋을 것이다.

FIGURE 8.3

Agilent Framescope 350.

8.6 | Livewire 부품

대부분의 Livewire 구성 요소에는 발생할 수 있는 다양한 조건을 정렬하는 데 도움이 되는 진단 도구가 있다:

- Livewire 노드에는 오디오 노이즈 및 왜곡을 측정하는 루프백 테스트 절차가 내장되어 있다. 웹 인터페이스를 통해 여러 가지 조건을 확인할 수 있다.
  예를 들어, 할당된 소스와 대상에 대한 오디오 수준을 볼 수 있는 웹 페이지가 있다.
- 라우터 셀렉터 노드는 사용 가능한 오디오 스트림을 나열하고 청취하는 데 유용한 장치이다. 소스 채널 전송이 하나 있으므로 테스트 오디오 인젝터로 사용할 수 있다.

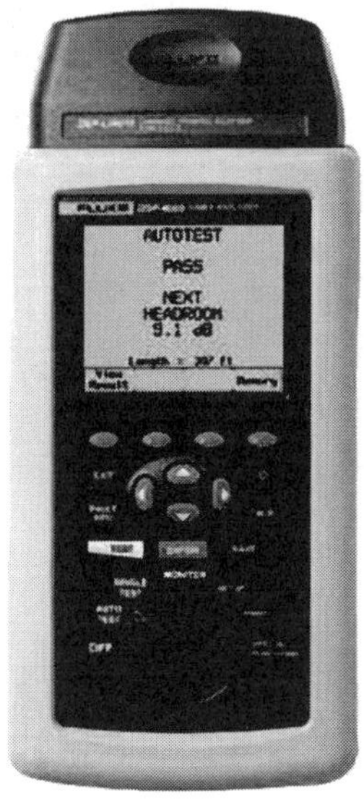

FIGURE 8.4

Fluke DSP-4000. The adapter at the top can be changed to allow the unit to work with bothcopper and fiber cable types.

- Livewire PC 드라이버를 사용하여 시스템 시계 및 오디오 스트림 상태를 알려주는 진단 창을 열 수 있다.
- iPlay 응용프로그램은 모니터링할 오디오 채널을 쉽게 선택할 수 있는 운영자 수준 사용자 인터페이스를 통해 스트림 상태에 대한 유사한 정보를 제공한다.
- Pathfinder는 네트워크의 스트림을 확인하는 데 사용할 수 있는 정확한 오디오 측정 기능을 가지고 있다.

- PC기반 iProbe 소프트웨어 응용 프로그램은 패킷 지터, 삭제 및 올바른 도착 순서에 대한 스트림 상태를 확인할 수 있다.
  PC의 소리 출력에 오디오를 재생할 수 있다.
  또한 시스템 전체를 점검하여 올바른 펌웨어 버전이 설치되었는지 등을 확인할 수 있다.
- 혼합 콘솔과 관련된 엔진에는 손실된 패킷, 지터 및 시퀀싱 오류에 대한 문제를 찾는 데 도움이 될 수 있는 스트림 모니터링 및 보고 기능이 있다.

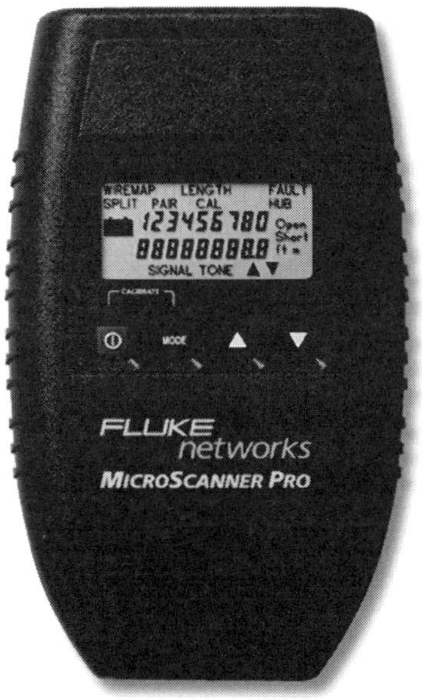

FIGURE 8.5

Fluke’s MicroScanner Pro is a simpler model that checks for wiring errors. It can also tell you the distance to a break with a TDR and do tone trace with an optional remote unit.

8.6.1 Livewire 노드 네트워크 상태 LED

Livewire 노드에서 4개의 LED는 Livewire 및 이더넷 연결 상태와 클럭 동기화에 대한 중요한 정보를 나타낸다.

링크.

지속적으로 불빛이 있을 때, 이 LED는 스위치에 대한 작동 이더넷 링크가 있음을 나타낸다.
그러나, 연결 품질을 나타내지 않는다.
이더넷 링크가 없으면, 이 LED가 천천히 깜박인다.

Livewire.

이 LED는 연결된 이더넷 세그먼트에 Livewire 트래픽이 있음을 나타낸다.
LINK LED가 켜지고 Livewire LED가 켜지지 않으면 연결된 다른 Livewire 장치가 없거나 Livewire 노드가 연결된 포트에 트래픽을 전달하는 데 문제가 있다.

MASTER.

Livewire는 master/slave 클럭 시스템을 사용한다.
한 번에 하나의 장치만 클럭 마스터가 될 수 있다.
시스템에는 현재 마스터가 분리되거나 다른 마스터가 작동하지 않을 경우, 자동으로 다른 클럭 마스터로 변경할 수 있다.

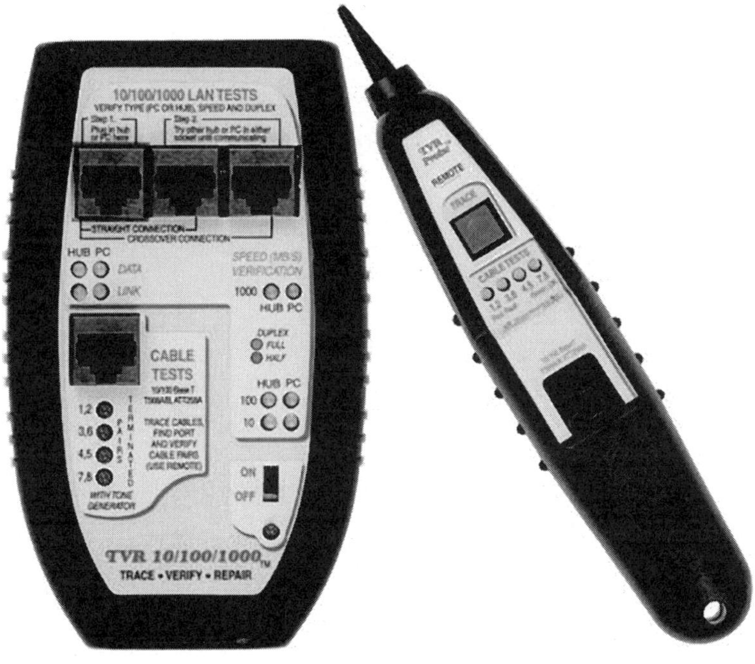

FIGURE 8.6

ByteBrothers basic wiring tester and tone line-finder.

이것은 어떠한 오디오 결함없이, 투명하게 수행된다.
노드에서 MASTER LED가 켜지면 이 노드가 현재 시스템의 마스터로 작동하고 있음을 나타낸다.

싱크.

Livewire 노드에서 동기화 패킷을 올바르게 수신하는 경우, 이 LED가 계속 켜진다.

노드를 처음 연결하면 LED가 천천히 깜박이며 PLL이 잠금을 위해 작동하고 있음을 나타낸다. 일반적으로, 이 상태는 몇 초간 지속된 후 SYNC LED가 계속 켜진다.

SYNC LED는 시스템 마스터 역할을 하는 다른 Livewire 노드에서 클럭 데이터를 수신했음을 나타낸다. 위에서 설명한 것처럼, MASTER LED 불빛은 이 노드가 네트워크의 마스터 클럭 소스로 작동하고 있음을 나타낸다. 따라서, 올바르게 작동하는 동안, SYNC나 MASTER LED 중 하나가 켜져야한다. LED가 모두 켜지거나 둘 다 켜지지 않으면, 뭔가 잘못된 것이다.

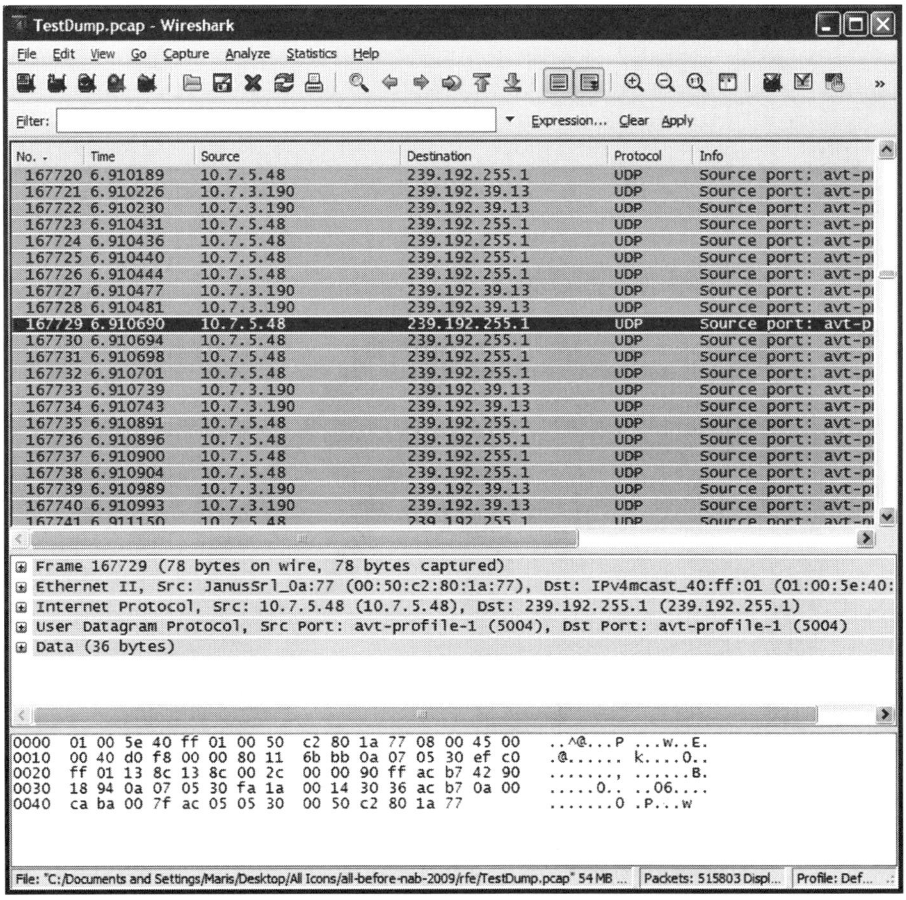

FIGURE 8.7

WireShark in action. At no cost, it turns a PC into a pretty good packet sniffer.

8.6.2 오디오 레벨 체크

Livewire 노드에는 소스와 대상 모두에 대한 level metering을 보여주는 웹 페이지가 있습니다 (그림 8.8).

8.7 | 로깅

로깅은 매우 효과적인 문제 해결 툴이다. 대부분의 Livewire 구성 요소에는 내부의 비휘발성 기억 장치에 로그를 기록하는 기능이 있다. 이러한 문제는 웹 인터페이스를 통해 복구되어 문제 원인을 탐색할 수 있다. 또한 일반적으로 네트워크 어딘가에 설치된 표준 Linux 스타일의 syslog 서버로 이동하도록 로깅을 구성할 수도 있다.

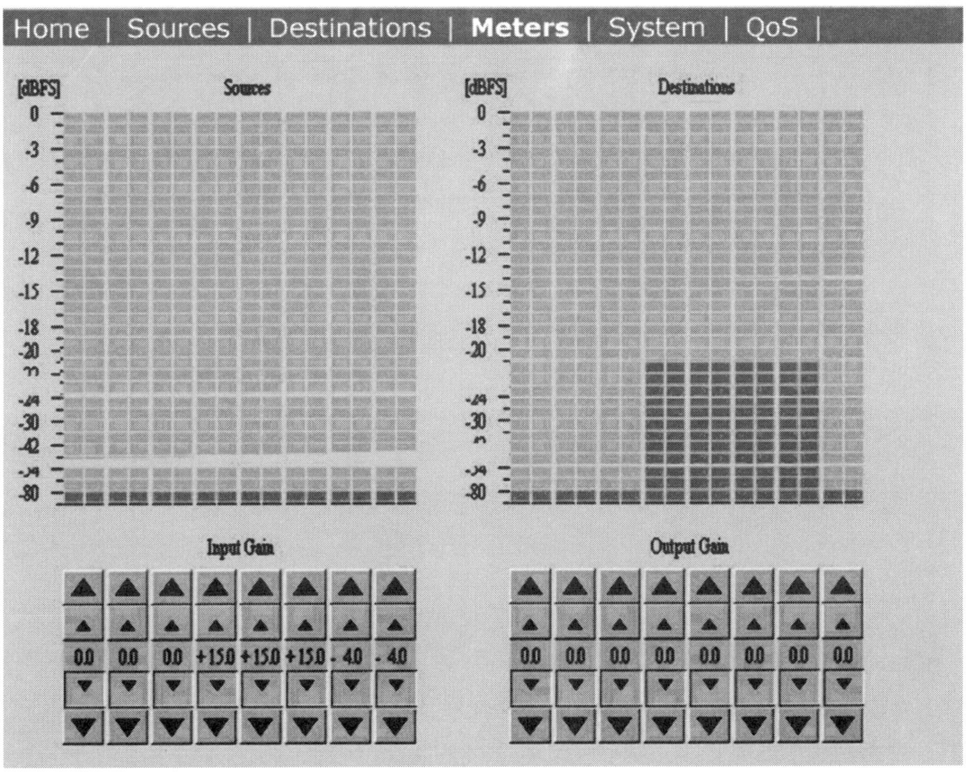

FIGURE 8.8

Livewire node audio meter web page.

8.7.1 콘솔 요소

첫 번째 로깅 예제로, Axia Element 콘솔을 살펴보겠다(그림 8.9 및 8.10).

다음은 요소 콘솔 로그에서 발췌한 내용이다:

```
# Element log file
# created on Tue, 07 Apr 2009 09:58:03
# part 1
[i] Tue, 07 Apr 2009 09:58:03 - slog: logging started, log buffer
size: 100 entries
[i] Tue, 07 Apr 2009 09:58:03 - libusbcan: Initializing CAN-bus:
[GPIO-CAN-libUSB]
[i] Tue, 07 Apr 2009 09:58:08 - lwrd: new connection 1 from
127.0.0.1:32772
[i] Tue, 07 Apr 2009 09:58:08 - mman: module 1:0: activated
[i] Tue, 07 Apr 2009 09:58:08 - mman: module 3:1: activated
[i] Tue, 07 Apr 2009 09:58:08 - mman: module 4:0: activated
[i] Tue, 07 Apr 2009 09:58:08 - mman: module 9:1: activated
[i] Tue, 07 Apr 2009 09:58:08 - mman: module B:0: activated
[i] Tue, 07 Apr 2009 09:58:08 - DBG: Phone channel 1: '192.168.0.99',
'Telos', 'telos'
[i] Wed, 08 Apr 2009 16:27:57 - acl: Set Local Time exits
[i] Wed, 08 Apr 2009 16:36:50 - mman: module B:0: activated
[!] Wed, 08 Apr 2009 16:37:01 - mman: module B:0: not responding
(71, 68; 3)
[i] Wed, 08 Apr 2009 16:37:01 - mman: module B:0: disconnected
[i] Wed, 08 Apr 2009 16:38:44 - mman: module B:0: activated
[!] Wed, 08 Apr 2009 16:38:48 - mman: module B:0: not responding
(46, 43; 3)
[i] Wed, 08 Apr 2009 16:38:48 - mman: module B:0: disconnected
[i] Wed, 08 Apr 2009 16:38:51 - mman: module D:0: activated
[!] Wed, 08 Apr 2009 16:38:56 - mman: module D:0: not responding
(54, 51; 3)
[i] Wed, 08 Apr 2009 16:38:56 - mman: module D:0: disconnected
[i] Wed, 08 Apr 2009 16:39:29 - mman: module D:0: activated
```

로그를 보면 일부 표면 페이더 모듈과의 연결에 간헐적인 문제가 있음을 알 수 있다. 어쩌면 케이블이 잘못되지 않았을까?

8.7.2 Pathfinder PC

다음 예에서는 Pathfinder PC 응용프로그램으로 넘어가 보겠다. PathfinderPC Server에는 자체에서뿐만 아니라, 정보를 캡처하는 로깅 엔진이 포함되어 있다. 로깅은 PathfinderPC Server

의 텍스트 파일 및 / 또는 표준 syslog 형식을 사용하여 중앙 집중식 서버에 데이터를 작성하도록 구성 될 수 있다. 로깅은 사용자 정의할 수 있으며 캡처할 수 있는 100개의 다른 시스템 이벤트 중에서 선택할 수 있다. 선택한 유형의 모든 이벤트는 시스템 전체 또는 특정 장치에서만 캡처할 수 있다. 로그 메시지 유형은 장치 연결 및 오류 정보에서 변경 사항 경로, GPIO 변경 사항, 소프트웨어 및 하드웨어 버튼 누름에 이르기까지 다양하며 장치에서 보내고 받은 실제 메시지에 이르기까지 다양하다. 각 로그 메시지에는 다음과 같은 9가지 정보 필드가 포함된다:

- 1000분의 1초 카운터
- 메시지 날짜
- 메시지 시간
- 서버 IP 주소
- 메시지 심각도
- 메시지 ID 넘버

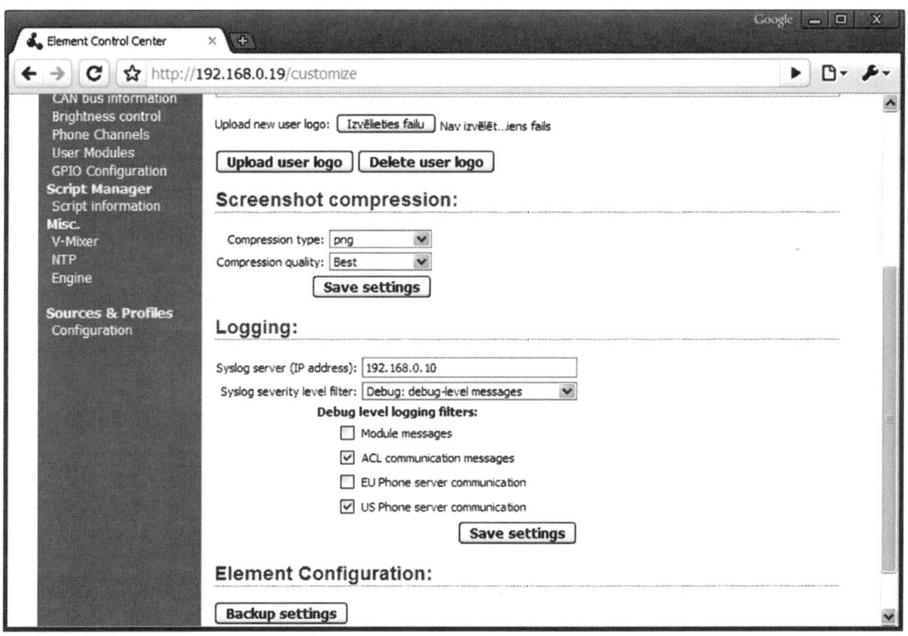

FIGURE 8.9

Element console logging configuration page. You can decide the detail level of the log with the dropdown menu and which kinds of communication are logged with the checkboxes. For example, you can log the connection between a phone control drop-in module and the phone system. It is also possible to remotely download a screenshot of the console' s user display.

- 메시지 소스
- 원격 디바이스

■ 메시지 데이터

예:

```
11216362
4/16/2009
2:52:31 PM
172.16.1.13
6
1005
Router:2:satestserver
TCP:172.16.1.254:93
Connected
```

FIGURE 8.10

This screen allows you to choose and download the logs you want to see.

이 예에서는 먼저 로깅 시간, 날짜 및 밀리초 카운터를보자. 이벤트를 전하는 서버 IP 주소는 172.16.1.13이고 메시지 심각도는 6으로 정보를 의미한다. 메시지 유형은 1005이므로, 연결 메시지이다. 메시지를 보낸 Pathfinder PC 서버 개체는 라우터 2번이다. 관련된 원격 장치는 포트 93의 172.16.1.254에 있다.실제 메시지는 연결되어, Pathfinder가 장치에 성공적으로 연결되었음을 나타낸다.

여기 또다른 예이다:

```
275519267
5/6/2009
9:42:21 AM
172.16.1.254
6
3004
Router:2:Main_LW_GPIO
GPO Changed
2 18 lhhhL
```

이 메시지는 시스템의 GPIO 변경 사항을 보여준다. 메시지 설명은 Pathfinder에 GPIO 라우터 번호 및 I/O 번호와 포트의 실제 핀의 상태를 보고한다.

다음은 Pathfinder 로그를 통해 해결된 몇 가지 실제 문제이다:

- 한 설치에는 네트워크 제휴 큐잉을 위한 정교한 시스템이 있었다.
  ID 시스템의 트리거 중 일부는 GPIO였다.
  시스템이 단 하나만의 ID를 가져야 할 때, 여러 개의 ID를 얻는 것처럼 보였다.
  로그 파일을 분석해보면, GPI가 특정 시간에 두 번 일어나고 있다는 것을 알 수 있었다.
  문제는 시설에 이전 ID 시스템과 새 ID 시스템이 여전히 연결되어 있고, 둘 다 GPIO 종료를 트리거하는 것으로 밝혀졌다.
- 콘솔의 사용자 패널 버튼은 시스템에서 작업을 트리거하도록 설계되었다.
  단일 트리거가 예상되기 보다는 반복 트리거가 생성되고 있었다.
  스테이션 엔지니어는 로그 파일을 분석함으로써, 버튼을 반복적으로 누르는 것을 볼 수 있었고, 시스템에 무엇을 하고 있는지 깨닫지 못한 채 (지루하게?)음악으로 시간에 맞춰 버튼을 두드리는 보드 연산자를 추적할 수 있었다.
- 로그가 도움이 될 수 있는 가장 일반적인 조건 중 하나는 네트워크 제휴 방송국이 위성 수신기 전달로부터 종료를 받았는지 여부를 결정하는 것이다.

Pathfinder는 네트워크의 모든 Livewire 장비에 연결되어 있기 때문에, GPIO 노드의 위성 수신기에서 오는 종료를 기록할 수 있다.손실된 이벤트의 경우, 문제가 최종적으로 문제가 발생했는지, 네트워크 프로그램 생성자 측에서 발생했는지 여부를 쉽게 확인할 수 있다.

IP CSI This unfortunate event must take the prize for the use of logging. A public station volunteer who was apparently unhappy about some direction given to his program poured gasoline on the studio console and lit it on fire one evening. Pathfinder logs helped the police and station personnel determine the exact time of the start of the fire. Interestingly, because the console was simply a controlle

CODA Tucked back here for those of you who made it this far is a philosophical rumination that has nothingand everythingto do with the topic at hand.

As a young man first studying electronics, I found it both fascinating and disturbing that mathematics should have such an accurate correspondence with the behavior of chunks of metal, dialectric insulators, and all the other real-world physical pieces that make up our equipment.

Just why should

$$F = \frac{1}{2\pi\sqrt{LC}}$$

tell us reliably the resonant frequency of a tank circuit? Or indeed, why does even P = IE compute the output power of a transmitter? As the wondering phase of youth passed, the matter was forgotten and the formulas were simply accepted as a working tool. But occasionally, the nagging question reappears to my now more experienced, but no more enlightened, mind.

It turns out that this is a topic that occupies the bright minds of very serious guys, and I happened upon a lecture recently by one of them that has us thinking about this theme anew. Just why are we given such a tremendous gift? Without math's power, would radio have ever been invented (or discovered)? Would anything electronic have been?

Astrophysicist and science philosopher Mario Livio of the Hubble Space Telescope Science Institute has written an entire book on the topic. In Is God a Mathematician? The central theme revolves around the question: Is mathematics a human invention, or is it describing the structure of the universe that we are merely, and gradually, discovering? (Roger Penrose's Road to Reality treads similar ground.)

Attempts at answers run the gamut. On one side, physicist Eugene Wigner, in a seminal 1960 essay, pointed out the "unreasonable effectiveness" of mathematical theorems: the astounding ability of math to predict unimagined results. Wigner was following a trail blazed by Einstein, and Einstein's general theory of relativity remains one of the best examples:

His predictions about how gravity can cause ripples in spacetime were recently confirmed by measuring radio waves from a set of high-energy stars called double pulsars, using technology unknown in Einstein's day. Doesn't this indicate that the mathematical structure of the world is out there waiting to be discovered?

On the other hand, math does run into limits, and chaos theory suggests that it may never be possible to predict the weather or the stock market. Cognitive neuroscientists have pointed to basic mathematical constructs in the human brain, suggesting that we impose numbers and forms on the world, not vice versa. Further, mathematics is less stable than it appears to us in grade school. At the higher reaches, there is constant upheaval and debate. If the "truths" discovered through mathematics are in flux, doesn't that indicate they are a product of human study and manipulation, rather than something fixed and eternal?

Livio takes a middle position, contending that math may be both invented and discovered. He notes the "symmetries" of the universe: The immutable laws of math and physics

CODAcont'd that make a hydrogen atom, for instance, behave in the same way on Earth as it acts 10 billion light years away. Is this a sign of universal structure, as teased apart with the help of math? No, he says, it is more likely a sign that "to some extent, scientists have selected what problems to work on based on those problems being amenable to a mathematical treatment." He goes on to say that we probably invent the initial concepts (the postulates and axioms), but discover the relationships between them (the theorems).

So, what of our tank circuits? Why is mathematics so wonderfully satisfactory as a way to model them? Partly because radio's inventors chose a project that was amenable to mathematics.

Radio waves were predicted by Maxwell's equations, and radio equipment designers found math that helped them with their designs. If we hadn't math, we wouldn't have radio in the first place, and thus there would be no need for the discovery of math that predicts tank circuit operation. Unfortunately, that doesn't resolve the fundamental "Why?" question in a conclusive way. It's a big question, and there simply is no absolute answer.

The fact that we are able to ask such questions is, in itself, an amazing thing. Working as I do each day with remarkable people doing creative design, I wonder at how the human brain, presumably adapted by evolution for eating and procreation, is able to comprehend the intricate logic of software code and DSP algorithmsor musical composition, for that matter.

Our power to make sense of the world begins with the amazing ability of the brain to detect patterns. Recognizing familiar patterns in unfamiliar situations is the beginning of reasoning by analogy, and therefore of abstract thought. Our ancestors, living as huntergatherers in the wilderness, must have been very good at figuring out the behavior patterns of the animals they needed for food and those they needed to avoid. They also needed to understand their own interwoven behavior patterns in order to be able to work together in cooperative groups.

Remarkably, it would turn out that the human brain that was good at these things could also recognize and generate abstract patterns in language and mathematics. Finding patterns and generating novel variations gives us pleasure. (So, yes, we ultimately do come to some connection with the main theme of the chapter.) Whether in music, poetry, dance, physics, or engineering, pattern recognition is at the heart of aesthetic enjoyment.

As we become more sophisticated, we learn to recognize ever-more subtle patterns. This leads language, logic, and the tools that amplify them to expand in a kind of runaway, self-reinforcing feedback loop. Like a transmitter "going into business for itself," once the initial conditions are met and the oscillations start, there is nothing you can do to stop them but to cut the power. Though there is not much immediate survival advantage to designing DSP software or building space telescopes, there is now no breaking the positive feedback loop that was begun when language and logic did confer an advantage. For the clever people who are drawn to do these things, there is an intrinsic pleasure that rewards their work.

In addition to language, the use of tools is a defining human characteristic. Math is among the most powerful of these, since it allows us to amplify our meager inherent logical reasoning capabilities, and helps to keep us from fooling ourselves. Again the positive feedback: We shape our tools, and they in turn shape us. Seems we humans are on quite a roll.

Steve

CODAcont'd Abstracting even further, this reasoning may also apply to the content of much of our work in pro-audio and radio: music itself. In this case, the argument juxtaposes math versus art, rather than science (although musical instruments are technical devices, too). This part of the discussion goes back to at least as far as Pythagoras, whose "music of the spheres" showed how consonantor "pleasing"musicals intervals also fell into integral arithmetic ratios (of vibrating string length, for example).

The Pythagoreans took it so far as to then reject as "evil" any natural phenomenon that didn't (or they couldn't) resolve into integer values. They thus came to revile anything associated with a calculation that resulted in a remainder. Talk about scientific terrorism. It's a cautionary tale to those who would assess undeserved importance on their tools, and possess the hubris to disavow any limits to their current understanding.

Mario Livio considers such Pythagorean specifics in another of his works, The Golden Ratio, which he begins with a quote from Lord Kelvin: "When you cannot express it in numbers, your knowledge is of a meager and unsatisfactory kind." Livio takes this premise as a challenge for the remainder of the book, where he considers the relationship of aesthetics and mathematics throughout historya fascinating and, at times, astounding account.

Closer to home, perhaps because both the acoustic and the electronic forms of energy we're considering here share the phenomenon of the periodic waveform (albeit in different mediums), we find that they each lend themselves well to mathematic computation. Or, once again, is that just an easy construct for us to empirically grasp far loftier physical and cognitive processes? Who or what is really in charge here?

Of course, the answers to these questions are essentially indeterminable in any empirical way. That infinite quest may be what keeps us moving forward.

Skip

CHAPTER 09

FAQs

책의 주요 부분은 강의와 같고 Q&A는 대화와 같으며, 때로는 더 흥미로울 때도 있다. AoIP는 여전히 새로운 기술이며, 많은 오디오 실무자들이 익숙한 것에서 크게 벗어나기 때문에, 질의응답이 깨달음으로 가는 길을 용이하게 하는 데 도움이 될 것이라고 생각했다. 다음은 AoIP(및 Livewire)에 대한 몇 가지 질문과 일반적인 주제 영역으로 그룹화된 대답이다.

9.1 | 신뢰성

AoIP를 방송과 같은 임무 중심 응용 프로그램에 대해 정말로 신뢰할 수 있습니까?

AoIP는 VoIP 전화의 기반이 되는 동일한 기술을 사용한다. Fortune이 선정한 100대 기업의 절반 이상이 현재 VoIP를 사용하고 있으며, VoIP PBX 시스템은 이제 기존 시스템을 큰 폭으로 앞질러 판매한다. 이러한 새로운 시스템을 통해, 전화는 표준 이더넷/IP 네트워크에 연결된다. 메인 프레임을 구축한 회사에서만 전화기 및 부품을 독점적으로 구매해야 하는 전통적인 PBX 전화기 장치와 대조를 이룬다. 메인 프레임을 실행하는 기술은 TDM 오디오 라우터와 유사하게 장비를 만든 회사 소유였기 때문에, 단일 판매 회사에 속하게 되었다. IP는 거의 모든 종류의 신호에 대한 범용 전송으로 성장하고 있다. 여러분은 이제 TV 스튜디오, 비즈니스 원격 회의, 정부 통신, 은행 등의 분야에서 볼 수 있다. 오디오 및 브로드캐스트 스튜디오 인프라 관련 응용프로그램에서도 검증되지 않은 것은 거의 없다. 오늘날에는 높은 신뢰성 요구 조건 하에서 성공적으로 사용하는 사람들이 많이 있다.

오디오 뿐만 아니라 일반 데이터 기능에도 동일한 IP 네트워크를 사용할 수 있습니까?

예, 그렇게 하도록 선택하십시오. 이더넷 스위치는 자연스럽게 트래픽을 분리한다. 오디오가 우선 순위에 따라 선택되므로 오디오와 데이터 모두에 동일한 링크를 사용할 수도 있다. PC와 같은 다목적 장치가 해당 네트워크에 연결될 때마다 이러한 경우가 종종 그렇다.

AoIP 응용 프로그램에 사용할 뿐만 아니라 PC에서 파일을 다운로드하고 전자 메일을 수신하는 등의 작업을 수행할 수도 있다. 그러나, 이 상황에서 스위치 선택은 중요하므로 이러한 사용에 대해 테스트 및 검증된 장치만 사용해야 한다. 두 개의 개별 네트워크를 설정하고 바로 아래에 설명된 대로 연결할 수도 있다. 그러나 이는 AoIP 전용이 아닌 다른 용도로 AoIP 네트워크를 사용할 수 있다는 것을 의미하지만, 동일한 네트워크에서 기업의 AoIP 및 상업적 비즈니스 기능을 혼합하거나 AoIP 네트워크에 해킹에 노출될 수 있는 다른 직접 인터넷 연결을 사용하는 것을 옹호하지는 않는다.

AoIP 네트워크가 완전히 독립된 개체일 수 있는가?

예, 다음과 같은 여러 가지 방법이 있다:

1. Livewire에 대해 물리적으로 완전히 분리된 네트워크를 갖는다.
   각각에 이더넷을 사용하되, 인터넷이나 비즈니스 기능을 AoIP와 결합해서는 안된다.
2. (1)과 같은 물리적 네트워크가 두 개를 가지고 있지만, IP 라우터로 연결한다.
   올바르게 구성된 라우터는 적절한 보안 장벽을 제공하지만, 필요한 경우 교차 트래픽을 허용한다.
3. 오디오 및 비즈니스 기능을 위해, 단일 물리적 네트워크를 공유하지만, AoIP를 자체 VLAN으로 분리한다.
   다시, IP 라우터를 사용하여 두 네트워크를 연결할 수 있다.

AoIP 네트워크에 단일 장애가 있습니까?

만약 실패하면 전체 시스템을 무너뜨릴 수 있는 중심적인 '브레인'이 있는가?
제대로 설계된 AoIP 네트워크는 전체 시스템을 다운시킬 수 있는 단일 중앙 장치가 없는 상태에서 배포되어야 한다. 이더넷 네트워크는 완전 이중화 및 자가 복구 기능을 포함하여 다양한 방법으로 설계될 수 있다. 대형 AoIP 시설은 일반적으로 각 스튜디오에서 제공하는 엣지 스위치를 사용하여 이중 코어 스위치에 연결된다. 이렇게 각 스튜디오는 독립적으로 운영될 수 있고, 시설 전체도 백업이 가능하다.

어떻게 AoIP가 이더넷을 통해 실시간 오디오를 약속할 수 있을까? 떨어지지 않을까?

아니다, AoIP 시스템은 전문적인 용도로 사용할 수 없다. 이더넷 스위칭 기능을 사용하면 각 장치가 링크의 모든 대역폭을 소유하므로, 경합이나 오디오 손실 가능성이 없다.
오디오 편집기 및 웹 브라우저를 실행하는 PC와 같이 노드에 오디오 및 데이터가 모두 필요한 경우, 오디오가 우선 순위 갖고 우선 된다. 수천 시간 동안 패킷 전송과 이미 현장에 있는 많은 AoIP 시스템이 이를 입증했다. 최신 이더넷 스위치의 백플레인은 패킷 손실 없이, 모든 포트의 전체 이중 트래픽을 동시에 처리할 수 있다. 모든 AoIP 링크가 포트의 용량을 초과하지 않도록 설계된 경우 스위치의 용량은 초과되지 않는다. 그런데 이 문제는 수년 전에 이더넷이 공유된 동축 케이블(10BASE-2)을 사용했을 때 우려가 제기되었을 것이다.
드물게 두 대의 장치가 동시에 버스를 붙잡는다. 이 문제가 발생하면, 하나는 뒤로 물러서서 몇 밀리초 후에 전송한다. 이것들은 유명한 충돌이었다. 그러나 오늘날의 이더넷 스위치 방식으로는 공유 버스가 없다. – 각 장치가 자신의 전이중 링크를 완전히 소유한다. 네트워크 정체로 인해 패킷이 충돌하거나 손실된 적이 없다; 물리적으로 불가능하다.

하지만 인터넷은 패킷망이고 음질은 오디오에 별로 좋지 않다.

그렇다, 인터넷 대역폭이 보장되지 않아 부족할 때 문제가 생길 수 있지만, 이곳은 AoIP와 인터넷이 완전히 다른 곳이다. AoIP를 사용하면 네트워크의 모든 부분을 완전히 소유하고 제어할 수 있으며, 최신 스위칭 이더넷 LAN에는 대역폭이 충분하므로 성능이 완전히 안정적이다.

AoIP는 압축(인식 코딩)을 사용하는가? 코덱이 문제가 되지 않는가?

AoIP가 압축되지 않았다. 실제로, AES I/O를 사용하면, AoIP가 명료한 비트 전송을 제공할 수 있다.오디오가 LAN을 떠나 인터넷과 같은 AWAN을 통과해야 하는 경우, 게이트웨이는 압축을 수행할 수 있지만, 이는 AoIP 시스템에 대한 선택적 확장이다.

9.2 | 효과적인 비용

AoIP는 기존 아키텍처보다 비용이 덜 듭니다. 뭐가 빠지는가?

아무것도 아닙니다. 기존 라우터에 비해 AoIP의 비용 절감은 맞춤형 솔루션이 아닌 기성품 스위칭 하드웨어를 사용하여 달성할 수 있다. 카드, 프레임 및 주변 장치와 함께 맞춤형 크로스포인트 라우팅 스위처를 구축하는 것보다 대량 생산된 이더넷 스위치를 사용하는 것이 훨씬 저렴하다. 이는 오디오 및 방송 업계가 PC를 프로덕션 및 재생에 사용하도록 이끈 원칙과 동일합니다.

PC는 특정 업종용 기계보다 훨씬 저렴하고 강력하다. AoIP가 비용을 절감할 수 있는 또 다른 방법은 PC 사운드 카드를 제거하는 것이다. 전문적인 멀티 출력 사운드 카드는 비싸다. 대신, 컴퓨터 운영 체제에 사운드 카드처럼 보이는 AoIP PC 드라이버가 사용되지만, 응용 프로그램 안팎으로 오디오를 스트리밍할 때는 PC의 NIC(네트워크 인터페이스 카드)를 사용한다.

이 접근 방식은 프로-오디오 사운드 카드보다 돈으로 더 많은 동시 스테레오 I/O 채널을 제공할 수 있다. 또한, 사운드 카드를 제거하면 스위칭 네트워크의 I/O 인프라 비용이 절감된다. 기존 라우터의 경우, PC 오디오는 라우터 입력 카드 또는 콘솔 모듈을 통해 가져와야 합니다. 워크스테이션 또는 디지털 제공 시스템에서 이와 같은 방식으로 여러 채널의 오디오를 시스템에 가져오면 라우팅 시스템의 전체 비용이 크게 증가할 수 있다. AoIP PC 드라이버를 사용하면, 일부 사운드 카드 또는 라우터에 여전히 필요로 하는 A/D 또는 D/A 변환을 피할 수 있으므로, 오디오 품질 향상은 말할 것도 없다.

9.3 | 레이턴시

시스템을 통한 오디오 딜레이는 어떻습니까?

이러한 측면에서 가장 까다로운 애플리케이션은 공기 재능이 헤드폰에서 자신의 마이크 출력을 들을 때와 같은 실시간 오디오 모니터링이다. 이 경우, 눈에 띄는 문제가 발생하기 전에 10ms가 제한된다. 제대로 된 AoIP 시스템 설계로 인해 이러한 문제가 발생하지 않으며, 실제로 지연 시간을 이보다 훨씬 낮게 유지한다(예: 링크당 1ms). 이를 고려했을 때, 일반적인 전문 A/D 또는 D/A 컨버터는 약 0.75ms의 지연 시간을 갖는다.

네트워크를 통한 제어 명령 지연에 문제가 있는가? TCP/IP를 사용하는 다른 시스템에는 이와 관련된 문제가 있는 것으로 알려졌다.

또한, AoIP 제어 지연 시간은 매우 낮아야 하며, 이상적으로는 하드웨어 GPIO 폐쇄의 경우 〈50ms가 되어야 한다.

입력을 추가할 때마다 지연 시간이 증가하는가?

아니다. 지연 시간은 채널 수에 관계없이 낮은 값으로 고정된다.
1,000개의 채널로 AoIP 시스템을 실행할 수 있으며, 대기 시간은 단일 스테레오 스트림과 동일하다. 실제로 딜레이는 오디오 채널 간 위상 이동이 1/4 샘플보다 작게 유지되도록 일관성 있게 만들 수 있다. LAN 스위치의 지연은 무시할 수 있으며, AoIP 수신기의 버퍼에 의해 생성 될 수 있는 딜레이의 변화가 부드럽게 된다. 딜레이는 실제로 패킷 크기와 버퍼 길이로 고정된다.

9.4 | 상호 연결

Cat 6 케이블이 모든 것을 연결하는데 필요한가? 비싸질 수 있다.

일반적인 AoIP 시스템은 혼합 엔진과 스위치, 그리고 스위치 사이 등 가장 많이 거래되는 네트워크 세그먼트에 대해서만 Cat 6 케이블이 필요하다. 다른 모든 장비는 일반적으로 저렴한 일반 Cat 5e 케이블로 연결할 수 있다. IP/이더넷 도메인 외부에서 Cat 5를 사용하는 것은 어떤가? AES3 디지털 오디오 경로에 사용할 수 있는가? BBC Research and Development 부서가 수행한 연구는 Cat 5 차폐 트위스트 오디오 쌍 케이블이 테스트한 모든 케이블 중 최고 성능을 제공한다는 결론을 내렸다. 이 테스트에는 디지털 오디오 용으로 특별히 설계된 동축 케이블과 특수 케이블이 포함되었지만, Cat 5 케이블은 일관된 성능과 다른 신호 형식을 지원하는 유연성으로 선호되었다.
cat 5 케이블은 100BASE-TX와 같은 네트워크를 지원하기 위해 최대 100Mbps의 데이터 전송 속도를 위해 설계되었다. AES3 신호의 대역폭은 최대 3Mb/sec(샘플 속도에 따라 다름)에 불과하므로 AES3의 요구 사항은 Cat 5의 보장된 성능 매개 변수 내에 충분히 있다. Cat 5에서는 최대 920m(½마일 이상)까지 신뢰할 수 있고 오류 없는 전송이 가능하다. Cat 5 케이블은 특정 임피던스가 110Ω이고 정전 용량이 매우 낮도록 설계되어 AES3에 적합하다(약 12pF/ft). 따라서, 낮은 신호 반사와 뛰어난 고주파 응답을 얻을 수 있으므로, 오류율이 매우 낮다. Cat 5를 아날로그 오디오 경로에 사용하는 것은 어떤가? 이것 또한 효과가 좋다.
다시 말하지만, 고속 데이터의 넓은 대역폭에 필요한 낮은 정전 용량은 매우 긴 케이블 길이에서도 예외적으로 평평한 아날로그 오디오-주파수 응답을 제공한다. 타이트하고 일관된 꼬임은 양호한 공통 모드 거부 (hum과 crosstalk)를 생성한다. Belden Wire & Cable의 멀티미디어 기술 매니저인 Steve Lampen은 이렇게 말합니다. "디지털 케이블은 최고의 아날로그 케이블을 만든다. 당신은 아날로그용으로 설계된 케이블보다 더 평평한 주파수 응답으로 더 멀리 이동할 수 있다."

UTP가 아날로그에 적합한가, 아니면 차폐 케이블을 사용해야 하는가?

일반적으로 UTP는 잘 작동하지만, 높은 RF 환경에서는 차폐가 도움이 될 수 있다.

Cat 5 케이블 내 쌍 사이에 crosstalk가 있는가?

회로의 균형이 유지되는 한 케이블 내부에 좌측/우측 crosstalk 가 거의 없다. 50dB CMRR (공통 모드 거부 비율)을 갖는 균형 잡힌 입력 회로를 사용하면 분리가 90dB보다 커진다.

그렇다면 모든 아날로그와 디지털 오디오 신호가 균형을 이루어야 하는가?

일반적으로, 그렇거나 crosstalk 성능이 저하된다. AES3 디지털 오디오 신호는 항상 균형을 이루며, 훈련이 필요하지 않다. 불균형 아날로그 연결은 꺼지지만, 필요한 경우 짧은 경로에만 사용해야 하며, 스테레오 crosstalk에 관심이 있는 경우에도 왼쪽 및 오른쪽 채널에 별도의 케이블을 사용해야한다. 더 나은 해결책은 가능한 소스 디바이스에 가깝게 사용 가능한 어댑터(RCA에서 균형 잡힌 RJ-45까지)를 사용하는 것이다. AoIP 설치 크기에 실질적인 제한이 있는가? AoIP 시설은 일반적으로 이더넷 스위칭 구조가 지원할 수 있는 만큼 많은 스튜디오 및 오디오 채널을 가질 수 있다. 스위치는 수백 개의 포트가 있는 모든 크기로 제공되며, 여러 스위치를 계단식으로 연결하여 포트 수를 확장할 수 있다.

소규모 시설은 어떤가? AoIP는 간단한 설정을 위해 매우 정교하지 않은가?

데이터 네트워크에서 이더넷이 어떻게 사용되는지 살펴보자: 하나의 PC가 프린터에 연결되어 있고, 인터넷과 몇 개의 프린터가 연결되어 있는 작은 사무실의 몇 개의 PC에서 수천 개의 노드가 있는 거대한 캠퍼스 네트워크에 이르기까지 모든 것이 동일한 기본 네트워크 토폴로지를 성공적으로 사용하고 있다. 이는 이더넷이 AoIP에 적합한 이유 중 하나이다: 가장 작은 시설에서 가장 큰 시설로 쉽게 확장(기술적으로 경제적으로)할 수 있다. 사실 소규모 시설은 매우 적은 비용으로 상당한 새로운 라우팅 기능을 얻을 수 있기 때문에 가장 큰 장점을 얻을 수 있다.

인터넷으로 접속하는 건 어떤가? AoIP 스위치의 포트를 인터넷 라우터에 연결할 수 있는가? ISDN 백홀을 대체할 수 있는가?

인터넷이 점점 더 보편화되고 대역폭이 풍부해짐에 따라, AoIP를 오디오 전송에 사용하기 위한 논쟁은 더욱 설득력 있게 되었다. 게이트웨이 장치는 적절한 코덱을 사용하여 AoIP 시스템의 압축되지 않은 PCM과 인터넷 전송에 적합한 저속 비트스트림 간에 필요한 변환을 수행할 수 있다.

극복해야 할 가장 큰 문제는 인터넷이 QoS 보장이 없다는 것이다. 대역폭을 붕괴시키고 순간적으로 오디오를 떨어뜨리는 "net storm"은 집에서 웹 서핑을 하는 아이들에게는 별거 아닐 수 있지만, 예를 들어 중요한 공중파 방송에는 좋지 않을 것이다. 예약된 용량을 가진 사설 네트워크도 하나의 해결책이다. 또 다른 방법은 ISP가 비용을 들여 최종 구현할 수 있는 "자원 예약" 및 "차별화된 서비스" 기술일 수 있다. 이론적으로, RSVP, Diffserv, MPLS, IPv6 및 기타 새로운 기술은 인터넷을 통해 신뢰할 수 있는 오디오 전송을 제공할 것이다.
그러나, 공용 인터넷의 핵심에서 상대적으로 느린 새로운 기술 채택 속도(대역폭 용량 외에 지난 10년간 크게 변하지 않은 경우)와 연구소 작업을 실제 환경으로 확장하는 데 따른 문제를 고려할 때, 다음과 같은 관찰 결과가 적용될 수 있다: 때로는 이론과 실천 사이에는 격차가 있습니다. 그러나 이론에서의 이론과 실천 사이의 격차는 실제의 이론과 실천 사이의 격차만큼 크지 않다. 그러므로, ISP가 QoS 보증을 합리적인 가격에 제공할 때까지 기다리는 시간이 길어질 것으로 보인다. 그리고 그들이 그렇게 할 때, 전송 지연은 아마도 라이브 인터렉티브 방송의 이슈가 될 것이다. 따라서, ISDN은 당분간 원격 연결에 가장 신뢰할 수 있는 옵션으로 남을 것으로 보인다.
그럼에도 불구하고, 불확실성과 인터넷이 유일한 실행 가능한 백홀 옵션이라면, 새로운 IP 코덱과 사용 가능한 상용 제품 / 서비스를 사용할 수 있습니다 (그리고 많은 경우 AoIP 시스템과 직접 인터페이스 됨). 오늘날 프로 오디오 상호 연결에 인터넷을 최대한 활용할 수 있다.

9.5 | Livewire의 구체적인 문제

아날로그와 AES 소스는 어떻게 Livewire 네트워크의 일부가되는가?

이 작업은 Livewire 노드를 통해 수행된다. 이러한 기능은 아날로그 마이크, 아날로그 라인 레벨 및 AES3 응용 프로그램에 따라 다르다. 아날로그 노드에는 고품질 마이크 프리앰프 및 ADC가 포함되어 있으며, AES3 인터페이스는 어떠한 종류의 변환도 없이 직접 비트-비트 절차를 사용한다. 또한 Livewire 시스템을 시설의 AES 마스터 클럭과 동기화할 수도 있다.

Livewire에서 사용할 수 있는 최상의 오디오 형식은 무엇인가?

Livewire는 오디오 파일이 저장된 형식에 상관하지 않는다. 플레이 아웃 프로세스 동안 플레이 아웃 소프트웨어는 압축 형식 파일(MP3, MP2, fit-x 등)을 압축 해제하여 PC에 설치한 Livewire PC 드라이버에 표시한다. 이 시점부터 Livewire는 압축되지 않은 48kHz/24비트 PCM으로 모든 오디오를 전송한다. 기본 IP, AES3 또는 아날로그 오디오를 통해 Livewire 네트워크에 연결하는 스토리지 및 전송 시스템에서 사용할 다른 오디오 코딩이 있는지 결정한다.

로직과 오디오가 모두 Livewire에서 함께 라우팅되는가?

그렇다, IP는 데이터 전송에 유용하다. CD 플레이어, DAT 기계 등과 같은 외부 장치의 논리 명령이다. GPIO 노드를 사용하여 Livewire 네트워크에 들어간다. 그런 다음 로직 데이터는 오디오 스트림에 "결합"되어 진행 중인 대상으로 라우팅된다. 기본 Livewire 인터페이스(예: 코덱, 전화 인터페이스, 오디오 프로세서, 지연 라인 및 위성 수신기)를 갖춘 장치가 점점 늘어나고 있다. 이는 단일 Cat 5e 연결을 통해, 장치에서 이더넷 스위치로 오디오 및 제어 로직을 직접 공급할 수 있으므로, 스튜디오 내 배선을 더욱 단순화하고 Livewire의 오디오+ 로직 라우팅을 훨씬 편리하게 만들 수 있다.

Livewire 형식은 다른 공급업체에게 개방되어 직접 인터페이스를 위한 장비를 만드는가?

예. PC용 소프트웨어 공급업체는 Livewire 드라이버를 사용하여 응용 프로그램을 직접 호환되도록 할 수 있다. 가장 일반적인 오디오 자동화/재생 시스템은 이미 다른 방송 장비 제조업체와 함께 그렇게 했다. 이러한 제품의 최신 목록은 *http://axiaaudio.com/partners/partner_products.htm*을 참조하시기 바란다.

Livewire는 광학 오디오 링크를 지원하는가?

Livewire는 구리 및 광섬유 연결 유형과 완벽하게 호환한다. 일반적인 구성은 100BASE-TX 구리 연결 노드, 엔진, 제어 표면 등을 스위치에 연결하는 스튜디오 전용 에지 스위치를 사용한다. 기가비트 섬유 백본은 스튜디오 간에 오디오를 공유하기 위해 엣지 스위치를 서로 연결합니다(일반적으로 코어 스위치에서).

Livewire 하드웨어에서 지원하는 이더넷 속도는 무엇인가?

Livewire 노드는 100BASE-TX 링크와 연결된다. PC NIC는 100Mbps 또는 1000Mbps, 구리 또는 광섬유를 사용할 수 있다. Livewire 처리 엔진은 1000BASE-T를 사용한다. 링크를 전환하려면 지원되는 이더넷 미디어를 통해 전환할 수 있다. 또한 확장 범위 스네이크 응용 프로그램과 같이 미디어 변환기를 사용하여, 노드를 광섬유로 연결할 수 있다.

실수로 Livewire 이더넷 케이블의 플러그를 뽑으면 어떻게되는가?

Livewire 노드는 오디오 스트림의 존재를 전체 Livewire 네트워크에 "알린다". 다른 사용자가 노드의 플러그를 뽑으면, 노드에 연결된 소스가 오프라인 상태가 되지만, 노드가 다시 연결되면 오디오 스트림을 다시 사용할 수 있음을 알린다. 10초 이내에 이러한 소스가 필요한 모든 대상이 백업 및 실행된다. 또한, Livewire의 Pathfinder 라우팅-컨트롤 응용 프로그램의 많은 기능 중 어떤 이유로든 작동이 중지될 경우, 대체 피드로 전환하도록 프로그래밍할 수 있는 무음 감지 기능도 있다.

Livewire에서 mix-minus 피드는 어떻게 처리하는가?

오늘날의 라디오 프로그램들이 전화와 리모컨에 크게 의존하고 있기 때문에, 이것은 중요한 특징이며, 운영자가 자주 오해하는 원인이다. 라이브 와이어 믹싱 콘솔은 사용자 개입없이, 즉시 mix-minuses를 자동으로 생성한다. 작동 방법은 다음과 같다: 전화를 건 사람이 방송을 할 때, 메인 프로그램 오디오를 들을 때, 그 자신 또는 그녀 자신을 빼면, 일반적인 mix-minus 리턴 피드를 들을 수 있다. 그러나 발신자가 방송되지 않은 상태에서 대기할 때는 구성 프로세스에서 미리 선택한 오디오 소스를 포함할 수 있는 특별한 "오프라인" 전화 믹스가 들린다. 여기에는 호스트 마이크의 프리페이더 오디오, 기타 전화 통화자 등이 포함될 수 있다.
무엇보다도, 전화 하이브리드 및 원격 코덱과 같은 오디오 소스에 대한 믹스 마이너스 설정은 콘솔 페이더가 아닌 소스 자체에 할당되고 모든 라우팅에서 유지된다. 따라서 mix-minus가 필요한 소스가 시설의 어느 곳에서나 모든 콘솔 페이더에 로드되면, 적절한 mix-minus 설정도 자동으로 로드된다. 나중에 mix-minus가 필요 없는 동일한 페이더에 다른 소스를 로드하면, mix-minus 리턴 피드가 제거된다. 물리적 수준에서, mix-minus 또한 쉽다. Livewire는 양방향으로 오디오를 전달하므로, 하나의 RJ-45가 모든 것을 다룬다.

어떻게 contact-closure가 네트워크 안팎으로 들어오는가?

믹싱 콘솔 전원 공급 장치(40 GPIO 포함)에 포함된, GPIO 연결을 통해, 별도의 1RU GPIO 인터페이스 (5 개의 GPIO 포함)에서 사용할 수 있다. 그러나 AoIP의 보급이 계속됨에 따라, 더 많은 제어 기능이 "dumb" contact closures에서 보다 스마트한 네트워크 트랜잭션으로 이동하게 될 것이다. 예를 들어, 시작 명령에 대해 종료를 사용하는 오디오 재생 시스템은 이 함수에 대해 네트워크를 통해 패킷을 가져갈 수 있다. 오늘날의 closure 기반 기능을 대체하는 것 외에도 "now playing" 텍스트나 시스템 간에 다른 정보가 흐를 수도 있다. 위성 수신기는 프로그램 정보 및 특정 로컬 작업에 대한 요청을 보낼 수 있으며, 다른 예로 "start something"만 하는 것이 아니다.

AoIP 네트워크를 통해, 제어 통신의 정교함을 높일 수 있는 기능은 Livewire가 제공하는 미래 개선의 또 다른 흥미로운 전망이다. Livewire는 라디오 방송을 위한 프로그램 관련 데이터(PAD)와 호환되는가?

그렇다, 이는 확장된 연결 IP 네트워킹의 기존 예다. 현재 PAD를 생성하는 장치(예: PC 오디오 재생 시스템)는 네트워크 연결을 통해, Livewire에 연결되고 이 플러그가 제공하는 정보는 관련 오디오와 함께 전송된다. 또한 PAD가 필요한 대상 장치는 네트워크에 연결하여 검색할 수도 있다. 즉, 별도의 오디오 및 데이터 네트워크에 추가 비용을 들이지 않고도 오디오와 PAD를 함께 보낼 수 있다

IP를 기록하기 너무 많은 것 같아 보인다. Livewire에는 어떤 관리 도구가 있는가?

모든 Livewire 장치에는 웹 브라우저 제어 및 모니터링 기능이 있다. IP 주소를 "즐겨찾기 목록"에 보관하면 쉽게 확인할 수 있다. 또는 모든 링크를 사용하여 웹 페이지를 만들 수도 있다. 추가 도구는 iProbe Network Management Console이다. 이는 Livewire 네트워크를 쉽고 직관적으로 관리, 업데이트 및 원격 제어할 수 있는 지능형 네트워크 유지 보수 및 진단 도구이다.

RS-232 데이터가 Livewire 네트워크를 통과할 수 있는가?

예, Lantronics의 장치와 같은 타사 장치를 사용하면, 네트워크 전체로 직렬 데이터를 이동하여, 필요한 곳에 사용할 수 있다.

저자 소개

이승원

광운대학교 대학원 스마트시스템학과

seungwon1121@naver.com

IP 기반 오디오 신호 전송 기술

발 행 일 • 2020년 1월 30일

역 자 • 이 승 원

발 행 자 • 최 봉 조

발 행 처 • 진샘미디어

주 소 • 서울시 은평구 연서로 5길 28 부호아파트 102동 상가5호

전 화 • 02)353-4421 / FAX 02)353-4431

홈페이지 • www.jinsaem.co.kr

신고번호 • 제311-2005-000025호

I S B N • 979-11-88791-32-3 93560

정가 20,000원